EL LUGAR <u>MÁS</u> IMPORTANTE DE LA TIERRA

Libros de Robert Wolgemuth publicados por Portavoz:

Como el Buen Pastor:
Lidera tu matrimonio con amor y gracia

El lugar más importante de la tierra:
Cómo es y cómo se edifica un hogar cristiano

EL LUGAR MÁS IMPORTANTE DE LA TIERRA

CÓMO ES Y CÓMO SE EDIFICA UN HOGAR CRISTIANO

• • • • •

ROBERT WOLGEMUTH

Prólogo por Nancy DeMoss Wolgemuth

Editorial
PORTAVOZ

La misión de *Editorial Portavoz* consiste en proporcionar productos de calidad —con integridad y excelencia—, desde una perspectiva bíblica y confiable, que animen a las personas a conocer y servir a Jesucristo.

Título del original: *The Most Important Place on Earth*, © 2004, 2016 por Robert D. Wolgemuth y publicado en los Estados Unidos por W. Publishing Group, un sello de Thomas Nelson, Nashville, Tennessee. Traducido e impreso con permiso. Todos los derechos reservados

Edición en castellano: *El lugar más importante de la tierra* © 2018 por Editorial Portavoz, filial de Kregel Inc., Grand Rapids, Michigan 49505. Todos los derechos reservados.

Traducción: Ricardo Acosta

EDITORIAL PORTAVOZ
2450 Oak Industrial Drive NE
Grand Rapids, Michigan 49505 USA
Visítenos en: www.portavoz.com

ISBN 978-0-8254-5806-4 (rústica)
ISBN 978-0-8254-6721-9 (Kindle)
ISBN 978-0-8254-7542-9 (epub)

1 2 3 4 5 edición / año 27 26 25 24 23 22 21 20 19 18

Impreso en los Estados Unidos de América
Printed in the United States of America

A la próxima generación de hombres y mujeres de nuestra familia que están,
o estarán, construyendo sus propios lugares más importantes de la tierra.

Andrew y Amy Bordoni
Steve y Beth Guillaume
Jon y Angie Guillaume
Josie Guth
Rob y Rebecca Wolgemuth
Kristin Fitzgerald
Jon y Missy Schrader
Brent y Katie Johnson
Christopher y Julie Tassy
Emily Wolgemuth
Mark y Jamie Wolgemuth
Andrew y Chrissy Wolgemuth
Tim y Elizabeth Wolfmeyer
Michael y Molly Grace Bornfriend
Taylor y Laura Birkey
Erik y Kendal Wolgemuth
Noel y Robyn Birkey
Chris y Alli Horst
Marshall y Ann Marie Birkey
Nate y Kathryn Scheibe

CONTENIDO

PRÓLOGO

Robert Wolgemuth y yo nos conocimos en el 2002, cuando un amigo mutuo me recomendó a la agencia literaria de Robert para que representara mi ministerio de publicación de libros. En este tiempo tuve tratos con la familia de Robert y rápidamente me atrajeron sus corazones tiernos y su amor por el Señor y los unos por los otros.

Varios años después, entrevisté a Robert y a su esposa Bobbie, junto con sus dos hijas y una de sus nietas, para una emisión de *Aviva nuestros corazones*. Hablamos acerca del valor de cantar como familia. Luego grabé una conversación con Bobbie y las chicas sobre cómo nutrir el corazón de los hijos.

En una ocasión, los Wolgemuth y yo ministramos juntos en la misma ciudad y salimos a comer. Cuando conducíamos del restaurante a nuestro hotel, recuerdo haber estado fascinada mientras ellos cantaban himnos en hermosa armonía. Era evidente que había algo especial y extraordinario con relación a esta familia.

En el 2012, a Bobbie le diagnosticaron con cáncer de ovario en fase cuatro. En los siguientes dos años y medio, Robert y Bobbie hablaron abiertamente de su peregrinaje con muchas amistades que los apoyaban en oración ferviente. En medio de esta prueba estaban ansiosos de que Bobbie sanara; pero más que eso, querían que Dios fuera exaltado, y estaban comprometidos a confiar en Él y aceptar el plan divino para sus vidas.

Cuando Bobbie pasó a la presencia del Señor en el 2014, tuve el privilegio de presenciar el funeral transmitido en vivo. Se trató de una hermosa celebración de una vida dedicada a la gloria de Dios. Varias semanas después difundimos una transmisión de dos días, honrando a esta fiel mujer de Dios.

Con el tiempo, Robert se me acercó y comenzamos a comunicarnos. Finalmente me preguntó si yo estaría dispuesta a seguir desarrollando una amistad para ver hacia dónde nos estaba guiando el Señor.

Yo había aprendido a respetar a Robert desde lejos y por medio de nuestra relación profesional. Pero quería saber más en cuanto a su corazón y su caminar como esposo y padre. Sin su conocimiento tomé *El lugar más importante de la tierra* y comencé a leerlo. (Al mismo tiempo, y sin que yo lo supiera, él empezó a leer mi libro *Mentiras que las mujeres creen*).

En gran manera saboreé la visión íntima y personal que este libro me dio de su autor. Lo leí con entusiasmo, resaltando frase tras frase, párrafo tras párrafo.

Pensé: *¡Sí! ¡Muy cierto! ¡Muy bueno! Si este hombre vive la mitad de lo que ha escrito en este libro, ¡sería un esposo extraordinario!*

La perspectiva y las ideas de Robert sobre el hogar cristiano me recordaron estas palabras del Antiguo Testamento:

> Bienaventurado todo aquel que teme a Jehová,
> Que anda en sus caminos.
> Cuando comieres el trabajo de tus manos,
> Bienaventurado serás, y te irá bien.
> Tu mujer será como vid que lleva fruto a los lados de tu casa;
> Tus hijos como plantas de olivo alrededor de tu mesa.
> He aquí que así será bendecido el hombre
> Que teme a Jehová (Salmos 128:1-4).

A medida que conocía y amaba a Robert, descubría en él a alguien que teme realmente al Señor. Y por la gracia de Dios, lo que este hombre había escrito en este libro no era solo teoría, sino una tierna y firme manera de pensar y vivir. Eran muy evidentes su humildad y su fuerte deseo de exhibir el fruto del Espíritu tanto en público como dentro de las cuatro paredes de su casa.

Durante esa época escribí estas palabras a Robert:

> He presenciado en ti y en tu familia las bendiciones y el fruto de una práctica firme y duradera de lo que has escrito. El sentimiento, los valores y los hábitos que promueves en este libro son tu manera de vivir.

La vida de Robert con Cristo y su amor por mí echaron una base sólida para nuestra relación y, en última instancia, para nuestro matrimonio. Cuán agradecida y bendecida soy al estar casada con este hombre maravilloso cuyo carácter y corazón diariamente me señalan a Cristo.

Cuando supe que Robert planeaba revisar y actualizar este libro, me animé a preguntarle si podía escribir un prólogo. Quisiera que familias en todas partes experimenten las bendiciones de tener un hogar centrado en Cristo y que honre a Dios.

Imagina lo que podría suceder, cuánto podría cambiar nuestro mundo, si hogares cristianos se convirtieran en puestos de avanzada en miniatura del reino de Dios en la tierra. Si nuestras familias enaltecieran el evangelio de Cristo y su Palabra, haciéndolo creíble.

Por eso te recomiendo este libro. Pido a Dios que lo use para edificar y realzar tu hogar... tu *lugar más importante de la tierra*.

—NANCY DEMOSS WOLGEMUTH
Julio de 2016

PREFACIO DEL AUTOR

Diez cortos años después que fuera publicada la edición original de este libro, mi esposa por casi cuarenta y cinco años fue al cielo. Antes que Bobbie muriera (y ella sabía que sus días eran pocos al estar batallando con cáncer de ovario en fase cuatro durante más de dos años), les dijo a dos amigas cercanas que ansiaba que yo me casara de nuevo y, específicamente, con quién quería que me casara.

Bobbie no me habló de esto. Pero dos meses después que empecé a salir con Nancy Leigh DeMoss, estas dos amigas se ofrecieron a decirme que esto era exactamente lo que Bobbie quería que yo hiciera.

El amor de Bobbie por Nancy era mutuo. Se habían conocido durante muchos años, y Bobbie sabía que Nancy y yo seríamos una pareja perfecta. Bobbie tenía razón.

Cuando nos casamos a finales del 2015, Nancy y yo hicimos imprimir esto en nuestro programa de bodas:

> Nancy y Robert están deseosos de reconocer y honrar la vida de Bobbie Wolgemuth, quien entró al cielo en el año 2014, después de una valerosa experiencia con el cáncer que honró a Cristo. La influencia y la presencia de la vida de Bobbie siguen resonando en los corazones y los recuerdos de muchos, en especial sus hijas y nietos. El tenaz amor de Bobbie por Dios y por su Palabra era contagioso. Su testimonio valiente y entusiasta por el evangelio de Jesús condujo a muchas personas a un conocimiento salvador de la gracia y del perdón de Dios. El afecto inquebrantable de Bobbie por muchos, incluso los reunidos hoy aquí, nos marcó y nos moldeó indeleblemente. Todos estamos agradecidos por la vida y el recuerdo de esta mujer extraordinaria que ha tomado su justo lugar entre la poderosa nube de testigos, animándonos a vivir en adoración reverente y en servicio a Dios.

Al final del funeral de Bobbie en el 2014, mostramos un corto video de ella caminando y cantando «Para andar con Jesús». A medida que las grandes pantallas frente a la iglesia se oscurecían, este versículo bíblico aparecía en letras blancas brillantes. Estas palabras que nuestras hijas sabían de memoria desde pequeñas se convirtieron en una especie de profecía:

> De cierto, de cierto os digo, que si el grano de trigo no cae en la tierra
> y muere, queda solo; pero si muere, lleva mucho fruto (Juan 12:24).

Estoy profundamente agradecido a Dios por su fidelidad; las «semillas» de la muerte de Bobbie siguen produciendo una dulce cosecha en las vidas de muchas personas.

Una de las primeras cosas que Nancy leyó durante nuestros primeros meses de conocernos fue *El lugar más importante de la tierra*. Le gustó y le llamó la atención el modo en que, por la gracia de Dios, Bobbie y yo habíamos edificado nuestro hogar. A pesar de que nunca se había casado, Nancy aceptaba por completo estas ideas, alojando familias jóvenes en su propia casa, algunas durante años. A medida que amaba y guiaba a las familias que alojaba, muchos de los principios en este libro también reflejaban el corazón de Nancy.

Por tanto, como una atleta en una carrera de relevos, Bobbie ha pasado a Nancy la posta del matriarcado en el «lugar más importante de la tierra». Y dar la bienvenida a Nancy en este papel es algo que toda mi familia ha hecho… con mucha alegría.

"¡Gracias a Dios por su don inefable!" (2 Corintios 9:15).

INTRODUCCIÓN

Durante casi dieciséis años viví en la Florida, donde muchos estadounidenses de la tercera edad llegan a vivir (o visitan por largo tiempo). En esta época me acostumbré a las bromas acerca de la Florida. Cosas como «El juego de tejo es un deporte», «Florida es para los recién casados y los casi muertos» y «¿Se envían los automóviles desde las fábricas a la Florida con los intermitentes izquierdos siempre encendidos?».

Solíamos responder: «Adelante, diviértanse. Solo están celosos».

Algunos otros aspectos que a menudo se asocian con la gente de la tercera edad incluyen cenar como a las 4 y 30 de la tarde y disfrutar de las cafeterías (o restaurantes de autoservicio), en lugar de aquellos en que «te sientas y le pides la comida a una mesera».

Debido a esto, la Florida tiene muchas cafeterías, y gran cantidad de estas sirven cena bastante temprano en la noche.[1]

Si has estado en una de esas cafeterías, sabes cómo funciona. En lugar de mirar un menú con descripciones (o fotos) de lo que sirven, ves la comida exhibida de forma ordenada y vistosa detrás de láminas de plexiglás. Personas agradables con el cabello envuelto en gorras de baño te pasan estos alimentos cuando señalas algo que te parece apetitoso. Lo pones en tu bandeja que sigues deslizando por los rieles de acero inoxidable hacia otra persona agradable con gorro de baño que te pasará otra selección que señalas, hasta que llegas a una última persona agradable en la caja registradora que está lista a tomar tu dinero.

Nadie en estos lugares espera que señales todo lo que ves. Tienes que seleccionar y elegir lo que se acomoda a lo que deseas en ese momento. ¿No crees que esa sea una buena idea?

Aunque este es un libro, y sabes cómo funciona un libro normal, me gustaría que lo consideraras como una cafetería en forma impresa. A pesar de que creo que todo lo que está extendido delante de ti es bueno, solo seleccionarás algunas cosas a la vez. Eso está perfectamente bien.

Lo que está escrito aquí es una acumulación de más de sesenta años de experiencia de vida familiar. En lugar de sentirte abrumado por la cantidad de ideas aquí expresadas, te animo a que selecciones y elijas lo que tenga atractivo especial para ti. Puedes ponerlo en tu bandeja y hacerla deslizar hasta la próxima idea.

Por algo que leas podrías exclamar: «Oye, nuestra familia puede hacer eso hoy». Fabuloso. «También podemos hacer eso». Fabuloso otra vez. O podrías declarar: «Esa es una buena idea, pero por ahora no tenemos tiempo para ponerla en práctica con nuestra familia».

Está bien.

Si lees algo que crees fuera de lugar, idealista o extraño e inútil con tu familia, puedes responder igual que yo cuando veo en la cafetería algo hecho con berenjena.[2]

Eso también es correcto.

Lo importante es que tomes algunas de las ideas de este libro y las pruebes en tu familia.

INCONFUNDIBLEMENTE CRISTIANO

El subtítulo de esta obra clarifica cuál es mi concepción del mundo. Este es un libro escrito desde una perspectiva cristiana. Debido a que estás leyendo esto, supongo que tienes o deseas tener un hogar cristiano… o que al menos no te opones al concepto.

Si ya estás convencido de que tener o querer un hogar cristiano es una completa pérdida de tiempo, leer este libro va a ser una experiencia muy frustrante. Devuélvelo a la librería para que te reembolsen el dinero, o dile a quien te lo regaló que preferirías un libro sobre jardinería. La persona entenderá.

Ya que esta es una obra escrita desde una perspectiva cristiana, también hice una suposición respecto a la Biblia: creo que es verdadera y que tiene mucho que decir acerca de las relaciones importantes, incluso nuestras relaciones con Dios y entre seres humanos. Por eso cito extensamente de la Biblia.

¿POR QUÉ OTRO LIBRO SOBRE EL HOGAR CRISTIANO?

En caso de que aún no lo sepas, ya existen libros sobre el tema de la familia cristiana. Muchísimos. Secciones enteras en las librerías están llenas de ellos.

Además, algunos de los ministerios cristianos más grandes en los Estados Unidos se dedican al crecimiento y la preservación de la familia.

¿Qué es entonces lo exclusivo en *El lugar más importante de la tierra*? La respuesta es principalmente cómo está organizado. No es un libro de listas tipo dieciocho maneras de tener devocionales familiares, trece claves para llevarse bien con tus hijos o seis estrategias para evangelizar en tu vecindario.

El enfoque aquí está en los *resultados* deseados de tales aspectos: un hogar que te haga sentir como un «cliente» valioso en el momento en que atraviesas la puerta principal, o un lugar seguro donde puedas cometer errores.

La verdad es que *es* mi anhelo que tu familia encuentre formas creativas de orar unidos. *Estoy* convencido de que un hogar cristiano debería ser un lugar en que todos realmente disfrutan la presencia de los demás (al menos la mayor parte del tiempo). Además, creo firmemente que tu hogar *es* una base del reino dentro de tu vecindario. Solo que aquí no se calculará ni se predecirá el método aplicado.

También me he divertido con este tema muy serio de edificar un hogar cristiano. ¿Por qué? Porque el propósito es *equilibrio*. Una familia cristiana debe saber cómo adorar a Dios con la sobriedad de un sacerdote del Antiguo Testamento, y el hogar también debe ser un lugar donde haya un montón de payasadas.

ADVERTENCIA

En el 2003, justo antes de comenzar a escribir el manuscrito original para la primera edición de este libro, leí de Alan Wolfe *The Transformation of American Religion: How We Actually Live Our Faith* [Transformación de la religión estadounidense: Cómo vivimos realmente nuestra fe]. Wolfe es un erudito que dirige el Centro Boisi para la religión y la vida pública estadounidense en la Universidad de Boston.

En la página dos del libro, el doctor Wolfe escribe: «En la práctica, la religión estadounidense nunca ha existido en la forma en que se supone que exista en teoría».[3]

Quedé pasmado al leer esto. Volví a leerlo, totalmente desconcertado. Explico, no porque crea que la declaración sea falsa. Estaba consternado porque es probable que Wolfe tenga razón. Su argumento era que a menudo lo que tú y yo creemos tiene poca influencia en nuestra conducta. Afirmamos que tenemos la teología correcta, pero nuestras vidas y nuestras familias frecuentemente no se parecen en nada a lo que en principio Dios pudo tener en mente para nosotros.

Por tanto, en muchas maneras he escrito este libro en respuesta a la escueta afirmación de Alan Wolfe. Mi esperanza es que una vez que lo hayas leído y hayas comenzado a poner en tu bandeja algunas de sus ideas, tu hogar cristiano empiece de forma lenta pero segura a parecerse a tu sistema de creencias. Luego tal vez otro hogar en otra ciudad haga lo mismo, y después otro. En un tiempo, el doctor Wolfe se vería obligado a reconsiderar su premisa. Eso sería algo muy bueno.

En el capítulo 2 de *El lugar más importante de la tierra* hablo acerca de tener un hogar que huela como Dios. Un lugar fragante. El objetivo es construir un hogar cristiano en que las personas que entren, o incluso que pasen, respiren profundamente y exclamen: «Vaya, Dios debe ser algo más». No es muy bueno que identifiquen tu hogar como «cristiano» simplemente porque tienes Biblias y libros cristianos en la repisa. Por eso encontrarás capítulos respecto a la gracia, el humor y la gratitud. Estos aspectos son muy importantes, *además* de tener Biblias y libros cristianos en los estantes.

Permíteme, por favor, la siguiente analogía posiblemente desagradable: De niño hice muchas visitas a las casas de granjas de mis abuelos en el condado Lancaster, Pennsylvania. En casi cada cuarto de tales casas, incluso la cocina y la sala, había tiras de papel matamoscas colgadas al techo con tachuelas. Y a menos que mis abuelos las hubieran cambiado recientemente, estas pegajosas tiras color marrón estaban cubiertas con grandes moscas negras muertas.

Estoy seguro de que mi madre estaba silenciosamente en desacuerdo con la limpieza de estas tiras, pero como niños nunca las cuestionamos, aunque algunas colgaban directamente sobre las mesas del comedor donde comíamos.[4]

Los hogares cristianos son los papeles matamoscas del vecindario. Deben ser lugares pegajosos donde los niños que viven cerca sean atraídos misteriosamente y recibidos con las manos abiertas. Lugares que saben que están llenos de diversión. Los adultos no deben tener temores respecto a llegar a uno de estos hogares para pedir prestada una taza de harina o huevos, y contar buenas o malas noticias. Tal vez no tengan idea de qué *sucede* en estas casas, pero *saben* que hay algo diferente y maravilloso en cuanto a ellas.

Este libro fue escrito para ayudarte a construir este tipo de hogar. Y mi trabajo, a medida que leas, será ayudarte a clarificar los retos y disfrutar la experiencia.

PERDÓNAME, POR FAVOR, CUALQUIER ATREVIMIENTO

Cuando tu avión aterriza en Denver, la azafata te da la bienvenida «en nombre de la ciudad de Denver». ¿No te parece extraño? ¿Quién, por ejemplo, le ha dado esta autoridad a la empleada de tu aerolínea favorita?

El otro día oí por sexagésima vez un anuncio de radio: «Pon nombre a tu propia estrella». La voz suave del anunciador preguntaba: «¿Qué podría ser más significativo que poner a una estrella el nombre de alguien que amas?». Por desdicha, las estrellas ya *tienen* nombres.

> Él cuenta el número de las estrellas;
> A todas ellas llama por sus nombres.
> Grande es el Señor nuestro, y de mucho poder;
> Y su entendimiento es infinito (Salmos 147:4-5).

El atrevimiento de este anuncio de radio es graciosísimo. ¿Qué tal que la maestra de segundo grado de tu hija decidiera que el nombre de tu hija debería ser «Gisela» en vez de «María» y que sin tu conocimiento solicitara en la municipalidad un certificado de nacimiento para legalizarlo? Como afirmé, un tanto atrevido.

Puede parecer que haya empleado el mismo tipo de atrevimiento al decirte que «te hagas a un lado y me permitas hablarte de cómo dirigir tu familia». Esta no es mi intención.

Lo que he hecho es exponer algunas ideas sencillas que han funcionado para mi familia y para otras familias que conozco. He hecho todo lo posible por subrayar lo que creo que la Biblia dice en cuanto al tema. El objetivo aquí no es ayudarte a crear un hogar que se parezca al de mis padres. O a los hogares de mis abuelos. O al mío.

Pero si tomas estas ideas y le pides *literalmente* a Dios que te ayude a usarlas, o a adaptarlas a tus propias papilas gustativas, para hacer de tu hogar un lugar maravilloso en el cual vivir, entonces este libro habrá tenido un éxito enorme.

LA AUDIENCIA DE LECTURA

Sé que estadísticamente un porcentaje creciente de hogares, hogares cristianos, no consisten de papá, mamá y un par de hijos. Los hogares monoparentales están en todas partes. Quizá el tuyo sea uno de ellos.

Mi esperanza es que algo que leas en este libro te sea útil. Pero principalmente he apuntado al paradigma «papá, mamá e hijos». Por supuesto, no deseo ofender a las familias monoparentales al tomar este enfoque. Pero la decisión que tomé, con el apoyo del editor, fue hacer de esta familia «tradicional» el objetivo. Una vez más, mi esperanza es que aunque no caigas en este modelo, habrá un montón de cosas buenas para poner en tu bandeja de la cafetería a medida que la deslizas.

Otra suposición que he hecho es que aunque técnicamente tú y tu cónyuge *son* una familia antes de tener hijos, este libro supone que uno o más bebés han llegado.

En 1971, cuando Bobbie y yo llevamos del hospital a casa a nuestra primera recién nacida, tomamos una decisión consciente. Oramos mientras manejábamos hacia el este a lo largo de Central Road en Glenview, Illinois. Le agradecimos a Dios por nuestra pequeña y le prometimos que haríamos todo lo posible por criarla en un hogar cristiano, así como a cualquier otro pequeñín que pudiera seguir. Le pedimos a Dios su especial sabiduría y gracia.

Entonces nos dedicamos, aficionados defectuosos como éramos, a construir nuestro propio lugar más importante de la tierra.

Tres años más tarde, después que Julie nació, hicimos la misma oración mientras conducíamos por Central Road. Ahora ambas mujeres son adultas y se han ido de casa. Así que este libro te da un corto noticioso del pasado sobre lo que sucedió con esa oración y lo que hice, correcto y equivocado, como el papá en el cumplimiento de esa visión.

Me siento honrado de que te unas a mí en la obra de construir tu propio hogar de ensueño. Bienvenido.

—Robert Wolgemuth

1

¿POR QUÉ UN HOGAR CRISTIANO?

Diferente es algo muy bueno

L as tormentas eran habituales en agosto. Podías verlas aproximándose como una enorme lona gris oscura lanzada desde el cielo sobre las llanuras del oeste. El aire se enfriaba. Luego venían los truenos. Estruendos profundos que se sentían como si vinieran más del suelo que del cielo. Y como linternas que se encendían y se apagaban sobre una sábana en la distancia, los relámpagos iluminaban los espacios dentro del dosel oscurecido.

En 1974, los meteorólogos de televisión no pasaban tanto tiempo como hacen ahora ofreciendo «probabilidades de lluvia» pasajera. Pero cuando veíamos la oscuridad, sentíamos el aire helado, oíamos los estruendos y presenciábamos los rayos, sabíamos que las posibilidades eran exactamente del ciento por ciento.

En esta tarde particular de viernes en los suburbios occidentales de Chicago había algo fuera de lo común en la tormenta de agosto. No era el viento, los truenos o los relámpagos que rechinaban a través del cielo del atardecer lo que la hacía tan deslumbrante. Estaban allí, de acuerdo, pero no eran tan peculiares. La singularidad de esta tormenta era el gran volumen de incesante lluvia. Caía hora tras hora. A cántaros. Como un diluvio.

La granja de mi familia en Wheaton estaba en el vórtice de la furia. En ese entonces mi finada esposa Bobbie y yo vivíamos en nuestra primera casa en Glenview, Illinois, a ochenta kilómetros al noreste. Nuestra parte de la misma tormenta era real, pero mucho menos espectacular. Aparte de la inconveniencia de tener que correr desde nuestro garaje separado hasta la puerta trasera a tiempo para la cena, no me preocupó nada. No recibimos reportes en cuanto a lo que estaba sucediendo en la granja.

Después de cenar y de un poco de juegos familiares de volteretas con nuestras bebitas en la sala, las acostamos. En ese momento, la tormenta había cesado. Cuando Bobbie y yo nos metimos a la cama, comenté la brillantez que la luna llena parecía tener y que irradiaba sombras bien definidas de los árboles sobre nuestro césped.

Riiiiing. Riiiiing.

El teléfono en nuestra mesita de noche me despertó sobresaltado. Miré el reloj. Era poco más de medianoche.

—Aló —dije con mi mejor voz de «no me despertaste».

—¿Robert? —oí que preguntaba el hombre.

—¿Papá?

Yo conocía muy bien esa voz. Llamaba desde Los Ángeles.

Papá me contó que había estado en reuniones todo el día y que acababa de regresar al hotel. En la recepción le entregaron un mensaje que decía: «Llama a mamá a casa inmediatamente. El agua inundó el piso de la habitación de los chicos». La recepcionista había escrito el nombre de mi hermano Ken al final de la nota.

—¿Está lloviendo allá? —preguntó papá.

—Ya no —respondí—. Pero hace unas horas tuvimos una buena tormenta.

—He tratado de llamar a casa —continuó él—, pero tu madre no contesta. ¡El mensaje dice que el agua inundó el piso de la habitación de los chicos! No puedo imaginármelo.

Esto fue mucho antes de los teléfonos celulares, así que encontré un pedazo de papel y un lápiz, apunté el número del hotel y prometí conducir a primera hora de la mañana al día siguiente para ver a mamá… y la casa.

Colgué el teléfono, eché un vistazo a mi esposa, que había permanecido bastante tranquila a pesar de la llamada telefónica y me volví a dormir… algo que mi madre no estaba haciendo.

La casa donde pasamos la mayor parte de nuestra niñez, la número 103 de la calle East Park, estaba en la intersección de las calles Park y Main. Aunque no en un grado empinado, la calle Park se elevaba gradualmente mientras serpenteaba al este por algunas manzanas. Al haber entregado periódicos siendo niño en las casas de esa calle, me hallaba muy familiarizado con su topografía inclinada.

Mi hermano Dan y mi hermana Debbie, mellizos de diecinueve años, habían estado en casa esa tarde. Y como normales estudiantes universitarios en vacaciones durante el verano, tuvieron planes de viernes por la noche para cenar con amigos. Mamá estaba sola.

Como dije, las tormentas de agosto eran habituales. Pero después de varias horas de diluvio, mamá se preocupaba cada vez más. Miraba hacia la calle desde el dormitorio de la esquina superior. Un enorme charco llenaba la intersección de una acera a la otra. Y las calles, especialmente la Park desde el este, eran casi ríos de aguas blancas que transportaban más y más cosas a su paso.

Tratando de no parecer demasiado aterrorizada, mamá llamó a mi hermano Ken, quien con su esposa Sharon y dos hijas bebitas vivían a tres kilómetros de la casa de granja. Como era de esperar, Ken salió de inmediato.

Cuando llegó a nuestra casa, el agua había subido hacia el este e inundaba la mitad de nuestro camino de ingreso. La lluvia era incesante. Ken estacionó frente a la casa vecina y corrió, empapado por completo cuando llegó a la puerta principal. Mamá se tranquilizó al tener un hombre en la casa y le pidió a Ken que fuera al salón familiar en el sótano para ver si el agua estaba filtrándose. Ken obedeció, buscando rápidamente goteos no deseados.

«Parece estar bien —gritó hacia arriba a nuestra madre cuando había bajado dos tramos de escaleras—. Todo está bien abajo…».

Ken dejó de hablar. En ese momento entró agua a raudales a nuestra casa, bajando por las gradas del sótano como una cascada. Esforzándose por trepar, Ken se abrió paso escaleras arriba con el agua a la cintura.

«Tenemos que llamar a papá» —informó cuando llegó hasta donde mamá.

Bajo circunstancias normales, mamá evitaba llamar a papá para darle malas noticias cuando él estaba fuera de la ciudad. Pero estas no eran circunstancias normales. Ken marcó rápidamente al hotel West Coast y una recepcionista le indicó que papá no estaba en su habitación. Así que dejó su mensaje de pánico en la recepción.

La lluvia no amainaba. Lo que había sido nuestro patio se había convertido gradualmente en un pequeño lago. Entonces la luz se fue.

Al oír que alguien entraba por la puerta principal, mamá levantó la mirada para ver a un hombre fornido e imponente que entraba directo a la casa sin tocar. Ella no lo reconoció, ni dijo nada.

«Salga de esta casa —ordenó el hombre—. Salga de esta casa. Esto es un diluvio».

Sin saber que las líneas telefónicas también se habían cortado, mamá le dijo que no podía irse porque esperaba una llamada de su esposo.

Un relámpago iluminó la noche una vez más y retumbó un trueno.

En ese momento, mi madre levantó el rostro y las manos hacia el cielo. «Amado Padre celestial», comenzó a orar con una voz tan fuerte, confiada y resuelta como si supiera exactamente lo que estaba haciendo. Lo sabía.

«Amado Padre celestial, te amo mucho —continuó mi madre—. Por favor ¡para esta lluvia!».

El vecino quedó sorprendido.

Tal como si un enorme grifo se hubiera cerrado, de repente cesó la lluvia. De la ruidosa tormenta no quedó nada más que calma.

En medio de la oscuridad, mi hermano vio que los ojos del hombre se abrían como si hubiera visto una visión. «Eres una mujer increíble», comentó. Dio media vuelta y se fue.

> Ella comenzó a orar con una voz tan fuerte, confiada y resuelta como si supiera exactamente lo que estaba haciendo. Lo sabía.

En solo unos minutos más, mamá y Ken atravesaron la puerta principal. Las nubes daban paso a los brillantes rayos de una luna llena. Se quedaron atónitos ante la deslumbrante luna llena que parecía surgir a través del aire purificado, reflejándose perfectamente en el mar que cubría lo que había sido nuestro patio.

La mañana siguiente, justo cuando el sol salía, manejé tan rápido como pude hasta Wheaton. A lo largo de la interestatal, a medida que me acercaba a nuestra casa, vi lugares donde el agua se había represado en campos abiertos. Era claro que la lluvia había sido más severa allí que en nuestra casa a ochenta kilómetros de distancia. Pero nada pudo haberme preparado para lo que vi cuando giré en la calle Park. La imagen está tan clara en mi mente hoy día como fue en ese momento.

Nuestra casa se erguía sola en medio de un enorme lago. El agua había inundado todos sus cimientos. En la calma, nuestra casa reflejaba su imagen exacta en el agua que la rodeaba.

Nunca había visto la casa donde me crie desde esta perspectiva hermosa pero frágil. Irónicamente, hoy día cuando recuerdo ese lugar, lo vuelvo a ver… todavía en otra forma hermosa y frágil.

Esta fue mi casa. Era un hogar *cristiano*. Y fue el lugar donde aprendí exactamente lo que significaba «hogar cristiano». Era como ningún otro.

Permíteme retroceder unas décadas en el tiempo para expresarte lo que quiero decir.

¿QUÉ ESTÁ PASANDO ALLÍ?

Mis tres compañeros se paseaban impacientemente por el patio. Entre miradas ansiosas al interior de nuestra cocina, John Strandquist, Bobby Shemanski y Roger Morris se lanzaban sin ningún entusiasmo el balón de fútbol americano. Estaban lejos, pero el encogimiento de hombros y el modo en que arrastraban los pies me hicieron saber que se les estaba agotando la paciencia.

Los tres me esperaban. Pero yo me iba a demorar y lo sabían. Habían hecho esto muchas veces antes. Cuando tienes doce años, treinta minutos podrían parecer un mes.

Al recordar, a menudo me pregunto qué estaban pensando estos chicos. Ah, sé que se quejaron cuando finalmente salí de la casa para terminar el partido. Sin embargo, ¿qué pasaba *realmente* por sus mentes? Es más, me gustaría llevarte conmigo y viajar en el tiempo ahora mismo para visitar mi patio durante esos minutos.

«¿Qué les toma tanto tiempo a Robert y su familia? —se preguntarían—. ¿Qué están haciendo? ¿Por qué simplemente no pueden terminar de cenar como la gente normal? ¿Qué pasa con esa familia?».

Las primeras preguntas suscitarían especulación espontánea en los preadolescentes (familia grande, comida cuidadosamente preparada por la madre, padre severo), pero esta última pregunta habría sido la que los haría detenerse y pensar: *¿Qué está pasando con esa familia?*

Ya que el viaje en el tiempo está en etapa de elaboración, tendré que decirte lo que ocurría.

Era la hora de cenar… «la cena está lista» en ese entonces. Era algo sagrado. Un tiempo para disfrutar la comida sana de mi madre y ponernos al tanto respecto a las actividades y logros del día de cada uno. Además era un tiempo de lectura bíblica y oración… «adoración familiar», lo llamaba papá. Los amigos que paseaban impacientes en el patio y mi propia intranquilidad, no tenían ninguna influencia en el procedimiento.

Desde mis primeros pensamientos conscientes de niño pequeño supe algo respecto a mi familia, algo seguro. Mi familia era *diferente*. No éramos como los demás. De niño vacilé entre la seguridad y la vergüenza en cuanto a esto. A veces la firmeza cruda del amor de mis padres hacia mí me llenaba de confianza. Me sentía seguro allí. Esto era casi palpable cuando me sentaba alrededor de la mesa del comedor, interactuando con mis padres y mis hermanos y hermanas, haciendo esperar a John, Bobby y Roger.

Pero como un joven que deseaba ser aceptado por sus amigos fuera de esos confines seguros, habría preferido una familia *normal*, una familia *buena onda* como las de los otros chicos. Yo sabía que mi familia era diferente… no normal y definitivamente *no* buena onda.

Hoy día estoy muy agradecido por esto.

DIFERENTE ESTÁ BIEN

Durante dieciséis años, mi finada esposa Bobbie y yo vivimos en Orlando, Florida. Nuestra casa estaba exactamente a 13,5 kilómetros de la entrada a un parque que se llamaba «El lugar más feliz del mundo».[1] Este sitio, conocido en todo el mundo como Walt Disney World, fue fundado por un hombre que también se crio en un hogar célebre por ser diferente en el vecindario. Walt Disney nació en Chicago en 1901, el cuarto hijo de Elías y Flora Disney. Dos años después nació Ruth, una hermanita. Y poco más tarde, Elías y Flora, «inquietos por la naturaleza ruidosa y centrada en las tabernas de su vecindario», decidieron dejar la ciudad por los climas más tranquilos de la Missouri rural.[2]

Me pregunto qué habrían dicho los amigos de Disney en su vecindario acerca de esa familia. «Diferente» me viene a la mente, que es precisamente por lo que más de sesenta millones de personas visitan la zona de Orlando cada año.[3] Disney World es como ningún otro lugar, considerándose con confianza como el «más feliz». No simplemente «Un lugar feliz» o incluso «Uno de los lugares más felices», sino «*El* más feliz». Walt Disney sabía que diferente estaba bien. Es más, diferente fue precisamente lo que hizo su visión tan atractiva para muchos. Diferente se convirtió en un prerrequisito.

> Yo sabía que mi familia era diferente... no normal y definitivamente *no* buena onda.

El 17 de julio de 1955, cuando se estrenó Disneylandia en California, Walt Disney declaró: «Disneylandia está dedicada a los ideales, los sueños y las difíciles realidades que han creado a los Estados Unidos... con la esperanza de que esta será una fuente de alegría e inspiración para todo el mundo.... No quiero que el público vea el mundo en que vive mientras se encuentra en el Parque (Disneylandia). Quiero que sientan que están en otro mundo».[4]

A medida que las ideas en este libro tomaban forma, se me ocurrieron varios títulos posibles. Pensé en llamarlo *Así que quieres tener un hogar cristiano*, nombre de una serie que enseñé en la escuela dominical a mediados de los noventa. *Cómo edificar un hogar cristiano* también se volvió una posibilidad, usando mis años en construcción como una metáfora.

Entonces pensé en este lugar en la calle de nuestra casa en la Florida (¿me atrevo a referirme al libro como un parque de atracciones?) que tiene la descarada audacia de proclamarse como el más feliz, el principal, *el* mejor en su clase.

¿Por qué nuestros hogares no pueden ser diferentes en esta manera maravillosa? ¿Por qué no pueden ser lugares en que nuestros hijos sientan que están «en otro mundo», donde se celebren «sueños y realidades difíciles»? ¿Quién desea ser normal? Todo el mundo es normal. Este tipo de diferencia es bueno. Por eso aprovecho la oportunidad para pegar letreros encima de la puerta principal de mi casa y la tuya que digan: «El lugar más importante de la tierra». El superlativo funciona bien aquí.

Irónicamente, *toda* casa, sin que importe lo que pase adentro, también podría tener esto en su puerta principal. Para los niños que viven en estos hogares es una realidad buena o mala: *es* el lugar más importante de la tierra. Siéntate con una taza de café con cualquier terapeuta familiar en el país y, por lo general, te dirá que para un niño es en el hogar, sin importar cómo sea, donde se decide todo en la vida.

Uno de mis primeros héroes deportivos fue Bill Glass, defensa lateral profesional número ochenta de los Cleveland Browns. Tras una carrera exitosa en el fútbol americano, Bill fundó una organización que se enfoca principalmente en ministrar a prisioneros. Él habla de que se para frente a reclusos apiñados en auditorios de cárceles que desean oír hablar a este ex atleta. La presentación de Bill fascinaba. Normalmente los reclusos se enorgullecen de mostrarse distantes e inmutables. Pero no cuando este amable gigante se ponía delante de ellos. Bill era objeto de admiración para ellos.

Casi en cada charla a prisioneros, Bill Glass preguntaba: «¿Cuántos de sus padres les dijeron que aquí es donde vendrían a parar algún día?». Él hizo esta pregunta cientos, quizá miles de veces, y la respuesta siempre fue la misma. Casi todo hombre o toda mujer en su audiencia levantaban la mano. Efectivamente, no desilusionaron a sus padres. Sus hogares eran los lugares más importantes de la tierra, y estos reclusos habían recorrido triunfalmente el camino que tenían por delante cuando eran niños. Hicieron exactamente lo que les dijeron que hicieran.

EL PARQUÍMETRO ESTÁ FUNCIONANDO

Tienes una oportunidad en esto de construir un hogar. Solo una. Y el tiempo no está de tu parte.

Al ser una clase de guerrero de construcción de fin de semana durante años, he hecho amistad con los individuos en los centros de alquiler de herramientas cerca de toda casa que hemos poseído. En el baúl de mi auto frente

> Tienes una
> oportunidad
> en esto de
> construir un
> hogar. Solo una. Y
> el tiempo no está
> de tu parte.

a estos establecimientos se han cargado herramientas que van desde martillos neumáticos hasta bombas de gran capacidad, cavadoras de zanjas o compresores para pistolas grapadoras. Pero desde el momento que salgo de los estacionamientos de estos lugares hasta que devuelvo las herramientas, llevo en mi interior un molesto sentimiento de prisa. Sé que el parquímetro está funcionando. Cada hora me cuesta algo, así que hay un sentimiento de urgencia respecto a la tarea. No es imprudencia (muchas de tales herramientas son peligrosas si no se usan adecuadamente) sino con toda certeza se trata de resolución en cuanto al trabajo que debo hacer para poder terminar y devolver la herramienta alquilada.

Desde el momento en que con ternura desenvuelves la manta que rodea a tu bebé después del viaje del hospital a casa, la persistente sensación en la boca del estómago debe ser exactamente igual. Se ha dado la vuelta al reloj de arena. Tienes una sola oportunidad en esto.

Sé que ser padre no es lo único que ha sucedido en tu vida. Tienes que trabajar en tu matrimonio; tu carrera requiere tu atención constante; hay mandados por hacer y reuniones que tener. Y estás agotado.

Ahora estoy añadiéndote a tu carga al imponerte una dosis de culpa, diciéndote que solo tienes una oportunidad en esto de edificar una familia.

Pero si me dejas visitar una vez más las herramientas alquiladas, el mensaje aquí no es de vergüenza y culpa. Pero sí *es* de urgencia. Concentración. Decisión. Intencionalidad. Cuidado.

¿POR QUÉ UN HOGAR CRISTIANO?

En caso de que aún no lo hayas imaginado, aquí mismo en el primer capítulo te lo digo: este es un libro acerca de cómo construir un hogar *cristiano*.

Podrías preguntar: «¿Por qué un hogar cristiano? ¿Por qué no un hogar de los Indios de Cleveland o un hogar de los Osos de Chicago?». Algunas personas viven en un hogar de la Universidad de Tennessee. Debido a que Bobbie y yo vivimos en Nashville por dieciséis años, los sábados otoñales veíamos gente de los hogares de la universidad conducir por la calle con banderas anaranjadas sobresaliendo por sus ventanillas. Así que, ¿por qué no un hogar Vols? Ser aficionado al fútbol americano es algo bueno, ¿verdad?

¿Por qué un hogar cristiano? ¿Qué te parece… un hogar estadounidense? ¿Sería suficientemente bueno? ¿Tal vez un hogar sano, un hogar de pensamiento positivo o un hogar musical? He visitado amigos que tenían hogares divertidos. Regresaba a ellos tan a menudo como podía.

¿Qué tiene de grandioso un hogar cristiano? Es bastante simple. En un hogar cristiano hay algo especial. Se llama *gracia*. Sin duda, puede haber cosas buenas en estos otros tipos de hogares. Puedes ser un fanático leal, puedes ser un patriota, puedes comer sano y ser un pensador positivo, pero no hay poder; no hay salvación perdurable en ninguno de estos otros.

> En un hogar cristiano hay algo especial. Se llama *gracia*.

Así que la respuesta a la pregunta: «¿Por qué querrías vivir en un hogar cristiano?» es bastante sencilla. En un hogar cristiano lleno de gracia hay salvación. Hay perdón. Hay esperanza. Auténtica felicidad. Allí hay *propósito*. Hay *poder* tanto para los padres como para los hijos. Y como descubrirás en los capítulos siguientes, esta clase de gracia afecta a todo lo que sucede dentro de este hogar.

Hace unos miles de años, el rey David lo describió de este modo:

> Si el Señor no edifica la casa,
>> en vano se esfuerzan los albañiles.
> Si el Señor no cuida la ciudad,
>> en vano hacen guardia los vigilantes (Salmos 127:1, NVI).

UNA PERSONA A LA VEZ

La Biblia nos dice que Jesús vino a la tierra a redimir individuos. La salvación viene a hombres, mujeres, chicos y chicas que ponen su fe en Él. Jesús murió por ti y por mí, dándonos acceso a un Dios santo como sus hijos queridos y liberándonos del poder del pecado. Esto es lo que significa ser seguidor de Cristo, un cristiano.

Jesús no arroja una manta de salvación sobre casas. Una relación con Él sucede una persona a la vez. En su libro clásico *Mero cristianismo*, C. S. Lewis lo describió así:

> Imagínate como una casa viva. Dios entra a reconstruir esa casa. Al principio tal vez puedas entender lo que Él está haciendo. Está arreglando los desagües, quitando las goteras del techo y así sucesivamente.

Sabes que era necesario hacer esos arreglos, por lo que no te sorprendes. Pero ahora Él empieza a golpear la casa en una forma que te duele terriblemente y no parece tener sentido. ¿Qué está haciendo?

La explicación es que está construyendo una casa muy diferente a la que pensabas, levantando una nueva ala aquí, poniendo un piso extra allí, alzando torres, haciendo patios. Creías que te iba a convertir en una casita decente; pero Él está construyendo un palacio. Dios mismo tiene la intención de venir a vivir en dicho palacio.[5]

Algo especial sucede cuando reúnes un padre, una madre e hijos que han recibido este regalo de la salvación. Tu hogar cristiano literalmente consta de muchos «palacios» y nada menos que el Creador soberano del universo vive en cada uno de ellos. (El apéndice A, página 205, es una descripción de cómo llevar a tus hijos a su propia experiencia de gracia salvadora de Dios por medio de Jesucristo).

LA PEQUEÑA CASA EN LA PISTA

Mis hijas nacieron en la década de los setenta, Missy en 1971 y Julie en 1974. El mismo año en que Julie vino al mundo, NBC transmitió la serie *La pequeña casa de la pradera,* de Michael Landon, basada en líneas generales en los libros clásicos de Laura Ingalls Wilder. El padre de Landon era judío y su madre católica irlandesa. Y aunque mantuvo su fe personal en secreto, Michael Landon creó esta serie como el lugar protagónico con una perspectiva cristiana sin complejos.

Los jueves a las siete de la noche, nuestra pequeña familia se reunía alrededor del televisor a ver *La pequeña casa.* Reímos con las impertinencias de la señora Oleson y lloramos cuando Mary quedó ciega. La serie nos ofreció una versión familiar abreviada. Cuando alguien en nuestra casa se quejaba por un «deber», exclamábamos: «Rápido, ve a ver a Doc Baker».

Lo que más nos gustaba de la serie a Bobbie y a mí era que la asistencia a la iglesia, la oración e incluir a Dios en la conversación de la vida cotidiana era algo completamente normal. El respeto mutuo entre Charles y Caroline era previsible. El tierno afecto entre padres e hijos era franco y auténtico.

Durante los nueve años siguientes, nuestras hijas salieron para la escuela temprano la mañana de los viernes con el recuerdo de aquellos programas de la noche anterior. Las conversaciones de escuela primaria con sus amigas a menudo eran acerca de «lo que sucedió anoche en *Pequeña casa*».

Increíblemente, en la década de los setenta fue posible vislumbrar por televisión cómo era un hogar cristiano. Familias de todos los Estados Unidos vieron uno de esos hogares en una casita de madera en las llanuras de Minnesota. Sin el acompañamiento de una guía de instrucciones pudieron haber modelado un hogar cristiano sin siquiera pensar en lo que estaban haciendo.

Prometo mantenerme lejos de mi tarima, pero sé que tú y yo podemos decir la verdad acerca de lo que ha sucedido a la televisión en horario estelar desde entonces. Ciertamente no es *Pequeña casa*. Burdas, groseras, vulgares e irrespetuosas celebraciones de inmoralidad serían descripciones adecuadas de casi todo en el horario estelar.

Nuestra «pequeña casa» hoy día ya no está en la pradera. Está en el camino. La gentileza, la ternura, las oraciones a la hora de acostarse y las largas caminatas a la escuela se han reemplazado con desafortunadas imágenes que van y vienen a gran velocidad.

Mi punto aquí es que no hay modelo de hogar cristiano para millones de familias estadounidenses. En realidad, para muchos no hay recuerdo de ningún hogar cristiano. Esto podría ser cierto para ti.

PATERNIDAD DEL SIGLO I

Entre la Navidad y el Año Nuevo del 2003, Bobbie y yo volamos a Charlotte para pasar la semana con nuestras hijas y nietos. Aterrizamos en el Aeropuerto Internacional Charlotte Douglas la mañana de Navidad y corrimos hacia el reclamo de equipaje para reunirnos con Christopher, nuestro yerno, luego estaríamos fuera para congregarnos alrededor del árbol navideño con nuestra familia.

Al caminar por el pasillo D, vimos un gran cartel que anunciaba una nueva exhibición llamada «De Rafael a Monet» en el Museo de Arte Mint en el centro de Charlotte. Bobbie no necesitó más estímulo. Asintió hacia el cartel y al instante hizo su plan.

—Llevemos a los chicos a ver esto —declaró con entusiasmo previsible.

—Sí, vamos —estuve de acuerdo.

A los pocos días estábamos con nuestra hija Missy y sus tres hijos recorriendo los salones del museo. Las tenues luces mostraban la belleza única de cada una de las obras maestras.

Una de las pinturas más grandes se titulaba *Los mártires cristianos*, del pintor y escultor del siglo xix, Jean-Léon Gérôme (1824–1904). Mostraba una escena del coliseo de la Roma del siglo I. Tomé a nuestra nieta Abby de casi ocho años (sus hermanitos estaban siendo creativos en la zona de «colorea tu propia túnica») y parados allí frente a esta obra de arte la miramos juntos. Le expliqué el significado histórico de la pintura.

De rodillas en el centro del coliseo había un grupo de personas, tal vez treinta entre niños y adultos. En el centro del grupo estaba de pie un personaje tranquilo que se hallaba solo. El cabello canoso y la barba blanca lo hacían ver como el más viejo entre todos. Tenía el rostro levantado hacia el cielo en oración.

Al lado izquierdo de la pintura había un enorme león marrón entrando al coliseo por una amplia puerta. Su mirada resuelta estaba fija en el grupo reunido en el centro. Gérôme había definido perfectamente al animal con una enorme melena y músculos marcados. La boca estaba un tanto abierta, dejando ver sus fauces brillantes. Detrás podían verse algunos otros leones listos a entrar.

Rodeando el suelo del coliseo había cruces de crucifixión, más o menos podían verse doce, cada una con una persona colgada. Algunas estaban envueltas en llamas.

—Todas estas personas van a morir —le informé a Abby.

—¿Qué hicieron? —preguntó ella.

—Le dijeron al emperador romano que no se inclinarían delante de él… que amaban a Dios y que solo a Dios adorarían —respondí—. Si estas personas se hubieran apartado de su fe, les habrían perdonado la vida. Lo único que debían decir era que no amaban a Jesús y se les habría permitido vivir.

Abby no dijo nada, sus ojos y su corazón recopilaban toda mi información.

—¿Puedes imaginarte —pregunté finalmente—, que te maten por lo que crees?

Nos quedamos allí un momento más; la tomé del brazo y seguimos caminando.

> —¿Puedes imaginarte —pregunté finalmente—, que te maten por lo que crees?

En la furgoneta de regreso a casa todos hablamos de lo que más nos gustó en el museo de arte. Por supuesto, los chicos estuvieron felices con la mesa artesanal y a Abby le gustó la exhibición de la primera vestimenta estadounidense. El favorito de Bobbie y Missy fue la *Madona* de Rafael. Lo mío fue la pintura que le había descrito a Abby. No dije nada más que eso.

Sin embargo, mientras conducía por los concurridos

barrios de Charlotte, disfrutando la risa y cantando desde la parte trasera de la furgoneta, no podía quitarme de la mente la imagen. Pensé: *¿Cómo habría sido ser un padre cristiano en la Roma del siglo i? ¿Cómo habría sido allí la hora de la cena?*

HOGARES CRISTIANOS EN ROMA

En el año 64 d.C. comenzó un incendio en una pequeña tienda cerca del centro de Roma. Las llamas progresaron hasta extenderse por todas partes. Durante nueve días las llamaradas destruyeron la mayor parte de la ciudad. En ese tiempo, el emperador Nerón estaba de vacaciones en su villa junto al mar. Puesto que se negó a regresar para consolar a quienes estaban sufriendo, comenzaron a extenderse los rumores de que Nerón mismo había ordenado el incendio para poder reconstruir Roma según sus propios planes de engrandecimiento.

A fin de suprimir el chismorreo, Nerón creó chivos expiatorios. El historiador Tácito escribió: «El emperador castigó con todo tipo de crueldad al grupo notoriamente perverso conocido como cristianos. Primero, Nerón hizo arrestar a algunos miembros de esta secta. Luego, basado en la información que le dieron, grandes cantidades fueron condenados, no tanto por los incendios provocados sino por el odio que tenían a la especie humana. Sus muertes se convirtieron en una farsa».[6]

> *Una cultura amigable* no puede estar en la lista de prioridades familiares... *Diferente* debería estar en esa lista.

En lugar de matar cristianos en los lugares habituales de ejecución, Nerón los asesinó públicamente en los jardines que tenía cerca de su palacio y en el coliseo. «Burlas de todo tipo acompañaron sus muertes. Cubiertos con pieles de bestias eran desgarrados por perros y perecían, los clavaban en cruces, o los condenaban a las llamas y los quemaban, para servir como iluminación nocturna una vez terminada la luz del día».[7]

Lo que Abby y yo habíamos visto ese día en el museo de arte describía un tiempo real en la historia en que hogares cristianos estaban literalmente en la mira de un demente salvaje. Imagina cómo debió haber sido sentarte con tu familia y explicar lo que significaba ser cristiano en tu vecindario.

La respuesta pasa de *diferente* a un nivel totalmente nuevo, ¿verdad? Pero el mensaje tiene algunas similitudes con tu familia y la mía en la actualidad. *Una cultura amigable* no puede estar en la lista de prioridades familiares. Eso no construye nada en nuestros hogares y no nos lleva a ninguna parte. *Diferente* debería estar en esa lista.

EXACTAMENTE COMO NOÉ

El mundo de Noé no era distinto de la Roma del siglo I. Él y su familia tuvieron que enfrentar el reto de destacarse en su ciudad. La maldad estaba por todas partes… tan malas eran las personas que «se arrepintió Jehová de haber hecho hombre en la tierra, y le dolió en su corazón» (Génesis 6:6).

Es sorprendente que a Noé no le afectara lo que ocurría a su alrededor. La Biblia lo describe como «perfecto en sus generaciones», alguien que «con Dios caminó» (Génesis 6:9). ¿Puedes imaginar eso? Justo allí, en medio de toda esa maldad, había alguien que se atrevía a… ser diferente.

Los chicos de la calle de Noé debieron haber observado algo respecto a esa casa de la esquina. La Biblia no da muchos detalles, pero sin duda es probable que Noé, su esposa y sus tres hijos fueran algo excepcional en el vecindario.

Cuando Noé completó el enorme barco, el arca y las parejas de animales estuvieron a bordo, Dios le habló. Escucha lo que le dijo: «Entra tú y toda tu casa en el arca; porque a ti he visto justo delante de mí en esta generación» (Génesis 7:1).

¿Lo captaste? La fidelidad de Noé, su disposición de ser etiquetado como alguien «diferente» en su comunidad, salvó literalmente la vida de toda su familia. Como sus descendientes directos, tú y yo debemos agradecerles al señor y a la señora Noé.

¿Y QUÉ DE LA IGLESIA?

Supongo que es discutible que debido a que somos cristianos, sea la *iglesia*, no nuestros hogares, el lugar más importante de la tierra. Echemos un vistazo.

Nuestra cultura está totalmente espiritualizada. Casi la mitad de la población de los Estados Unidos asiste a la iglesia; algunos solo en Navidad y Pascua, pero más de la mitad nombran un lugar específico al pedirles que identifiquen una iglesia local. ¿Creen estas personas en Dios y es la oración parte importante de sus vidas? Las estadísticas son sorprendentes. Más del *90 por ciento* contesta sí a ambas preguntas.[8]

Así que no deberíamos necesitar series de cadenas de televisión que nos muestren cómo es un hogar cristiano, ¿de acuerdo? Nuestra nación está llena de personas religiosas que deberían hacerlo.

Lo triste es que los relatos de divorcio, vejación conyugal e infantil, infidelidad y abuso de sustancias son casi idénticos entre personas que asisten y que no asisten a la iglesia.[9] Está claro que nuestras iglesias en general *reaccionan* a lo que las familias les envían, pero hacen muy poco por *cambiarles* el comportamiento.

A mediados de los ochenta, nuestros buenos amigos Mark y Susan DeVries se unieron al personal de nuestra iglesia en Nashville. Mark se había graduado con honores tanto en la Universidad Baylor como en el Seminario Princeton. Él y Susan habían sido líderes vigorosos en Young Life durante muchos años y estaban dotados para entender a los adolescentes.[10] Si alguna vez hubo un hombre capacitado para asumir el papel de pastor de jóvenes, ese fue Mark DeVries.

Ya que él y yo habíamos sido muy amigos desde sus días de estudiante universitario, frecuentemente nos reuníamos en una cafetería de Nashville para desayunar y ponernos al día respecto a nuestras vidas. No pasó mucho tiempo para que comenzara a empañarse el brillo idealista de las esperanzas de Mark por un ministerio juvenil. Hablamos al respecto.

Una mañana, frente a tortillas de huevos con queso cheddar, Mark me confesó resueltamente lo que había decidido hacer. Contuve el aliento, esperando que me dijera que pensaba renunciar. Pero pronto detecté que su espíritu se exaltaba. Mark tenía una idea que transformó literalmente su ministerio juvenil. Es más, finalmente escribió un libro acerca de su descubrimiento y ha viajado por todo el mundo, enseñando a otros a hacer lo mismo.[11]

Con todo el debido respeto a teólogos, eruditos bíblicos, ministros y músicos de iglesia en todas partes, lo que Mark descubrió fue una verdad sencilla. Toda su experiencia en el ministerio de jóvenes (su espíritu maravilloso, sus habilidades musicales, su destreza para entregar la verdad bíblica a jóvenes inquietos) iba a ser una pérdida total de tiempo sin ministrar también a los *padres* de tales adolescentes. En otras palabras, nuestra iglesia *no* era el lugar más importante de la tierra para estos chicos. Eran sus *hogares*.

Algunas semanas después del descubrimiento de Mark, observé un cambio en el boletín de la iglesia. En lugar de «Ministro de jóvenes» al lado del nombre del Rdo. Mark DeVries en la lista de personal, decía: «Ministro de jóvenes y sus familias».

DEJEMOS QUE LOS EXPERTOS LOS DIRIJAN

En su investigación, George Barna ha descubierto que en vez de asumir la responsabilidad por el desarrollo espiritual de sus hijos, la mayoría de padres cristianos en Estados Unidos quedan satisfechos inscribiéndolos en los programas de la iglesia.[12] Parecería que estuvieran diciendo: «Dejemos que los expertos manejen esta parte de las vidas de mis hijos».

Sin embargo, como mi amigo Mark descubrió, los hogares de los niños tienen más influencia en lo que sucede, o no sucede, en la iglesia que a la inversa. La esperanza de padres ocupados es que los programas de la iglesia o las clases en la escuela sobre desarrollo de carácter pongan al día a sus hijos en asuntos morales y espirituales. Por desgracia, han calculado mal. Los *hogares* tienen la influencia más profunda. Los *padres* son los expertos que deben hacer el trabajo.

Recuerda la historia de David y Goliat, cómo el muchacho pastor derribó al gigante filisteo con una sola piedra lisa disparada desde una honda. Cara a cara con Goliat y rodeado por dos ejércitos en guerra, David le gritó al monstruo: «Tú vienes a mí con espada y lanza y jabalina; mas yo vengo a ti en el nombre de Jehová de los ejércitos, el Dios de los escuadrones de Israel, a quien tú has provocado» (1 Samuel 17:45).

David debió haber sido alguna clase de joven especial, ¿no es así?

Presenciando el espectáculo desde el margen del campo de batalla, el rey Saúl se acercó al hermano de David con una pregunta. Escucha esto: «Abner, ¿de quién es hijo ese joven?» (1 Samuel 17:55).

A raíz de uno de los enfrentamientos más notables y valientes de la historia, el rey de Israel quería saber solo un aspecto acerca del muchacho héroe: «Háblame de su hogar».

Saúl pudo haber preguntado por la ocupación o la experiencia de David en cazar, o su disponibilidad para futuros conflictos. En lugar de eso, preguntó por la familia del joven.

Así que la impresionante tarea de dirigir nuestros hogares vuelve a ti y a mí. Nuestros hijos están contando con nosotros. Somos los propietarios del lugar más importante de la tierra. Somos los especialistas. Nadie más que nosotros puede hacer esto.

NO ES MOMENTO PARA LO COMÚN

En un libro como este, admito que es tentador ser diplomático. ¿Y por qué no? Como negociador y vendedor he aprendido el arte de acercarme sigilosamente y con tacto a un posible cliente.

Unas páginas atrás dije: «Tienes una oportunidad en esto de construir un hogar. Solo una. Y el tiempo no está de tu parte». Mi tendencia podría ser suavizar esto un poco añadiendo que obtienes puntos por esfuerzo sincero y que, vaya, solo eres humano. Tus hijos son resistentes. Estarán bien. Prefiero no ser acusado de inflexible y dogmático, así que reconoceré algunos puntos. Vamos a cometer errores al igual que todos los demás. Y hablando de todos los demás, estamos haciéndolo bastante mejor que muchos padres que conocemos, a fin de que *eso* cuente para algo.

Aunque esa es mi tendencia, voy a seguir adelante y advertirte que a pesar de que seré rápido en hablar de mis propios fracasos en el proceso de edificar un hogar cristiano, no voy a permitir que quedemos sin culpa. Esto de criar hijos es un asunto serio y no hay nadie en la tierra en una posición mejor, o mejor calificado, que tú y yo para hacerlo bien.

> Somos los propietarios del lugar más importante de la tierra. Somos los especialistas. Nadie más que nosotros puede hacer esto.

Además, mi suposición es que no estás a punto de seguir consejos que fijen una norma baja y admitan que lo común (mediocre) es bastante bueno. Quieres tener un hogar extraordinario y estás dispuesto a hacer lo que sea necesario para obtenerlo. ¿Verdad que sí?

La mayor parte del tiempo tú y yo descargamos un nuevo software en nuestras computadoras vía Internet. Pero hace tiempo, cuando querías comprar un nuevo programa de software, este por lo general venía en una caja con dos manuales de instrucciones, uno entre dos y cinco centímetros de grueso. El otro, por lo general, tenía dos páginas de largo y se llamaba *Manual de inicio rápido*. Aunque normalmente ibas directo al inicio rápido y no al de cuatrocientas páginas, estos dos manuales tienen algo en común. Dicen la verdad acerca de lo que acabas de comprar. Te indican exactamente cómo instalar el programa y cómo acceder a las funciones del software. ¿Por qué desperdiciar tu tiempo en algo más?

Exactamente mi propósito.

Este libro recaerá en algún lugar entre el folleto de inicio rápido y el tomo de cuatrocientas páginas. Pero mi promesa es hablar tan sinceramente como sé, sin que tú y yo quedemos fácilmente fuera de esto.

A medida que leas, habrá ocasiones en que podrías acusarme de deplorable idealismo (ingenuidad) en lo que estoy sugiriendo. Quédate conmigo, por favor. He visto funcionar una y otra vez los principios de este libro y no solo con mi propia familia sino en las de muchos otros.

«SED, PUES, VOSOTROS PERFECTOS»

Una tarde, Jesucristo se sentó en una colina de Judea. Al igual que con la exposición del resumen ejecutivo de un plan comercial, su objetivo era clarificar su mensaje en pequeñas piezas bien definidas. Sus temas iban desde relaciones hasta palabras dichas, dinero y cómo mostrar misericordia.

A veces la gente acusa a Jesús de ser demasiado tierno, flexible y complaciente. Pero si alguna vez hubo un argumento sólido contra esta acusación, ¡es este! En realidad, justo en medio de su charla, Jesús miró directo a los rostros de los oyentes y les dijo: «Sed, pues, vosotros perfectos, como vuestro Padre que está en los cielos es perfecto» (Mateo 5:48).

Demasiado para llegar a un acuerdo. («Perfecto» resulta conocido, ¿verdad? ¿Recuerdas a Noé?).

Oí por primera vez del Sermón del Monte (Mateo 5–7) siendo niño en la escuela dominical.[13] Debido a que mi Biblia tenía las palabras de Jesús impresas en rojo, eran casi cuatro páginas carmesí consecutivas, la mayor cantidad en todo el Nuevo Testamento. Pero solo cuando fui padre, relacioné la ilustración final con mi familia. Esto también es para ti. Escucha:

> Cualquiera, pues, que me oye estas palabras, y las hace, le compararé a un hombre prudente, que edificó su casa sobre la roca. Descendió lluvia, y vinieron ríos, y soplaron vientos, y golpearon contra aquella casa; y no cayó, porque estaba fundada sobre la roca. Pero cualquiera que me oye estas palabras y no las hace, le compararé a un hombre insensato, que edificó su casa sobre la arena; y descendió lluvia, y vinieron ríos, y soplaron vientos, y dieron con ímpetu contra aquella casa; y cayó, y fue grande su ruina (Mateo 7:24-27).

Es increíble cuando piensas al respecto. El mensaje más importante de Jesús a posibles seguidores fue uno que resumió en una ilustración acerca de edificar una casa, un hogar cristiano. Él estaba diciendo: «Si tomas estas cosas y las usas en tu vida, será como construir tu casa sobre una roca, no sobre la arena movediza».

Por eso, a medida que tú y yo pasemos por los capítulos que siguen, incluiré algunas otras verdades importantes de la Biblia, cosas que son absolutamente útiles en tu vida y en tu hogar ahora mismo.

ESE RUIDO DE SUCCIÓN QUE OYES

Durante nuestros dieciséis años que vivimos en Nashville hice amistad con Mike Rose, un hombre que era dueño de una fábrica de aderezos para ensalada. Aunque no había visitas públicas, Mike me invitó un día a recorrer su planta. Fue una experiencia extraordinaria que nunca he olvidado. Después que oigas de mi visita, tú tampoco la olvidarás.

Las instrucciones de Mike fueron exactas y encontré el edificio sin dar vueltas equivocadas. Estacioné junto a un gran silo, que me recordó las granjas de mis tíos en el condado Lancaster en Pennsylvania, y entré a la recepción donde una mujer sentada detrás de un escritorio me recibió con un amistoso saludo. A los pocos minutos, Mike salió a recibirme. Después de una corta conversación estábamos en el piso de la fábrica.

Al instante me llamó la atención el hecho de que el lugar estaba inmaculado.

Por supuesto, esta gente estaba haciendo cosas para *comer*, pero es toda una experiencia ver una enorme planta con gigantescas piezas de equipo tan pulcras como una cuchara caliente y brillante que sacas del lavavajillas después de un ciclo de lavado.

Durante mi gira hubo tres momentos memorables. El primero fue cuando mi amigo me dijo que el silo junto al que me había estacionado estaba lleno con toneladas de yemas de huevo. (Me resistí a preguntarle a Mike cómo sería saltar dentro de la sustancia viscosa. Una vez niño, siempre niño). El segundo fue ver mayonesa blanca y cremosa saliendo de un tubo de cinco centímetros de diámetro a velocidad vertiginosa. Y el tercero, que voy a describir con algunos detalles, fue ver la máquina de hacer envases plásticos.

Mi amigo me explicó que compra bolitas de plástico por vagones. Estas se funden y luego se envían a una extrusora que absorbe exactamente el material dentro de un molde con forma de cántaro de un galón. Si has visitado la cocina de un restaurante o si compras en almacenes como Sam's, Costco o

BJ's, has visto estos envases blancos llenos de mayonesa. Me quedé mirando este proceso por algún tiempo: el plástico suavizado que encuentra la poderosa fuerza del vacío y recibe forma en una fracción de segundo.

Qué gran descripción gráfica para ayudarnos a entender lo que el apóstol Pablo escribió en el siglo I: «No os conforméis a este siglo, sino transformaos por medio de la renovación de vuestro entendimiento, para que comprobéis cuál sea la buena voluntad de Dios, agradable y perfecta» (Romanos 12:2). Una versión de este versículo declara: «No se amolden al mundo actual» (NVI).

Visiones de la máquina de hacer envases plásticos deberían venir a nuestra mente.

Lo mismo se aplica a nuestras familias. La atracción de un mundo inmoral fuera de nuestros hogares es tan fuerte como la fuerza que absorbe la materia blanda y blanca en el molde. La neutralidad de nuestra parte como padres resultará en fracaso. Sin nuestro esfuerzo intencional de desafiarla, nuestros hijos no tendrán otra posibilidad que ser atraídos a esos aspectos que más tememos.

> La neutralidad de nuestra parte como padres resultará en fracaso.

Sin embargo, transformación e intencionalidad (disposición de reclamar un territorio poco popular aunque esto signifique resistencia centrada) de nuestra parte pueden crear un hogar que se destaque maravillosamente en nuestra cultura y nuestro vecindario: un hogar cristiano.

Cuando mi finada esposa Bobbie tenía ocho años, su amiga del frente la invitó a ir a su casa. Incluso a tan tierna edad, Bobbie me contó que el momento en que entró a la casa de Homer y Libby Lay sintió algo que nunca antes había sentido. Algo cálido, maravilloso y totalmente convincente. Homer y Libby expresaban de modo rutinario su amor y fe en sus hijos. El respeto mutuo era casi palpable. El hogar de los Lay era un lugar en que estaban claramente definidas grandes expectativas y la disciplina parecía justa. Lo que Bobbie no sabía en ese momento era que esta sería su iniciación en Cristo… dentro de un hogar cristiano. Este era el único de tales hogares en el vecindario.

Debido al testimonio de esta familia al otro lado de la calle, Bobbie y sus hermanas fueron llevadas a Jesús y le comprometieron sus vidas en una fe sencilla. Un año después, su padre y su madre también se convirtieron.

Una familia que con misericordia demostró el poder de ser «diferente» se convirtió en el modelo y el catalizador para la transformación definitiva del hogar de Bobbie en un hogar cristiano.

Además, aunque no lo creas, esta puede ser la historia de tu hogar: El lugar más importante de la tierra.

2

UN LUGAR DE DIOS

Dios vive en tu hogar. ¿Qué significa eso?

Tu hogar cristiano es un lugar donde Dios se ha instalado. Él realmente vive en tu casa. Y hay una manera en que puedes darte cuenta de que Él está cerca. Hay cierto… aroma.

BOLAS DE NAFTALINA

Caminar desde el auto familiar y atravesar la puerta en la cerca hasta la casa de mis abuelos es algo tan conocido para mí como si ayer mismo hubiera hecho el recorrido. El pestillo de la puerta no era muy fácil de usar para los niños pequeños (tal vez ese era el propósito), pero esta fue una de las razones de que Dios me diera hermanos mayores.

> Y hay una manera en que puedes darte cuenta de que Él está cerca. Hay cierto… aroma.

Un estrecho camino de concreto nos llevaba desde la puerta hasta la casa de la granja donde vivían mi abuelo y mi abuela. Por alguna razón, en ese entonces no hacían caminos muy anchos. Quizá era algo de austeridad, pero nunca había espacio para que dos de nosotros camináramos uno al lado del otro. Además, el estrecho sendero estaba pintado de gris… resbaloso como hielo en días lluviosos.[1]

Casi nunca viajábamos a la casa de los abuelos más de una vez al año; nosotros vivíamos en Chicago y ellos en el condado Lancaster, Pennsylvania. Pero viajábamos cada año. Así que allí íbamos a parar, toda mi familia, caminando en fila india desde el auto hasta la casa, cada uno cargando algún tipo de equipaje. Abuela siempre era la primera en salir a nuestro encuentro. Se secaba las manos en el delantal, el cual, en mi recuerdo, usaba todo el día, cada día, excepto el domingo por la mañana. Y ella era efusiva acerca de nuestra llegada.

Nos besaba a cada uno. El vello encima de su labio superior siempre estaba ligeramente húmedo por el sudor, lo que hacía de este beso particular algo repugnante que los niños pequeños se apresuraban a terminar. En ese momento, el abuelo hacía su aparición, emergiendo a menudo de la habitación de la casa donde su escritorio estaba en el rincón y libros como pequeños soldados se alineaban en los abarrotados estantes. Ese era su estudio. «Padre Wolgemuth» era como lo llamaban todos en la iglesia que pastoreó durante muchos años. Aunque sabíamos que el abuelo nos amaba, las gruesas cejas negras como orugas y la espesa barba le daban una fisonomía imponente y sombría. Lo abrazábamos, pero la experiencia era más deber que pasión. Sin embargo, nunca habríamos pensado en *no* abrazar al patriarca de la familia.

Una vez terminados los obligatorios abrazos, era hora de llevar adentro nuestro equipaje. Tan conocido para mí como los estrechos senderos pintados, el vello húmedo y las orugas, era lo que nos recibía cuando abríamos la puerta y entrábamos. Se trataba del olor, como el de ninguna otra casa a la que alguna vez entré. *Naftalina*. A excepción de la cocina y el baño, cada habitación en la casa de mis abuelos olía a naftalina. En realidad, las polillas se mantenían lejos de nosotros durante semanas después que regresábamos de Pennsylvania. No me digas que no hay credibilidad en las afirmaciones de activistas del poder de las bolas de naftalina de segunda mano.

———

Cuando yo estaba en el liceo, estudiamos los cinco sentidos: tacto, gusto, vista, olfato y oído. El señor Dusek, mi profesor de biología en la secundaria, nos dijo que el sentido del olfato, la sensación olfativa, tiene la mejor memoria. De ahí la conexión entre las bolas de naftalina y mi abuela sesenta años después.

Es probable que hayas notado que la mayoría de casas tienen sus propios olores característicos. Tal vez la casa de tus padres o abuelos tenían un aroma conocido.[2] Quizá detectas un aroma habitual cuando visitas la casa de un amigo. Lo más probable es que otras personas huelan algo cuando atraviesan tu puerta principal.

EL AROMA DE DIOS

La importancia de cómo huele una casa existe desde hace mucho tiempo. Es más, durante siglos la gente ha hecho que las iglesias huelan a algo muy especial.

Si te criaste en una iglesia católica romana, episcopal u ortodoxa, sabes qué es un incensario. Incluso si has presenciado por televisión una misa o vespertinas, es probable que hayas visto un incensario. Se trata de una bola hueca perforada de plata o de latón, como del tamaño de una pelota de sóftbol, al final de varias cadenas delgadas como de un metro de largo que un sacerdote hace oscilar de atrás hacia delante mientras recorre el pasillo hasta el altar. Con cada oscilación, una ráfaga de humo blanco escapa de la bola.

En el interior hay incienso encendido y no se necesita mucho tiempo para que toda la iglesia esté impregnada del fragante aroma. Como es de imaginar, hay una buena razón para este ritual.[3] El propósito principal era recordar al pueblo la presencia invisible del Espíritu Santo. Pero me gusta lo que sucede la mañana siguiente. Cuando entras al santuario mucho después de finalizada la reunión, todavía puedes sentir residuos del aroma del humo del día anterior. Para ser específico, el lugar huele como… Dios.

Es como la visita de Bobbie a la casa de la vecina: A Dios es exactamente como *debería* oler un hogar cristiano. El momento en que las personas atraviesen la puerta principal debería haber algo, aunque completamente invisible, que les recuerde al Dios del universo. Y cuando tú y tus hijos aparecen en el trabajo o en la escuela, debe haber un rastro del aroma de segunda mano que rápidamente otros puedan detectar.

Eso parece un cuento, ¿verdad?

Volvamos por un segundo a la mañana después de la iglesia. El santuario huele a incienso porque el sacerdote siguió las instrucciones. Como se ha hecho por miles de años, coloca un pedazo de carbón caliente y un trozo de resina endurecida de incienso en un pequeño plato dentro del incensario y lo hace oscilar de adelante hacia atrás. El resultado fue que todo el lugar se llenó del aroma.

Llenar tu casa con el aroma del Todopoderoso, el incienso de Dios, es realmente cuestión de seguir sencillas instrucciones. Cuando lo haces, el aroma es automático.

UN TIEMPO EN QUE NADIE ESTÁ EN CASA

Una de las maneras más importantes de que tu casa tenga el aura de Dios es que tú *no* estés regularmente en casa.

Nunca olvidaré la conversación que Bobbie y yo tuvimos un domingo justo después que terminara la reunión en nuestra iglesia. Junto a nuestras hijas nos disponíamos a salir cuando una mujer que había estado detrás de nosotros nos saludó. Conversamos un poco y entonces ella nos sorprendió con un elogio, una pregunta y una increíble admisión.

«Parece que ustedes y sus hijas están aquí todos los domingos. ¿Cómo consiguen que sus hijas los acompañen? —comentó con una sonrisa y luego añadió con un suspiro de resignación—. Mi hijo y yo discutimos todos los domingos por la mañana en cuanto a venir a la iglesia y él siempre gana».

En el camino a casa hablamos del comentario de la dama. A nuestras hijas (como de diez y trece años en aquel entonces) les sorprendió auténticamente que fuera posible discutir el ir o no ir a la iglesia. Me divertí al darme cuenta de que nuestras hijas no habían pensado en *no* ir a la iglesia, o si lo habían hecho, nunca habían planteado la inquietud.

> Llenar tu casa
> con el aroma del
> Todopoderoso, el
> incienso de Dios, es
> realmente cuestión
> de seguir sencillas
> instrucciones.

Bobbie y yo hablamos después al respecto. Me pregunté si nuestras hijas se habían sentido esclavizadas por padres inflexibles que las obligaban a levantarse los domingos por la mañana. «Bueno, no lo hicieron antes que esa querida señora les hablara de su hijo desafiante a Missy y Julie», bromeó Bobbie. Yo reí.

La conversación continuó por algún tiempo y nuestra conclusión fue unánime: la iglesia es algo no negociable. Lo había sido desde el primer domingo después que Bobbie y yo nos casamos, e iba a seguir siéndolo durante el resto de nuestras vidas. Nuestras hijas nunca nos habían oído hablar de opciones o excusas. El domingo por la mañana significaba iglesia. Punto.[4]

A lo largo de los años nos ha fascinado cómo algunas familias tratan la asistencia a la iglesia. Las fiestas hasta tarde el sábado por la noche les brinda la excusa de que tienen que quedarse en casa la mañana siguiente. A veces los padres llegan sin sus hijos, diciéndonos sin disculparse que habían «premiado» a sus hijos con una tranquila mañana para dormir debido a horarios atareados: fútbol, tareas, fiestas nocturnas con amistades, actividades hasta altas horas de la noche o cualquier otra cosa.

Esto es un problema.

Tal vez no te sorprenda saber que la Biblia tiene algo que decir acerca de ir a la iglesia: «Seamos solidarios. Ayudemos a los demás a demostrar su amor y a hacer el bien. Algunos están faltando a las reuniones, y eso no está bien. Reunámonos para animarnos unos a otros» (Hebreos 10:24-25, PDT).

Esto podría parecerte legalista. No lo es. Ir a la iglesia como familia no tiene que ver con reglas rígidas diseñadas para conseguir que Dios te dé una palmadita en la cabeza. Simplemente debe ser el procedimiento operativo normal, tan normal como comer, dormir y vestirse. «Congregarnos» es idea de Dios. Eso debería bastar.

Hace varios años volé de Los Ángeles a nuestra casa cuando vivíamos en Nashville. Había encontrado una fantástica tarifa en un vuelo directo de Northwest Airlines con una sola escala en Memphis. Puesto que no tenía que cambiar de avión, me quedé en mi asiento mientras los pasajeros de Memphis bajaban. Inclinándome hacia adelante observé por la ventanilla la gran actividad en la pista. Como hormigas atareadas, se movían los pequeños remolcadores que halaban los carros de equipaje. Camiones de comida y combustible iban y venían. Miré el avión a nuestro lado, sorprendido de que ese enorme aparato pudiera realmente despegar del suelo y volar.

> «Congregarnos» es idea de Dios. Eso debería bastar.

Entonces vi algo que nunca antes me había llamado la atención, al menos desde esa perspectiva. A pesar de que las llantas debajo de los aviones son enormes según las normas automotrices, parecían diminutas en comparación con el tamaño del avión encima de ellas. Miré hacia la pista y observé a varios aviones deslizándose por ella.

Allí estaban esas gigantescas naves vacilantemente pesadas sobre lo que parecían diminutas ruedas de monopatín. Cuando más miraba la rareza, más cómica se volvía la vista de estas llantas diminutas bajo el vientre del gigante pesado por encima de ellas.

¿Por qué se veían chistosas? Porque los aviones están construidos para *volar*. Por supuesto. Se deslizan por la pista a toda potencia, atravesando el aire como un rayo con un rugido que hace estremecer las ventanillas. Luego las minúsculas ruedas se meten en sus vientres hasta que es hora de aterrizar.

Tomar un tiempo precioso para ir a la iglesia cada semana, desconectándote de tu atareado y productivo horario, podría parecer un desperdicio total. No lo es. Es *el* lugar donde tú y todos los demás «aviones» agobiados y hambrientos en tu comunidad deben detenerse para descansar y reabastecerse de combustible.

En un hogar cristiano, ir a la iglesia no es opcional. Es esencial. Ser personas comprometidas con la iglesia crea un aura distinta y notable alrededor del lugar.

BIBLIAS PARA TODOS

Igual que el sacerdote que sigue sencillas instrucciones para hacer que la iglesia huela como Dios, tú puedes hacer otras cosas para llenar tu casa con este aroma especial, tales como comprarle a cada uno una linterna.

Aunque la gente de nuestra empresa de suministro eléctrico hace un buen trabajo manteniendo la electricidad, de vez en cuando el relámpago de una de nuestras tormentas veraniegas golpea un transformador en la zona, apagándola toda.[5]

Ya que he aprendido a golpes lo difícil que es caminar por mi casa en oscuridad total (¿por qué no obtuvimos más relleno en nuestras canillas?), sé exactamente dónde se encuentran dos linternas. Puedo cerrar los ojos y caminar directo hacia ellas a cualquier hora del día o de la noche.

> Tu palabra es lámpara que guía mis pasos;
> luz que alumbra mi camino (Salmos 119:105, PDT).

Podrías referirte a la Biblia como tu manual o guía personal del propietario, pero esta se describe como una lámpara para tu vida. En la total oscuridad de la vida, es luz.

Pregunta: ¿Qué miembro de tu familia podría estar sin su propia luz?

En muchas iglesias regalan una Biblia a los estudiantes de tercer grado. A veces los nombres de los chicos están inscritos en la portada. Tal vez tu iglesia haga esto. Es una tradición fabulosa. Sin embargo, si tienes un estudiante de tercer grado y esta es la primera vez que posee una Biblia, te has perdido una gran oportunidad. ¿En qué momento de la vida de un niño se convierte este libro en una lámpara y una luz? ¿En qué instante se convierte este libro en el antídoto para el pecado?

Mucho tiempo antes de tercer grado.

Mis padres creían que sus hijos debían tener sus propias biblias. Así que recibí una cuando era pequeño, la mantenía en mi cuarto y la llevaba conmigo a la iglesia. A pesar de que era incapaz de leer la mayoría de las palabras o de comprender la doctrina, esta Biblia era de mi propiedad y de alguna manera eso me daba una sensación de deleite. Hoy día, si visitas la librería cristiana en tu zona, hallarás una maravillosa colección de biblias para niños de todas las edades. Incluso puedes encontrar biblias con pequeñas manijas de plástico, perfectas para que las agarren las manos de los niños. Los niños cargan cosas que son importantes para ellos. ¿No deberían comenzar a conocer al año y medio que la Palabra de Dios es una lámpara para sus pies y una luz para su camino?

Cuando lees las Escrituras con tus hijos a la hora de acostarse, léeles en *sus* Biblias personales. Si los niños son pequeños, muéstrales la figura del arca de Noé y háblales del arco iris y de las promesas de Dios. O muéstrales el cuadro de los niños reunidos alrededor de Jesús y recuérdales de su amor. Hacer esto será un recordatorio visual del poder transformador de vida de la Palabra de Dios también en tu vida.

> ¿En qué momento de la vida de un niño se convierte este libro en una lámpara y una luz?

A medida que tus hijos crezcan, encontrarás excelentes alternativas de Biblias para jóvenes estudiantes, llenas de útiles perspectivas de la verdad de la Palabra de Dios que suplen las necesidades únicas de un adolescente.

EL REGALO QUE NUNCA SE ACABA

Si quieres fortalecer las mentes de tus hijos, tendrás que ir más allá de leer la Biblia. También debes ayudarlos a memorizar versículos importantes. Sus cerebros son como cemento húmedo y los versículos que ellos aprenden se imprimirán en sus corazones por siempre. Mis padres me ayudaron a memorizar Salmos 1, Salmos 23 y Salmos 100 cuando tenía seis años. No he pasado un momento desde entonces tratando de recordar lo que había escondido en mi banco de memoria. Pero hoy día puedo recordar cada versículo, palabra por palabra.

Una forma fácil de hacer esto es escribir un versículo en una tarjeta y luego buscar oportunidades de repetir a tus hijos el versículo, frase por frase. Puedes también tenerlo disponible en tu teléfono inteligente, de modo que con un toque rápido del dedo aparezca allí. Ir en el auto en camino a la escuela o estar sentados alrededor de la mesa del desayuno son oportunidades perfectas que puedes usar para hacer que estos versículos obren en los chicos.

He aquí un versículo grandioso para empezar: «Todo lo puedo en Cristo que me fortalece» (Filipenses 4:13).

Un día, Bobbie llevó a caminar a un niño vecino llamado Ben.

—Hagamos un juego de versículos bíblicos —le dijo ella alegremente—. Diré este versículo y enfatizaré la *primera* palabra. Luego tú lo dices y enfatizas la *segunda* palabra. Luego yo lo enfatizaré en la tercera palabra y continuaremos hasta terminarlo.

Entonces Bobbie comenzó.

—*Todo* lo puedo en Cristo que me fortalece.

—Todo *lo* puedo en Cristo que me fortalece —continuó Ben ansioso por responder.

—Todo lo *puedo* en Cristo que me fortalece —contestó Bobbie.

—Todo lo puedo *en* Cristo que me fortalece —repitió Ben levantando el volumen hasta casi gritar.

Así continuaron hasta terminar. Una vuelta alrededor de nuestra manzana y el joven Ben había memorizado Filipenses 4:13.

Un septiembre a mediados de los setenta, Bobbie y yo dejamos a nuestra hija menor Julie con mis padres durante una semana. No recuerdo dónde dejamos a nuestra hija mayor, pero ya que solo tenía cinco años, estoy seguro de que no se quedó sola en casa.

Cuando regresamos por Julie, mi madre anunció que nuestra hija tenía una sorpresa para nosotros. Desde luego, esperábamos algún regalo hecho con palitos de helado o con platos de papel. Pero eso no fue lo que recibimos. Parada en el centro del piso de la cocina en su traje amarillo de baño y sandalias, Julie comenzó a recitar: «A: Andad en el Espíritu, y no satisfagáis los deseos de la carne. B: Buscad primeramente el reino de Dios y su justicia. C: Clama a mí, y yo te responderé. D… E… F…». Su recitación terminó con «Z: Zaqueo, date prisa, desciende, porque hoy es necesario que pose yo en tu casa». (En el apéndice B, página 213 se encuentra una lista de los veintiséis versículos bíblicos).

Nos quedamos atónitos y le preguntamos a mamá cómo lo había hecho. Ella nos mostró un folleto multicolor de papel de construcción con veintiséis páginas, lleno de recortes de revistas que mostraban imágenes de ovejas, niños y todo lo que pudiera haber representado una palabra en cada versículo. A medida que Julie pegaba las imágenes, mamá repetía los versículos una y otra vez hasta que nuestra hija aprendió cada uno de memoria.

Al mes siguiente, Julie cumplió dos años. Estoy seguro de que esto parece una tremenda exageración. No lo es.

Tal vez ya sepas esto, pero la razón por la que debemos dar a nuestros hijos sus propias Biblias y ayudarles a memorizar porciones de las Escrituras se debe a que ellos, al igual que tú y yo, tenemos un grave problema. Desde el momento en que respiran por primera vez están envenenados por el pecado. Y la Biblia proporciona el antídoto perfecto:

> En mi corazón he guardado tus dichos,
> para no pecar contra ti (Salmos 119:11).

Cuando tus hijos tienen una sinusitis o la gripe, no consideras un sacrificio manejar hasta la farmacia y encontrar algo que los ayude. Si están realmente enfermos, llevarlos a la sala de emergencia no necesita ningún tipo de planificación.

> Y una casa con Biblias bien gastadas esparcidas por todas partes exhala una fragancia encantadora.

Por eso es que les das sus propias Biblias, algo que durante miles de años ha sido el único remedio para el pecado… el mayor problema que han de enfrentar. Y una casa con Biblias bien gastadas esparcidas por todas partes exhala una fragancia encantadora.

HABLAR DE DIOS

Cuando yo era alumno de último año en el liceo, participé en un programa de intercambio estudiantil. En el otoño de 1964, cerca de treinta estudiantes de Wheaton Community High School viajamos al este hacia Fair Lawn High School en el norte de Nueva Jersey, donde nos alojamos con familias de estudiantes durante una semana. Luego en la primavera, ellos vinieron a occidente y pasaron una semana con nosotros en Illinois.

En preparación para el viaje, cada uno de nosotros completó un corto resumen biográfico que comunicamos a nuestros socios interestatales. Envié el mío a Peter Schulman, el chico que nuestra escuela me había asignado.

Una de las preguntas en el formulario hablaba de la afiliación religiosa. Escribí unas cuantas frases acerca de mi fe cristiana y se las envié por correo a Peter. Él y su familia eran judíos ortodoxos. Cuando nuestro grupo de intercambio se reunió con nuestros amigos de Nueva Jersey en el aeropuerto de Newark, estreché por primera vez las manos de mi nuevo amigo y su familia. Ellos fueron sumamente afables y experimenté una semana de una clase especial de hospitalidad. En mi visita a la casa de Peter me dieron salmón ahumado en el desayuno así como pescado ahumado estofado. Hubiera preferido lamer un cenicero, pero hice todo lo posible por ser muy amable.

Al no tener compañeros cristianos, Peter no sabía qué esperar. A mediados de mi visita, me confesó que debido a que le había escrito acerca de mi fe cristiana en el perfil, esperaba que mi saludo en el aeropuerto incluyera: «De cierto, de cierto, ¿cómo estás tú?».

Esto no es lo que quiero decir con «hablar de Dios», *sino* esto: si estoy con alguien casado y después de un día o más esa persona no me menciona a su familia, hay un problema. Ahora podría decirle: «¿Sabes? Debes hablarme de tu familia; hazme creer que los amas».

¿Cuál es el verdadero problema aquí? Lo sabes, ¿verdad?

Si mi amigo no está pensando en su familia ni hablando de ella, el problema está en la relación. Lo mismo pasa con Dios. Hablamos de Él en nuestros hogares cristianos debido a cómo nos sentimos en cuanto a Él. Hablamos de Dios con nuestros cónyuges. Hablamos de Él con nuestros hijos. Simplemente hablamos de Él. Lo incluimos.

En otras palabras, hablamos dos lenguajes en nuestros hogares cristianos.

El español es el segundo idioma de Estados Unidos. Es más, como muchas comunidades en la Florida Central donde viví por dieciséis años, en mi vecindario había muchas familias bilingües, y no es solo español lo que hablaban. Cerca de nuestra casa vivían familias de Siria, Líbano, Irán, India, junto con las de países de habla hispana.

Parado en la acera durante nuestro helado social anual, a menudo les preguntaba a mis vecinos qué idioma hablaban en casa. Algunos decían que usaban su lengua materna; otros usaban el inglés.

Un hogar cristiano también es bilingüe. Tu familia tiene una dirección para que tu correo pueda encontrarte, pero solo estás de visita. Tu hogar es celestial. Es un lugar donde Dios vive. Aquellos vecinos míos que recurren a su idioma nativo están recordando a sus hijos que su patria está en otra parte. Viven en Estados Unidos, pero sus raíces no están aquí. Captas la situación, ¿verdad?

> También cuando hablas el idioma de Dios, te comunicas con un «lenguaje» especial que representa tu fe, tu nuevo nacimiento.

Hablas el idioma que conoces, y también cuando hablas el idioma de Dios, te comunicas con un «lenguaje» especial que representa tu fe, tu nuevo nacimiento. Y este debería ser tan natural como tu lengua materna.

He aquí algunas palabras de vocabulario para empezar con tu nuevo idioma.

¿No es Dios asombroso?

Desde que los hijos son pequeños deben oírte expresar algo como: «Vaya, ¿ves ese atardecer? ¡Dios es un gran artista!». O puedes detenerte a ver cómo las hormigas van una tras otra en un desfile continuo y preguntar: «¿Puedes creer que el Señor les dio a estos pequeños insectos la capacidad de seguirse unos a otros hasta la comida? ¿No es algo extraordinario?».

En nuestra casa no insistimos en el tema ni tratamos de sacar una conclusión de tres puntos o recitar un versículo bíblico; simplemente dejamos las cosas así. Nuestros hijos y los tuyos pueden captar la idea de que Dios es parte de nuestras vidas cuando lo mencionamos en la conversación cotidiana.

Gracias por estos alimentos

Al momento de comenzar una comida, en casa o en un restaurante, dirige a tu familia a inclinar el rostro y agradecerle a Dios por los alimentos. Pídele que los utilice para hacerlos fuertes. Cuando te detienes a pensar al respecto, la oración antes de las comidas no debe ser para discutir.

Cuando das gracias a Dios por los alimentos, estás reconociendo que Él te ha bendecido a ti y a tu familia. No todos en el mundo se dan este lujo tres veces al día. La tuya es una vida extrañamente privilegiada y hacer una oración antes de una comida recuerda a todos alrededor de la mesa que esto es verdad.

También es un milagro que lo que pones en tu boca se transforme en nutrientes complejos que hagan que tu cuerpo funcione. No es simplemente la ley natural la que hace esto. Es un milagro espectacular de Dios que toda esa materia en tu plato se convierta en el combustible que mantiene funcionando el motor de tu cuerpo. Agradecer a Dios antes de comer hace que todos tengan en cuenta esta realidad.

Orar antes de una comida casera también le da a la oración una oportunidad de agradecer a Dios por «las manos que la prepararon». Si has dedicado tiempo para preparar la cena y oyes esto de alguien en tu familia durante su oración, las palabras dichas te comunican que eres más que una auxiliar de cocina con salario mínimo.

Si el Señor quiere

Tal como casi todos en el planeta, cargo un teléfono celular. Los calendarios electrónicos en estos aparatos entran al futuro por siglos. Bueno, *hay* una característica útil.

Cuando piensas al respecto, reservar un compromiso en tu programación un año a partir de hoy es francamente una presunción. Alguien llama para ver si vas a estar disponible para una reunión el próximo noviembre, revisas tu calendario electrónico y seguro, estás disponible. Así que haces la reservación. Sin embargo, ¿quién asegura incluso que estarás allí cuando llegue la fecha? ¿Dónde está tu garantía?

Un amigo me dijo que no hay nada tan aleccionador como sentarse en el escritorio de alguien que acaba de morir inesperadamente. Notas, listas de cosas por hacer, actividades complementarias, calendarios que incluyen compromisos: estas cosas están esperando a alguien cuyo «Por supuesto, estoy disponible para ese día» tomó un nuevo significado.

> El corazón del hombre piensa su camino;
> Mas Jehová endereza sus pasos (Proverbios 16:9).

Hace años algunos amigos me animaron a hacer declaraciones sobre actividades futuras con «si Dios quiere» o simplemente «si el Señor lo permite». No lo hago todo el tiempo y, cuando no lo hago, no se ejecutan sanciones. Pero común oírme decir: «mi avión aterrizará en Los Ángeles a las 4:30 de la tarde de mañana, si Dios quiere». O: «si el Señor lo permite, los nietos estarán aquí el próximo martes».

Pronunciar estas palabras es un simple recordatorio de que cada día, cada actividad, cada vuelo seguro, cada nuevo año es un regalo de Dios. Y si Él decide cambiar el futuro, haremos los ajustes.

> ¡Vamos ahora! los que decís: Hoy y mañana iremos a tal ciudad, y estaremos allá un año, y traficaremos, y ganaremos; cuando no sabéis lo que será mañana. Porque ¿qué es vuestra vida? Ciertamente es neblina que se aparece por un poco de tiempo, y luego se desvanece. En lugar de lo cual deberíais decir: Si el Señor quiere, viviremos y haremos esto o aquello (Santiago 4:13-15).

«Si el Señor quiere» puede sentirse algo incómodo al principio, pero inténtalo y pronto te encontrarás usándolo automáticamente. Palabras como estás se vuelven parte de ti.

¿Qué te dijo Dios hoy?

Cuando mis hijas estaban pequeñas, teníamos un ritual a la hora de cenar en que nos preguntábamos acerca de nuestro día. Esto por lo general venía en forma de dos preguntas: «¿Qué fue lo más feliz para ti hoy?» y «¿Qué fue lo más triste para ti hoy?».

Estas preguntas parecían adecuadas y siempre evocaban buena conversación, ofreciéndonos una ventanita al interior del día y las actividades de cada uno. Hacer esto ayudó a que las niñas hablaran de sus sentimientos. Esta fue una buena idea.

Ojalá hubiera conocido a Marilynn y Henry Blackaby y su familia cuando nuestras hijas eran pequeñas.[6] Nuestra amistad se remonta solo a unos años, pero he aquí uno de los motivos de por qué quisiera haberlos conocido mucho tiempo antes.

Los Blackaby hacían algo a la hora de comer que lleva la conversación en una dirección excepcional.

Cuando los hijos de Henry y Marilynn eran pequeños, la pregunta alrededor de la mesa era: «¿Qué te dijo Dios hoy?».

> La pregunta alrededor de la mesa era: «¿Qué te dijo Dios hoy?».

Debido a la pregunta que los pequeños Blackaby, cuatro niños y una niña, sabían que les iban a hacer en la cena, cada día tenían sus oídos afinados a la voz de Dios y escuchaban con cuidado. Cada uno de los acontecimientos del día era concebido a la luz de los propósitos y las actividades *de Dios*. Esta es una *gran* idea.

Los reportes a la hora de la cena se convirtieron en un estímulo para toda la familia Blackaby de que Dios estaba haciendo algo en cada una de sus vidas, incluso de los más jóvenes entre ellos.[7]

DEVOCIONALES FAMILIARES

Algunas familias no tienen problema en fijar juntos un tiempo regular de lectura bíblica y oración, o devocionales familiares. Otras lo encuentran casi imposible.

Bobbie y yo descubrimos una relación directa entre el crecimiento de nuestras hijas y la dificultad de hacer esto como una familia completa. Cuando estaban sentadas, atrapadas, en sillas altas, podíamos hacer cualquier cosa que quisiéramos. Pero cuando las sillas altas les quedaron pequeñas y tenían sitios para ir y personas de afuera con quienes jugar, el tira y afloja comenzó. Quizá te identifiques con este reto.

Decidimos trabajar en algo manejable. Las vacaciones eran un espacio genial para hacer esto: Elegíamos un libro específico de la Biblia y lo estudiábamos todos juntos.[8] Una vez terminado, esperábamos un tiempo antes de meternos en otro estudio. Esto mantuvo nuestros devocionales familiares como una aventura para nuestras niñas en vez de que los sintieran como una sentencia de cadena perpetua.

Memorizar pasajes bíblicos también fue parte regular de nuestra rutina de devocionales familiares. Durante el desayuno ensayábamos juntos: Salmos 1, Efesios 2:8-9, Salmos 139, 1 Corintios 13.

A veces, en viajes largos en auto, memorizábamos juntos un himno como «Castillo fuerte es nuestro Dios», «Abre los cielos Señor» o «Santo, Santo, Santo».

Aunque Bobbie y yo sabíamos que lo que estábamos haciendo en los devocionales familiares era asunto serio, nunca dejamos que esto fuera algo menos que muy divertido.

ORACIÓN

Hace casi quinientos años, Martín Lutero escribió: «Ser cristiano sin oración no es más posible que estar vivo sin respirar».[9]

Empecemos contigo, el papá o la mamá. Probablemente estés de acuerdo en que la oración debe ser un hábito previsible en tu propia vida. Uno de mis amigos cercanos pronuncia esta oración casi todas las mañanas antes que sus pies toquen el suelo: «Buenos días, Jesús. Gracias por amarme con tan increíble amor. ¿Qué me tienes hoy? Quiero ser parte de ello. Amén».

Si tu hora regular del día para orar es temprano en la mañana o haces una espontánea «oración sobre la marcha», como la llamo, puedes ser alguien que ora de modo intencional. Con los años he tenido la asombrosa alegría de terminar conversaciones con personas conocidas o extrañas diciendo: «¿Puedo orar por ti?». Hasta aquí ninguna ha dicho «no» a esta petición.

> La oración es el adhesivo que fija tu corazón a tu Padre celestial.

«Por nada estéis afanosos, sino sean conocidas vuestras peticiones delante de Dios en toda oración y ruego, con acción de gracias» (Filipenses 4:6). Así como la conversación es el puente que te conecta con aquellos a quienes amas, la oración es el adhesivo que fija tu corazón a tu Padre celestial.

Cuando ores, empieza con tus hijos. Podrías preguntar: *¿Qué es lo que yo debería orar? ¿Qué exactamente debo pedirle a Dios que haga por mis hijos?*

Estas son buenas preguntas y probablemente no te sorprenderá que la respuesta esté en la Palabra de Dios.

> Por lo cual también nosotros, desde el día que lo oímos, no cesamos
> de orar por vosotros, y de pedir que seáis llenos del conocimiento de
> su voluntad en toda sabiduría e inteligencia espiritual, para que andéis
> como es digno del Señor, agradándole en todo, llevando fruto en toda

> buena obra, y creciendo en el conocimiento de Dios; fortalecidos con
> todo poder, conforme a la potencia de su gloria, para toda paciencia
> y longanimidad; con gozo dando gracias al Padre que nos hizo aptos
> para participar de la herencia de los santos en luz (Colosenses 1:9-12).

He aquí la lista de cosas que puedes orar por los hijos que Dios te ha confiado: conocimiento, sabiduría, comprensión espiritual, testimonio que agrade a Dios. Debes orar porque sean pacientes, porque tengan gozo y sean agradecidos.

Esta es una gran oración para declararla por tus hijos.

A la hora de acostarse

Si tu casa es incluso cerca a lo típico, *tranquila* no es por lo general la palabra que más a menudo describiría su ambiente diario. *Activa* y quizá *frenética* podría acercarse a lo que realmente es.

Pero todo eso cambia cuando los hijos se acuestan al final del día. Hay algo sagrado acerca de tales momentos de chicos en pijama antes de acostarse, ese breve tiempo en que les has leído una historia a tus hijos, los has llevado al baño y les has cepillado los dientes, están boca arriba en sus camas con las sábanas al nivel de la barbilla. Te sientas al borde de la cama o te arrodillas en el suelo al lado de ellos, les tomas las manos entre las tuyas y oras.

«Amado Jesús —empiezo—. Gracias por esta preciosa niña. Gracias por tu presencia durante este día que acaba de finalizar. Gracias por amarnos. Gracias por perdonar nuestros pecados. Gracias por protegernos. Gracias por todas tus bendiciones. Te pido que le des a Missy un buen sueño esta noche. Ayúdale, por favor, a ser una niña que ame a Jesús. Ayúdale a saber cuánto la ama su papá y que él desea lo mejor para ella cuando ella ama y sigue a Jesús, su Buen Pastor. Por favor, bendice al abuelo y la abuela en Washington y a la tía Lois en el hospital…».

Para cuando digas: «Amén», descubrirás un aire destilado de silencio que se cierne sobre el momento. Este es un tiempo perfecto para recordar a tu hijo cuánto lo amas y cuán agradecido estás que sea tuyo. Es un instante muy cercano a lo sagrado que tendrás todo el día siguiente con tu hijo. Toma tu tiempo. Bébelo.

Levanta las sábanas y dale un tierno beso en la frente y un último «te amo».

Senderos de oración

En las últimas décadas, dondequiera que he vivido he diseñado calles comunes como «senderos de oración». No te preocupes; esto no es tan extraño como podría parecer.

Años atrás, cuando Bobbie y yo vivíamos en Orlando, Florida, los domingos por la mañana conducíamos al noreste por la Interestatal 4 hacia la iglesia. Orábamos al llegar a la salida de la calle Anderson. A veces estábamos ocupados hablando de algo más cuando veíamos el letrero de salida, pero el momento en que lo veíamos, uno de los dos tomaba la mano del otro, dejábamos lo que estábamos discutiendo y orábamos. Pedíamos la bendición de Dios sobre nuestro culto de adoración, nuestros ministerios y nuestra clase de escuela dominical. Pedíamos a nuestro Padre celestial que preparara nuestros corazones para reunirnos con Él. La calle Anderson, el acceso a la rampa de salida y unas cuadras al este de la I-4 eran unos de nuestros senderos de oración.

Lo mismo ocurría cuando íbamos al aeropuerto. La salida del aeropuerto por el sur que da a la dirección este de la 528 era otro sendero de oración. Cuando llevaba a Bobbie a que tomara un vuelo a Charlotte para estar con nuestras hijas y sus familias, extendía mi mano y le tomaba la suya. Oraba en voz alta por la seguridad de ella y por un tiempo maravilloso con la familia. Cuando yo volaba por negocios, ella oraba por mí. La salida del aeropuerto se convertía en el lugar para tomarnos las manos y tener audiencia con Aquel que mantenía nuestros corazones unidos mientras estábamos separados.

Todo esto comenzó cuando nuestras hijas eran muy pequeñas. Franklin Road en dirección norte entre Brentwood y Nashville era nuestro sendero de oración en dirección a la iglesia. Granny White Pike era nuestro sendero de oración camino a la escuela todos los días. Los primeros kilómetros de Murray Lane eran nuestro sendero de oración cuando salíamos de viaje familiar con las maletas en el baúl del auto.

Estos tiempos de oración familiar nos daban una oportunidad de agradecer a Dios por sus bendiciones. También nos daban una oportunidad de pedirle que nos diera corazones para adorar en la iglesia, sabiduría en la escuela, y su guía y protección.

Los senderos de oración son lugares para celebrar. Por lo general mantenemos los ojos abiertos, especialmente quien conduce y no es como si de repente llegáramos al sendero de oración y nos pusiéramos sombríos o malhumorados.

Es más, una mañana cuando nos dirigíamos a la iglesia, nuestra hija de dieciocho años estaba orando. Divisó un Honda Accord blanco usado en el estacionamiento de una ferretería al lado de la autopista con un letrero de «Se vende» fijado en el parabrisas. Sin alterarse, ella oró: «Ah, Señor, gracias por ese Honda allá, *¡que es exactamente el auto que estoy buscando!*».

Pulsé los frenos y giré en medio de Franklin Road. Nos pusimos al lado del Honda y escribimos el número telefónico que había en el letrero. Después de la iglesia llamé y negocié un precio justo con el propietario. La tarde siguiente, en la entrada de nuestra casa se hallaba el auto, la respuesta de Missy a la oración y su transporte escolar.

Senderos perpetuos de oración son las pistas de despegue y aterrizaje dondequiera que mi familia y yo viajamos por aire. Una vez que el capitán les dice a las azafatas que se «preparen para despegar» y presiona el acelerador, cerramos los ojos y oramos. La fuerza de gravedad que nos aprieta en nuestros asientos es un recordatorio para orar en silencio por la seguridad y por los miembros de nuestra familia inmediata. Cuando volamos juntos, siempre nos tomamos las manos en oración.

> ¿Cómo es posible hacer algo si te la pasas todo el día orando?

Aún sonrío por una de estas oraciones familiares de despegue. Cuando Missy y Julie estaban en la adolescencia, los cuatro nos fuimos de vacaciones. A medida que nuestro avión corría por la pista para conseguir velocidad de despegue, todos nos agarramos de la mano y cerramos los ojos. Estábamos volando en un avión que tenía tres asientos en un lado del pasillo y dos en el otro. En el lado de tres, yo estaba en la ventanilla, Bobbie en el medio y Missy en el pasillo. Julie estaba en uno de los dos asientos, por lo que a medida que corríamos por la pista, ella y Missy se tomaron las manos a través del pasillo.

Supongo que terminé de orar primero, porque cuando abrí los ojos y miré a mi familia, reí a carcajadas. Había un joven que no habíamos conocido, como de la edad de Julie, sentado al lado de ella en el asiento de la ventanilla de dos asientos. Ella le había agarrado la mano.

Cuando Julie terminó de orar y abrió los ojos, le habló al joven acerca de nuestro ritual de sendero de oración. A él pareció no importarle en absoluto.

Ganchos de oración

Orad sin cesar (1 Tesalonicenses 5:17).

La idea de orar sin interrupción presenta un gran dilema a la mayoría de cristianos. ¿Qué quiso decir el apóstol Pablo? ¿Cómo es posible hacer algo si te la pasas todo el día orando? Esa es una pregunta justa.

Para nosotros, los «ganchos de oración» nos acercan a obedecer esta directriz. Al igual que los senderos de oración, los anzuelos de oración son acontecimientos o cosas comunes durante el día que nos recuerdan a alguien. Cuando hacemos o vemos esas cosas comunes, hacemos en voz baja una oración por esa persona. Mis dos yernos, Jon y Christopher, son hombres muy importantes en mi vida. No solo son los esposos de mis dos hijas, sino que también son los padres de mis cinco nietos.

Hace varios años, mientras visitábamos a Jon y Missy, noté que Jon mantenía bolsas extras de basura en el fondo del contenedor de basura de la cocina, de modo que cuando vaciaba una llena, había una nueva lista para desdoblar. *Una buena idea*, pensé. Ahora hacemos lo mismo, así que cada vez que cambio las bolsas de basura, oro por Jon. «Amado Señor, gracias por Jon. Bendícelo por favor ahora mismo, dondequiera que esté y haga lo que haga. Protégelo y dale sabiduría. Gracias. Amén».

Christopher es un hombre que usa bálsamo labial. Al igual que yo, él mantiene uno en el bolsillo todo el tiempo. Que no te provoque asco esto, pero cuando uno de los dos no tiene acceso a su bálsamo labial, pide prestado el del otro. Así que debido a que el bálsamo labial me recuerda a Christopher, cada vez que lo saco del bolsillo oro por mi yerno. «Amado Señor, gracias por Christopher. Bendícelo, por favor, ahora mismo, dondequiera que esté…».

El cuarto de lavado ofrece gran variedad de ganchos de oración para papás o mamás que desean transformar el espacio en casi un santuario de intersección. Mis hijas me dicen que allí hay ganchos ilimitados de oración en cada cesta de ropa doblada. Ahí es cuando una mamá puede doblar una camisa y orar por el corazón que pronto estará adentro. Con cada par de medias (si puedes encontrar la compañera), tienes una oportunidad de pedirle a Dios que dirija los pasos de los pies que las cubrirán.

Conocemos una madre de niños pequeños, Emily, quien enmarcó y colgó este versículo sobre su lavadora: «Todo lo que hagáis, hacedlo de corazón, como para el Señor y no para los hombres» (Colosenses 3:23). Esto le recuerda que su lavandería es un lugar donde ella hace el trabajo de lavar y orar.

Otra madre creativa dibujó un borde alrededor de su lavandería con estas palabras:

> Lávame, y seré más blanco que la nieve.
> Hazme oír gozo y alegría…
> Crea en mí, oh Dios, un corazón limpio,
> Y renueva un espíritu recto dentro de mí (Salmos 51:7-8, 10).

> Estos pequeños hábitos (ganchos de oración) son una manera de incluir al Padre celestial en tu rutina diaria.

Esto es mejor que el papel tapiz para recordar a esta joven madre que cuando maneja carga tras carga de ropa sucia puede estar orando por su corazón y por el de cada miembro de su familia.

Captas la idea. Estos pequeños hábitos (ganchos de oración) son una manera de incluir al Padre celestial en tu rutina diaria. Quizá estas rutinas te brinden algunas buenas ideas. Cuando empiezas a «orar sin cesar», encontrarás tus propias formas creativas de recordar a las personas que amas.

Una casa donde se ora es un hogar con un aroma inconfundible. Y la gente que conoces por primera vez puede captar esto de inmediato.

PHIL EL TASADOR

A principios de los 2000, debido a que las tasas de interés eran buenas y bajas, Bobbie y yo decidimos refinanciar nuestra casa. Buscamos la mejor oferta y nos decidimos por una empresa con base en la Florida.

La primera orden de trabajo era conseguir un tasador para estar seguros de que la cantidad que financiábamos no fuera mayor que el valor de la propiedad. (Como sabes, los bancos no te prestarán dinero a menos que puedas probarles que no lo necesitas).

Una semana antes de llegar a la casa, un hombre llamado Phil llamó para ver cuándo estábamos disponibles. Se presentó justo a tiempo. Era temprano un sábado por la tarde y Phil recorrió lentamente la casa, midiendo y tomando fotografías. Cuando terminó, vino a mi despacho para darme una factura por la tasación.

—Tiene una bonita casa, señor Wolgemuth —declaró Phil.

Él no parecía ser mucho más joven que yo, pero ya que estaba esperando un cheque decidió no ser demasiado casual.

—El señor Wolgemuth era mi padre —bromeé—. Yo soy Robert.

Phil se rio.

Entonces añadió algo que nunca olvidaré.

—He tasado muchas casas —informó, hizo una pausa y continuó—. Pero hay algo diferente acerca de la suya. No puedo decir exactamente qué es, pero lo sentí en el momento que entré por la puerta principal.

Hizo una nueva pausa como para encontrar las palabras.

—Hay simplemente una clase de calor aquí —continuó—. No puedo explicarlo.

No le conté a Phil la historia de las bolas de naftalina… habría tomado mucho tiempo y hubiera tenido que hablarle del labio superior velludo de mi abuela, pero le dije que este era un hogar cristiano. Esa probablemente era la razón.

—Lo sabía —contestó Phil con una amplia sonrisa—. Desde hace poco tiempo soy cristiano.

Tuvimos algunos minutos de conversación estimulante antes que se fuera. Le di un libro acerca de cómo ser un hombre de la Biblia, le pregunté si podía orar por él, e hicimos juntos una corta oración.

Recuerda que llenar tu casa con el aroma del Todopoderoso (el incienso de Dios) es solo cuestión de crear hábitos sencillos pero intencionales. No hay magia en absoluto. Si haces estas cosas, comprometerte con una iglesia, hablar de Dios y «orar sin cesar», Él se encargará del aroma.

Muy bien, tengo una pregunta. *¿A qué* huele tu casa? ¿Cuál es el aura que recibe a los visitantes cuando tu puerta se cierra detrás de ellos? «A Dios gracias, el cual nos lleva siempre en triunfo en Cristo Jesús, y por medio de nosotros manifiesta en todo lugar el olor de su conocimiento. Porque para Dios somos grato olor de Cristo en los que se salvan, y en los que se pierden» (2 Corintios 2:14-15).

OLOR DE SEGUNDA MANO… UNA REPETICIÓN

Mantener un auto limpio estaba ligado a mi ADN en el momento en que fui concebido. Mi abuelo Wolgemuth, el de las cejas, era un excéntrico sin esperanza al respecto. Guardaba su auto en uno de los graneros de la granja, probablemente a cincuenta metros de la puerta trasera de la casa. Recuerdo verlo caminando enérgicamente de la casa al granero con un balde de agua en la mano derecha y una gamuza en la izquierda. La resolución en su rostro y la firmeza de su paso dejaban saber a todos que se hallaba en una misión.

La cultura popular local afirmaba que el abuelo podía lavar su auto con un solo balde de agua sin que se mojara el piso del granero. Yo lo creía. Solo en raras ocasiones habrían visto al hombre en un auto sucio. Su hijo, mi papá, heredó este hábito, y yo también adquirí la carga completa.

Cuando me mudo a una nueva ciudad, suelo investigar los buenos lavaderos de autos. Aunque nadie limpia mi auto tan bien como yo, con los años he encontrado algunos buenos subcampeones.

No más de dos semanas después de mudarnos a Orlando en febrero del 2000, encontré un lavadero de autos a menos de diez minutos de nuestra casa. Era una franquicia Simonize (he usado su cera desde que tuve mi primer auto) en que hacen un trabajo estupendo y mi promedio es de una visita cada dos semanas. Por lo menos.

Hice amistad con la gente allí. Conocí a Richard, Eric, Brian y Marquesh afuera, y a Beverly y Tina en la caja registradora adentro. Era divertido charlar con esta gente mientras mi auto se abría paso a través de la espuma.

Hace muchos años, Eric y yo estábamos hablando de las fiestas navideñas. Él se emocionó en gran manera cuando me habló de sus hijos y de su deleite con la celebración. Varios tipos estaban aspirando el auto y vieron mi Biblia sobre el asiento del frente.

—¿Es esta tu Biblia? —preguntó Eric en voz tan alta que hizo que otros clientes miraran en nuestra dirección.

Asentí con la cabeza.

—¡Eres cristiano! —exclamó con sorprendente sensación de autoridad; no estaba preguntando.

—Sí, seguro que lo soy —asentí con una sonrisa.

—¡Lo sabía! —expresó Eric mientras una enorme sonrisa le surcaba el rostro—. Lo sabía.

No hay nada especial en cuanto a mí. Lo prometo. Simplemente trato de practicar lo que he escrito aquí… cosas que he aprendido de mis padres, de Bobbie y de algunos mentores extraordinarios que he observado toda la vida. ¿Recuerdas el incensario y el sahumerio? Llenar tu casa con el aroma del Todopoderoso (la fragancia de Dios) tiene que ver con seguir sencillas instrucciones.

Si haces estas cosas, el humo se encarga del aroma. Hasta tu auto y tu ropa no pueden dejar de recoger la fragancia.

3

LAS PERSONAS MÁS IMPORTANTES EN EL LUGAR MÁS IMPORTANTE

¿Qué sientes al entrar a tu casa?

¿Cómo se siente entrar por la puerta de tu casa? Un hogar cristiano es un lugar donde cada persona es honrada. ¿Cómo es eso?

HOLA… YA LLEGUÉ. ¿HAY ALGUIEN EN CASA?

Entregar el *Daily Journal*, el periódico local de la tarde en Wheaton, fue mi primer trabajo pagado. Lo conseguí cuando estaba en cuarto grado. Dos años después pasé al *Chicago Tribune*, que entregaba temprano en la mañana. Papá no habría considerado dejarme salir de la ruta del periódico, pero me dejó hacer el cambio para que mis tardes no estuvieran sobrecargadas de entregas. Además, una ruta matutina era, de alguna manera, más agradable entre mis compañeros que una ruta en la tarde. No me pidas que explique esto porque no sé la razón. Simplemente así era.

El verano después de mi primer año en el liceo me acerqué a papá con la propuesta que me dejara encontrar un «trabajo más de adulto». Mis hermanos mayores, Sam y Ken, trabajaban en tiendas minoristas, las que en lo que a mí respecta eran *bastante* geniales. Papá estuvo de acuerdo con dejarme buscar un trabajo *verdadero*. El sábado siguiente monté en mi bicicleta hacia el centro de Wheaton y fui de puerta en puerta buscando empleo en alguna de las tiendas minoristas de nuestra ciudad.

Antes que terminara la tarde me había asegurado un trabajo en DuPage Photo and Hobby Shop, después de entrar audazmente a la tienda y preguntarle a Phil Jones, el hombre que estaba parado detrás del mostrador, si había

43

una oportunidad de empleo para mí. «Sí», contestó sin titubear por un instante. Después de seis años de entregar periódicos, finalmente iba a tener un trabajo que creí que las personas respetarían. El lunes por la mañana llamé al *Tribune* y les dije que la semana siguiente sería mi última semana de trabajo. Me sentí feliz de hacer esta llamada telefónica.

> Un hogar cristiano es un lugar en que las personas también deberían sentirse especiales.

No tardé más de una hora en la tienda de fotos el lunes después de la escuela para darme cuenta de lo divertido que esto iba a ser. Me encantó la gente allí: Phil, Dick Payne y la señora McVay en el departamento de tarjetas. Y fue muy divertido esperar clientes.

En la puerta principal habían instalado un ojo eléctrico que emitía un chirrido cuando un cliente entraba. A todos les encantaba oír ese pequeño y agudo chillido. Significaba negocios. Las personas que entraban a nuestra tienda eran las más importantes de la ciudad, y todos en la tienda lo sabíamos.

Le preguntaba ansiosamente a un cliente cuando entraba: «¿En qué puedo servirle?». Sabía que si esa gente no gastaba su dinero, no tendríamos ganancia alguna, así que mi deseo era hacerlos sentir bien por haber entrado en *mi* tienda.

Al igual que lo que intentábamos hacer cuando las personas entraban en la tienda de fotos, un hogar cristiano es un lugar en que las personas también deberían sentirse especiales. Las personas más importantes de la tierra atraviesan tu puerta. Y deben descubrir esto cuando pisan el umbral.

EL MEJOR AMIGO DEL HOMBRE

En 1994, cuando nuestra casa estaba a punto de convertirse en un nido vacío porque Julie iba a la universidad, Bobbie anunció que compraría un perrito que pudiera saltar en su regazo. Dije «anunció» ya que pude darme cuenta por la rigidez de su mandíbula y el timbre de su voz que esta afirmación particular no era una invitación que pudiera analizarse. De todos modos, lo hice con cautela.

«Pero ya *tenemos* un perro», expresé, tratando de no parecer demasiado molesto. (La regla en nuestra casa siempre ha sido que si te molestas, automáticamente pierdes lo que estés defendiendo o atacando).

Mis sospechas de que Bobbie ya había decidido el asunto y que este era un anuncio fueron confirmadas cuando hizo caso omiso a mi queja como si yo no hubiera dicho absolutamente nada.

Varias semanas después, cuando llegué del trabajo, observé una cesta de lavandería en el rincón de la cocina con una manta apretujada adentro. Bobbie sonreía con una de esas sonrisas pensativas de «estoy muuuy feliz». Me tomó de la mano y me llevó hasta la cesta. Adentro había un guante de piel negra y marrón. Al menos eso es lo que parecía. Tras un análisis más profundo descubrí que nuestra familia acababa de crecer con una bebé Yorkshire terrier llamada Bear.[1]

En ese momento, mi corazón se convirtió en un hielo a pleno sol en una tarde de julio. Bobbie había tenido razón. *Necesitábamos* un perrito.

Durante más de una docena de años, ese Yorkie trajo mucha alegría a la familia. Para empezar, Bear me enseñó de dónde vino la expresión «el mejor amigo del hombre», y hacía esto justo en el interior de la puerta principal.

Sea que saliera en un viaje de negocios de cuatro días o en un viaje de cuarenta y cinco segundos al buzón, Bear me saludaba del mismo modo. Se paraba en sus patas traseras y se movía de arriba abajo. Me sonreía. No te burles o te diré algunas otras cosas graciosas que ella hacía.

Bear hacía de mi entrada a casa una experiencia totalmente agradable, aunque no desconocida. Suponiendo que mi madre me perdonaría porque la comparara con una perra, hacía lo mismo cuando yo era pequeño. Cuando oía que se abría la puerta, dejaba lo que estuviera haciendo, se apresuraba a saludar a su hijo, se arrodillaba y me abrazaba. Me preguntaba cómo me había ido y escuchaba con atención mis palabras infantiles e incoherentes. Si yo había hecho un barco (un arrugado paisaje submarino con dedos pintados), ella lo tomaba cuidadosamente de mi mano extendida como si fuera un jarrón de cristal. En ese momento yo era la persona más importante de la tierra para ella. El recuerdo de esto todavía me embarga.

Crecí en un hogar cristiano, no solo porque papá nos reunía durante la adoración familiar sino porque mi madre me trataba como si yo fuera una estrella.

Y no fui el único a quien mamá trataba de ese modo. Mis cinco hermanos recibían el mismo trato. Durante los años en que a medio tiempo usara

> Crecí en un hogar cristiano, no solo porque papá nos reunía durante la adoración familiar sino porque mi madre me trataba como si yo fuera una estrella.

lentes, ella los mantenía en un cordón que le colgaba del cuello como un collar. Mamá visitaba con frecuencia al optometrista para que le reparara los lentes doblados y retorcidos, además de aplastados, por abrazar a todos los que entraban a nuestra casa. Durante mi crianza, siempre tuve la sospecha de que muchos de mis amigos estaban conmigo solo porque podían entrar a mi casa y ser abrazados por mi madre.

Por fortuna para mí, en 1970 me casé con una mujer que hacía lo mismo. Como recién casados, ambos trabajábamos fuera de nuestra casa (apartamento), pero cuando me veía por primera vez al final del día, el saludo de Bobbie era absolutamente previsible. Yo no veía la hora de recogerla en el trabajo o atravesar la puerta del apartamento porque sabía que ella me esperaba al otro lado. Su sonrisa, su abrazo y su saludo verbal expresaban deleite puro de que yo estuviera allí. ¿Quién en su sano juicio *no* se sentiría bien con un saludo como ese?

Exactamente.

REGRESO AL HOGAR

Ya sabes esto, pero no todo hogar es así. En algunos hogares, incluso cristianos, los chicos ni siquiera levantan la mirada de sus aparatos electrónicos o de la televisión cuando alguien entra por la puerta. Pueden gruñir un hola cuando el papá saluda en voz alta, pero apenas es audible. Algunas esposas casi no les hablan a sus esposos cuando estos cruzan el umbral de sus palacios y algunos esposos apenas musitan un sonido cuando ven a sus esposas por primera vez en la mañana.

Algo está muy mal aquí.

Imagina que entras por la puerta de tu garaje y allí, justo donde normalmente está tu furgoneta de nueve años, se encuentra el auto deportivo de tus sueños. ¿Balbucearías algo y pasarías de largo? Por supuesto que no. Gritarías y brincarías como un receptor abierto en la zona final. Este es el auto que siempre has deseado. No estás seguro de donde vino, pero ahora es todo tuyo… quien lo encuentra se lo queda.

¿Qué tal que entras a tu sala de estar y descubres que alguien ha reemplazado mágicamente todos tus muebles raspados, hundidos y raídos con piezas espectaculares de la sala de exposiciones de un decorador, en todos tus esquemas favoritos de color? En la mesa de café se halla un ramo de tulipanes frescos. Cada lámpara es nueva. ¿Pasarías arrastrando los pies y suspirando algo acerca de lo cansado que estás por tu ajetreado día? No. Gritarías alegre y abrazarías a todos allí.

Entrar a tu casa significa ver personas que amas: tus hijos, tus padres, tu cónyuge. Darías la vida por esta gente, algo que nunca considerarías hacer por el auto nuevo en tu garaje o por la sala hermosamente amoblada. Saludar a las personas más importantes de la tierra debería ser siempre una celebración.

Hace años, Peg, la compañera de caminata de Bobbie, la invitó a cenar mientras yo estaba en viaje de negocios. Peg estaba en la cocina, revolviendo una de sus salsas de naranja y arándano, cuando se abrió la puerta del garaje haciéndole saber la llegada de Grant, el esposo de Peg por veintiséis años. Como gran fanática de ese matrimonio, Bobbie me contó más tarde que lo más destacado de su día fue lo que sucedió a continuación. Grant entró por la puerta trasera, desde el marco echó un vistazo a su esposa en delantal, y como un niño en su cumpleaños, aspiró una bocanada de aire. «¡Qué maravilla!», exclamó fingiendo verla por primera vez en su vida. Peg dejó de revolver y bajó la cuchara de la salsa. «¡Qué maravilla!», repitió ella mientras sonreía y le daba un abrazo de oso a su esposo.

> Saludar a las personas más importantes de la tierra debería ser siempre una celebración.

Recibí un trato similar al entrar a casa durante todos mis más de cuarenta y cuatro años de matrimonio con Bobbie. Una de sus líneas favoritas para cantar era del musical de Broadway de 1964, *Funny Girl*. Dice algo así: «Oh, hombre mío, lo amo mucho, y él nunca lo sabrá».[2]

Sé esto porque ella me lo cantó, solo esta línea, literalmente cientos de veces. Me hacía creer que mi entrada a casa era el mejor momento de su día. En ese segundo yo era la persona más importante en el lugar más importante.

Cuando las personas entran en tu casa, así es exactamente la manera en que debes querer que se sientan. Es la mañana de Navidad y ellos son Papá Noel. Es el partido del campeonato y ellos son el equipo local. Es una cena de estado y ellos son el presidente.

No te preocupes, en tu puerta principal no tienes que instalar uno de esos ojos eléctricos sonoros, pero quienes la atraviesan no son menos importantes que los clientes que entraban a la tienda de fotos. Las personas más importantes en tu mundo atraviesan esa puerta y cuando están dentro de tu casa, tu trabajo es rodearlas con tu amor. Estas personas tendrán todos los motivos para celebrar solo porque entraron a tu casa.

EL REFUGIO SEGURO DE RESPETO, AMOR E INSTRUCCIÓN

En el primer capítulo mencioné cómo Dios le ordenó a Noé que construyera un barco a fin de salvar del diluvio a su esposa e hijos. El arca rescató a esta familia proveyéndole refugio del caos de la tormenta que los rodeaba.

En tu familia, así es como se ve el refugio: Un hogar cristiano es un lugar donde se respeta a papá y se ama realmente a mamá. Es un lugar donde se educa a los hijos.

Respetar a papá

A la mayoría de hombres no les importa la batalla. A todo hombre sí le importa la falta de respeto. Puedes encarar a un hombre. Puedes desafiarlo en la cancha de tenis o en el campo de béisbol y no sonreír. Puedes arriesgarte. Pero no le entornes los ojos ni lo mires con desconfianza. No hables a la ligera de él con tus amistades. No le faltes el respeto. Cuando un hombre se mete en una aventura amorosa, casi nunca se trata de sexo. Ha encontrado a alguien que lo respeta.

En tu refugio, los miembros de la familia quizá no siempre concuerdan con papá, pero siempre lo respetan. «Creo que estás equivocado» funciona. «Eres un estúpido» no funciona.

Amar a mamá

Semejante a todo recién casado, entré sin experiencia al matrimonio. Sí, tenía buenos modelos en mi padre y en otros hombres a los que miraba, pero había ciertos matices silenciosos para los cuales no tenía ninguna preparación. Gracias a Dios me casé con una mujer que me alertó, con mucho respeto, acerca de estos refinamientos necesarios.

Comenzó: «Sé que me amas. Pero durante el día, cuando estamos separados, lo único que quiero saber es que estás pensando en mí». No estaba quejándose. Con amor me decía cómo amarla, cómo hacer de nuestro hogar un refugio en medio de nuestras caóticas vidas.

Así que en ese entonces agarraba de vez en cuando el teléfono de mi oficina y la llamaba. Le decía: «Hola mi amor, soy yo. Estoy dirigiéndome a una reunión y tengo solo un segundo, pero quiero que sepas que me encuentro loco por ti. Eres lo máximo. Tengo que correr. Te veré esta noche». Eso era entonces, pero ahora un mensaje de texto con las mismas palabras es una buena idea.

¿Recuerdas cómo fue cuando se observaron por primera vez y tu corazón te dio un vuelco? Expresar tu afecto era algo que hacías mucho. Esto no era obligatorio. Era algo que deseabas hacer. Se amaban tanto que literalmente no podían contenerse. Pensar cada uno en el otro durante el día era algo común. La Biblia llama a esto volver a tu «primer amor» (Apocalipsis 2:4).

«Así también los maridos deben amar a sus mujeres como a sus mismos cuerpos. El que ama a su mujer, a sí mismo se ama. Porque nadie aborreció jamás a su propia carne, sino que la sustenta y la cuida, como también Cristo a la iglesia» (Efesios 5:28-29). Pablo nos ofrece en estos versículos otras claves poderosas para amar a mamá: sustento y cuidado.

Sustento significa literalmente «alimentar», algo que tiene que suceder varias veces cada día. ¿Qué tal que el día de la boda fuera la última comida que una mujer consumiera? Por supuesto que no viviría mucho tiempo. Del mismo modo que tú debes comer para vivir, los versículos dicen que el amor de un esposo por su esposa literalmente la alimenta. Él no puede salirse con la suya diciendo: «Te amo… hasta nuevo aviso». Las expresiones de su amor deben ser tan regulares como el sustento que viene de las comidas diarias.

Cuidado es lo que hace un ave hembra cuando se coloca sobre el nido. Resguarda sus huevos, los protege del peligro y los mantiene calientes. Sí, sé que este es un concepto que parece muy femenino, pero hay pocas mujeres vivas que no dirían: «Quisiera tener más de *eso* en mi hogar».

Estas dos primeras cualidades hablan a esposos y esposas. Se debe tener en cuenta algo importante: una de las cualidades principales de un hogar cristiano es una gran relación entre papá y mamá. El fundamento de un buen hogar es un buen matrimonio. Simplemente no es posible tener un buen hogar sin un buen matrimonio. Un matrimonio fuerte es el motor que mueve tu hogar hacia delante. Es lo que le da fortaleza. Poder. Y deleite.

Si tu «primer amor» es un recuerdo lejano, sigue adelante y empieza a tratar a tu esposa como lo hacías cuando intentabas ganarte su corazón. Simplemente ve lo que sucede. Toma una decisión consciente de cortejarla una vez más. Ella responderá como hizo la primera vez. Lo verás.

Instruir a los hijos

Y vosotros, padres, no provoquéis a ira a vuestros hijos, sino criadlos en disciplina y amonestación del Señor (Efesios 6:4).

Si alguna vez has tenido un huerto de verduras, entiendes la idea de *cuidar*. Haces la labor de preparar la tierra; plantas las semillas; riegas, fertilizas y deshierbas… luego riegas, fertilizas y deshierbas un poco más. Esto de cuidar representa mucho trabajo, pero es lo que debes hacer si quieres una cosecha abundante.

Criar hijos en tu hogar requiere este tipo de trabajo de cuidar: amor, disciplina, afirmación, corrección, ternura. Esto hace que se sientan realizados y seguros.

Observa además el verbo que Pablo usa: «criadlos». No dice «mandadles» ni «ordenadles» que crezcan. Dice «criadlos». Como un auto de seguridad en una carrera, los padres van primero. Igual que un niño que llama a gritos la atención de sus padres desde un trampolín elevado, los padres están diciéndoles a sus hijos: «Observen esto». Cuando se trata de actitudes, conducta o instrucción de todo tipo, vas primero.

> Tú, tu cónyuge y tus hijos (y sus amistades) están seguros. Has hallado refugio en un lugar llamado hogar cristiano.

Recuerda también que tu objetivo como padre no es perfección sino transparencia.

Un hogar donde se respeta a papá, se ama a mamá y se cuida a los hijos es un lugar seguro. Como con el proyecto de construcción de Noé en su patio trasero, estás edificando algo muy especial. Cuando él, su esposa, sus hijos y sus nueras atravesaron el umbral, y la puerta de la enorme arca se cerró detrás de ellos, estuvieron fuera de peligro. ¿Puedes imaginarte el alivio que debieron sentir estas personas? ¿Puedes imaginarlas abrazándose mutuamente en agradecimiento mientras aparecían los truenos y comenzaba la lluvia? Su experiencia tangible de la gracia y la protección de Dios debió haber sido sobrecogedora.

Tu casa es este tipo de santuario para tu familia. Cuando atraviesan tu puerta, la celebración con palabras («Estoy muy feliz de que estés aquí»), afecto (un abrazo de oso) y atención enfocada (mirarlos a los ojos), les asegurarán que están en… casa. Por el momento, el resto del mundo está afuera, donde pertenece.

Tú, tu cónyuge y tus hijos (y sus amistades) están seguros. Has hallado refugio en un lugar llamado hogar cristiano.

Ellos son las personas más importantes en el lugar más importante.

MODALES TELEFÓNICOS

Cuando escribí la primera edición de este libro en el 2004, el teléfono era la entrada electrónica que comúnmente más se usaba en nuestras casas. Era una «línea fija», cuando una persona quería conectarse contigo o con alguien de tu casa, marcaba un número, y este teléfono sonaba. Hoy día todo el mundo tiene su propio teléfono.

De modo que aunque la mayoría de personas entra a tu casa por vía electrónica y no por la puerta principal, sigue habiendo una manera correcta de hacerlas sentir bienvenidas.

Durante años, los anuncios televisivos estadounidenses funcionaron para Publisher's Clearing House. Estoy bastante seguro de que este era un equipo de distribución de revistas y que, de alguna manera, pudieron regalar millones de dólares. Hicieron esto apareciéndose sin anunciarse en las casas de las personas con un gran cheque de cartón. Aunque no creo que este cheque fuera legal, el propósito era que la persona cuyo nombre estuviera a continuación de «Páguese a la orden de» fuera instantáneamente rica.

¿Puedes imaginarte lo divertido de tener este trabajo?

—¿Cómo te ganas la vida?

—Bueno, toco puertas de las personas, les doy millones de dólares y enloquecen.

He aquí el punto: cuando tú o tus hijos contestan el teléfono, deberían actuar como si el tipo de Publisher's Clearing House estuviera al otro extremo. Y anhelas oír su voz.

Tuve padres que fueron ejemplo de esta clase de entusiasmo telefónico. «Mucho mejor ahora que estoy hablando contigo», decía papá cuando yo llamaba y le preguntaba cómo estaba, algo que hizo hasta pocos meses antes de su muerte. Cuando mi madre, ahora también en el cielo, oía mi voz en el teléfono, actuaba como si esta llamada telefónica fuera lo mejor que le había sucedido en todo el día.

> Gracias por responder el teléfono como si estuvieras esperando todo el día que yo llamara.

Después que mi hija salió de casa y se casó, un día le agradeció a su madre cuando esta le contestó el teléfono.

—De nada —contestó Bobbie, sorprendida—. ¿Por qué?

—Gracias por responder el teléfono como si estuvieras esperando todo el día que yo llamara —explicó Julie.

Es una idea estupenda enseñar a tus hijos a tratar un sonido telefónico como si fuera el umbral electrónico para alguien que amas.[3]

Riiing (o cualquier tono que hayas establecido).

—Hola, soy Lucas contestando el teléfono de mi padre.

—Hola, Lucas, soy Ron Perry.

—Ah, hola, señor Perry. ¿Cómo está usted?

—Bien, gracias. ¿Podría hablar con tu padre?

—Desde luego. Un momento, por favor.

Lucas lleva el teléfono y va a buscar a su padre. No grita a todo pulmón: «¡Papáááá!» (el sistema de comunicación brusco) mientras todavía tiene el teléfono en la mano. El intercambio telefónico sucede con consideración y calma. «Amaos los unos a los otros con amor fraternal; en cuanto a honra, prefiriéndoos los unos a los otros» (Romanos 12:10).

Pregunta: ¿Cómo se siente Ron Perry respecto a esta conversación? ¿Se siente que fue tratado como alguien valioso (un cliente) cuando cruzó el umbral electrónico de tu casa? ¿Se sintió como la persona más importante en el mundo?

Adelante y pregúntale. Verás.

LOS DOS SILLONES AZULES

Ya podrías haber imaginado esto, pero a fin de que funcione la celebración del «cruce del umbral en tu casa», alguien debe estar allí.

Nuestra primera vivienda estaba en una tranquila calle sin salida en Glenview, Illinois. Se trataba de una casa de hacienda de trece metros de ancho por ocho de fondo. Estas dimensiones aún están firmemente impresas en mi cerebro porque, para Navidad de 1974, construí para las niñas una casa de muñecas a escala.

Bobbie estaba embarazada de nuestra primera hija cuando nos mudamos a esa casita durante la primavera de 1971. Ella culminó ese semestre en la Universidad Trinity y dejó finalmente su trabajo de medio tiempo como asistente dental. En septiembre nació Missy, nuestra bebita.

Puesto que yo estaba en el ministerio de jóvenes con un salario apenas para cubrir con los gastos, Bobbie decidió ver qué podía hacer para obtener un pequeño ingreso adicional. Después de hacer algunas llamadas telefónicas a la gente de nuestro vecindario, encontró una madre trabajadora que buscaba una guardería para un chico de seis años de edad llamado Scotty.

Eso fue perfecto para Bobbie, quien podía estar en casa con la bebita y ganarse algunos dólares. Así que todos los días de la semana el autobús escolar se detenía al final de nuestra corta calle (Garden Court) y el pequeño pecoso Scotty se apeaba y caminaba hasta la casa de la señorita Bobbie hasta que su madre llegara del trabajo.

Tal como podrías esperar, cuando Scotty abría la puerta principal y entraba a nuestra casa, recibía una afectuosa bienvenida y grandes abrazos. Seguía un refrigerio en la mesa de la cocina y una rendición completa de «Mi día, por Scotty». Los ojos color café oscuro del chico de primer grado brillaban mientras le daba a la señorita Bobbie su reporte detallado y animado. Esto pasaba cada día.

Una tarde, a las pocas semanas de la experiencia de Bobbie en guardería, ella se me acercó con una mirada de seria preocupación en el rostro.

—¿Qué pasa? —pregunté, esperando no haber sido yo el culpable.

—Se trata de Scotty —contestó Bobbie.

—¿Qué hizo?

—No hizo nada malo —declaró ella—. Es solo que…

Bobbie dejó de hablar, tenía los ojos llenos de lágrimas. Una vez calmada, me contó la conversación que tuvo temprano ese día con la madre de Scotty. El tiempo de Bobby con el enérgico y expresivo chico de primer grado se había vuelto muy especial. Es más, como resultó ser, *ese* era el problema. Puesto que Bobbie estaba allí cuando Scotty llegaba de la escuela, era ella quien recibía los abrazos de «ya estoy en casa», agarrando todo lo bueno acerca de su día mientras el niño consumía leche y una galleta. Para cuando la madre de Scotty llegaba del trabajo a casa y recogía a su jovencito, él no tenía nada que contarle.

Scotty y su madre siempre estuvieron felices de verse, pero era demasiado poco y demasiado tarde. Esto hizo sentir culpable a Bobbie.

—La madre de Scotty debería recibir lo que yo obtengo del niño todos los días —concluyó Bobbie pletórica de emoción—. Él es un tesoro y ella está perdiéndose estos momentos de deleite puro.

Así que ese día, cuando la madre de Scotty llegó por él, Bobbie la invitó a entrar por algunos minutos para «ponerla al día». Durante una taza de té, Bobbie le abrió con ternura el corazón. Habló de cuán animado estaba Scotty cada día cuando llegaba de la escuela a casa, cómo los ojos se le alegraban cuando le hablaba a Bobbie de su maestra y sus amigos, pero de lo retraído que se hallaba unas horas después. Scotty había dado su informe y pasaba al siguiente punto. Su propia madre estaba perdiendo algo que no podría repetirse.

«*Tú* debes ser quien lo salude después de la escuela —aseveró finalmente Bobbie, sabiendo que estaba poniendo en riesgo su propio ingreso de guardería—. Yo estoy recibiendo todo lo bueno de tu hijo. Esta es una recompensa que no debería prodigárseme. Es un tiempo de inestimable valor y te pertenece».

La madre de Scotty siguió revolviendo en silencio su té. Luego le confesó a Bobbie que estaba trabajando porque su esposo le había dicho que *ella* era responsable de los gastos de decoración de la familia. «Lo único que necesitamos son dos nuevos sillones azules para la sala —concluyó finalmente—. Así que tan pronto como tenga suficiente para comprarlos, voy a renunciar a mi trabajo y *entonces* estaré en casa para Scotty... *entonces* aprovecharé los momentos de los que estás hablando».

> Tienes tan solo
> una oportunidad
> de crear algo
> especial justo
> dentro de tu
> puerta principal.

Bobbie hizo todo lo posible por retar a la madre de Scotty sin ofenderla. Pero pronto se hizo evidente que el corazón de la mujer estaba puesto en esos sillones azules y nada de lo que Bobbie dijera iba a hacer que cambiara de opinión.

Meses más tarde, el camión de los muebles descargó los sillones tapizados en la casa de Scotty. Desdichadamente, una vez que estuvieron en su lugar, el sofá al otro lado de la sala empezó a verse muy raído en comparación.

¿SIN ALTERNATIVA?

Escúchame, por favor. Tú y tu cónyuge podrían no tener alternativa. Tus sillones azules podrían ser el pago de la hipoteca o comida para servir en la mesa.

No se trata de amontonar culpa en ti, pero escúchame, por favor, esto también. Tienes tan solo una oportunidad de crear algo especial justo dentro de tu puerta principal.

Hace muchos años, Bobbie y yo conocimos a Larry y Beth, una atractiva pareja joven en nuestra ciudad. Él se había criado en un hogar cristiano, pero hubo ocasiones en que detectamos cierta ira no resuelta cuando hablaba de sus padres, especialmente del papá. Un día averiguamos la razón.

Larry había crecido con muchas cosas buenas. Su padre, aunque no acaudalado, tenía un buen salario. La madre de Larry había sido una mujer de carrera antes de quedar embarazada y, tan pronto como Larry nació, ella se volvió a meter de lleno en el mundo empresarial. Con lágrimas brotándole de los ojos, Larry nos habló del horrible día en la escuela primaria en que debieron llevarlo a la enfermería. Nos contó: «Estaba tan enfermo que no podía pararme. Tuve que acostarme en la camilla».

La enfermera de la escuela llamó por teléfono al papá de Larry. «Allí estaré —prometió el hombre—. Iré inmediatamente». Larry esperó que su padre llegara. Y esperó. «Algo debe haber surgido —nos contó Larry—. La oficina de mi madre estaba al otro lado de la ciudad, pero la oficina de papá estaba a la vuelta de la esquina de mi escuela».

«Alguien vino por ti» —anunció finalmente la enfermera al soñoliento Larry acurrucado en la camilla.

Larry levantó la mirada, ansiando ver a su padre. «Pero *no era* papá. Había enviado a su *ayudante administrativo* a recogerme». El rostro de Larry nos hizo saber que la herida de veinte años todavía estaba fresca.

«El ayudante de papá me llevó a nuestra casa y me dejó allí. Pasé el resto del día solo». Larry nos contó que cuando su papá llegó a casa esa tarde, no le dijo nada a su hijo acerca de qué había pasado.

Una vez más, puede que no tengas alternativa. Tú y tu cónyuge simplemente *no pueden* estar disponibles. Sus trabajos no se lo permiten. Pero si puedes imaginarte cómo se siente un día, o una hora, desde la perspectiva de tu hijo, esto podría cambiar la tuya.

¿Puedo intentar esto una vez más? ¿Puedo preguntarte una vez más? ¿Estás seguro? ¿Hay alguna manera creativa en que puedas estar allí?

Otra de las experiencias de Bobbie fue una profunda conversación por correo electrónico con una joven madre muy brillante e inteligente llamada Jennifer, quien estaba pensando dejar su trabajo profesional en Washington, DC, para estar en casa con su bebita. «Este tiempo pasará muy rápidamente —le dijo Bobbie—. No tendrás segundas oportunidades».

Jennifer estaba luchando con cómo equilibrar su carrera y su maternidad. «Cuando estoy trabajando [y la bebita está en la guardería] —escribió—, durante mucho tiempo echo de menos a mi pequeñita. Atravesaré la ciudad para conseguirle su yogur orgánico o su pasta con remolacha en polvo porque creo que es lo mejor para que ella coma. Sin embargo, creo que soy su mejor cuidadora y no lo estoy haciendo. Eso no me parece correcto».

> Si puedes imaginarte cómo se siente un día, o una hora, desde la perspectiva de tu hijo, esto podría cambiar la tuya.

Esta joven madre dio oídos a su corazón. Decidió dejar su trabajo y establecer un negocio de consultoría desde su casa. Unas semanas después recibimos un correo electrónico de ella. «¡Ayer renuncié a mi trabajo! Muchas gracias por sus oraciones, correos y apoyo. Sabemos que esto es lo correcto. Dios ha sido muy fiel. Nos hemos comprometido a seguir adelante pase lo que pase, pero incluso ayer, mientras me preparaba para ir a hablar con mi jefe, recibí un recado de otro cliente que está listo para contratarme, ¡y puedo trabajar desde casa!».

Mi hija Julie es irremediablemente emprendedora. Desde que estaba en la escuela primaria hizo sus propios negocios, de una forma u otra. Durante sus dos últimos años en la universidad tuvo su propia empresa desde la sala de su hermandad y vendió casi cincuenta mil dólares en camisetas, sudaderas y otras prendas personalizadas. Poco después que ella y Christopher se casaran, Julie empezó su propio negocio de artículos de escritorio, especializándose en invitaciones de bodas.

Dos años y medio más tarde nació la pequeña Harper y quince meses después llegó Ella. Julie no podía imaginar disminuir el volumen de su negocio. Vender había estado en su sangre desde que vendió sus primeros caramelos montando su bicicleta de puerta en puerta en el vecindario.

Sin embargo, a pesar de la abundancia de energía disponible dentro de Julie, también prestó oídos a su corazón. Recortó el negocio para poder pasar más tiempo con sus pequeñas. No mucho después de tomar su decisión envió algunas fotos digitales a Bobbie con la siguiente nota: «Solo en caso de que te preguntes por qué me encanta mi trabajo, ¡es porque tengo que pasar mis días con estas dos preciosas bebitas! Este es un pequeño documental de la primera aventura de Harper en hornear pasteles. En el principio está ayudándome a hacer el pastel y después quiso compartirlo con Ella, además de comérselo ella misma».

En lugar de esto, Julie podría haber vendido ese mes algunas invitaciones de bodas más.

De vuelta al capítulo uno, confesé mi propensión natural a la diplomacia: mi tendencia a suavizar un poco las cosas añadiendo que obtienes puntos por esfuerzo sincero y que, bueno, solo eres humano. Tus hijos son resistentes. Estarán bien. Prefiero no ser acusado de inflexible y dogmático, así que veamos algunas observaciones.

> Esto de criar hijos es asunto serio.

Pero concluí diciendo que no me importa si me acusan de ser inflexible. No voy a dejar que nos desanimen. Esto de criar hijos es asunto serio y *no* hay *nadie* en la tierra en mejor posición, o mejor calificado, que *tú* para hacerlo bien.

Este es un lugar para un tipo de charla directa a la que estaba refiriéndome. ¿De qué sirve que la persona más importante del mundo entre a una casa vacía?

Una vez más, tal vez no tengas opción al respecto. Tal vez tanto tú como tu cónyuge tengan que trabajar fuera de casa. Por supuesto, confío en tu juicio en esto. Pero si *hubiera* una manera de que uno de los dos estuviera con los hijos cuando son pequeños (estar en casa cuando los pies de tus hijos atraviesen el umbral), entonces hazlo. Bobbie tenía razón. No tienes una segunda oportunidad.[4]

Cuando nuestra Missy estaba en tercer grado, su maestra preguntó a los estudiantes qué era lo que más les gustaba de sus madres. Missy pudo haber mencionado una cantidad de cosas maravillosas que mi esposa había hecho por ella. Pero cuando llegó su turno, le dijo a la clase que lo mejor respecto a su madre era: «Cuando llego de la escuela a casa, mamá me dice: "Hola, Missy"».

¡Eso fue todo!

La lista de abrumadores sacrificios, los juguetes favoritos comprados, las actividades de la madre en la escuela y los buenos ratos en casa no obtuvieron el primer lugar. Solo fue: «Hola, Missy».

¿Ves lo que cuenta para tu hijo? Es tu presencia.

Eso no parece demasiado complicado, ¿verdad?

LA CALLE «DE TUS SUEÑOS»

En el 2003, Bobbie y algunas de sus amigas fueron a la exhibición anual de casas nuevas. Algunas comunidades llaman a esto el Desfile de casas; nuestra región lo llama la Calle de los sueños. Es cuando entre cinco y diez constructores y decoradores muestran lo que pueden hacer en un puñado de casas nuevas en la misma calle. Las personas pagan la entrada y caminan por estas casas increíbles, exclamando asombradas, tratando de no aborrecer el hecho de que, en comparación, viven en chozas de cartón.

Cuando regresó de su excursión a la tierra ensoñadora de la construcción de casas, Bobbie insistió en que yo debía volver con ella y ver por mí mismo estas increíbles viviendas. A los pocos días estuvimos allí. Lo que más me sorprendió acerca de estas casas fue el modo en que nuevas innovaciones habían transformado cocinas y baños. Aparatos computarizados, televisores *detrás* de espejos y accesorios de fontanería sumamente fantásticos fueron mis favoritos.

Cuando conducíamos a casa, hablando con emoción de nuestro paseo por «la tierra del futuro», los dos comprendimos algo. Toda habitación en cada casa de la Calle de los sueños estaba completa con su propio clóset espacioso, baño completo y centro multimedia, que incluía lo último en alta definición en todo. Un complicado sistema de intercomunicación conectaba estas habitaciones al comando central en la cocina.

—Llegar a casa estos días es como registrarse en un buen hotel —afirmé.

—Sí, tienes todo, excepto que no te estacionan el auto ni te dan servicio a la habitación —bromeó Bobbie.

A medida que hablábamos respecto a lo que significaba esta clase de autonomía para las familias que viven en estas casas, dejaron de ser tan divertidas.

Mi esposa preguntó: «¿Qué está sucediendo a nuestros hogares?».

A pesar de que expresó el comentario en forma de pregunta, Bobbie no necesitaba una respuesta. Acabábamos de experimentar una calle completa de casas que, a propósito, enviaba a los miembros de la familia aislados e independientes a sus propios mundos de comodidad.

Dado que tú y yo podemos permitirnos personalmente ser los decoradores y comprar los electrodomésticos, tal vez nuestros hogares nunca califiquen para la Calle de los sueños. Pero podríamos estar más cerca de lo que creemos que parezcan más hoteles que hogares.

Además, con la llegada de los teléfonos celulares para todos, la autonomía es sagrada. Cada cual vive por su cuenta. Como ruedas con radios pero sin eje, nuestros hogares podrían estar fallando porque están perdiendo sus centros.

PRESTIGIO PARA NUESTRAS COCINAS

Mis padres eran o extraordinariamente brillantes y muy frugales o simplemente, por fortuna, tomaron una gran decisión, pero el último electrodoméstico que compraron para nuestra casa y que lo tuvieron hasta que yo estaba en la universidad fue un lavavajillas. Así que además de las comidas familiares intencionales y las disculpas a mis amigos que me esperaban para salir a jugar, lavábamos los platos como familia.

> Creíamos que lavábamos los platos. Pero hacíamos lo que las familias han estado haciendo durante siglos: trabajar juntos, reír juntos y aprender a amarnos mutuamente en el proceso.

Recuerdo serias conversaciones acerca de la vida mientras formábamos parte de la línea de producción que llevaba a una cocina limpia. Recuerdo momentos de frivolidad y aventura al fingir que éramos piratas espadachines cuando secábamos un cuchillo. Todavía tengo una cicatriz que me hice en el dedo índice para probar esto.

Sobre todo recuerdo estar al lado de mamá con sus manos en el lavadero. Ella lavaba algo, lo enjuagaba en el grifo hirviendo y lo colocaba en el escurridor de plástico sobre el mesón. Nosotros tomábamos lo que ella acababa de enjuagar y secar. Cuando mamá no estaba mirando, nos chasqueábamos unos a otros con la toalla de secar los platos.

Creíamos que lavábamos los platos. Pero hacíamos lo que las familias han estado haciendo durante siglos: trabajar juntos, reír juntos y aprender a amarnos mutuamente en el proceso. Y todo esto sucedía en la cocina, ¡el lugar más importante dentro del lugar más importante!

En el invierno del 2004 volé a Charlotte para ayudar a Jon y Missy con la construcción de una adición para su casa. El plan era ampliar el tamaño de la cocina. Unos meses antes, Missy, a quien le gusta recibir invitados, nos dijo que cuando llegan amigos, «se meten a la cocina». Varios veranos antes, Jon y Missy habían construido en el sótano una gran sala familiar aun inconclusa. Pero cuando tenían muchos invitados en casa, ¿iban estas personas a ese lugar agradable y espacioso? No.

Como sardinas, todos sus amigos se metían a la cocina, el eje de casi todos los hogares. ¡Missy nos hizo una demostración de cómo quince o veinte personas se apretujaban dentro de los tres metros del fregadero de la cocina mientras el resto de la casa quedaba vacío! Reímos de su dramática presentación, pero todos sabíamos la verdad de lo que ella acababa de decir.

Al igual que la pequeña casa de la pradera de Charles y Caroline Ingalls, tu cocina, el lugar donde la familia se sienta a comer, es el centro de tu hogar. Por estupendo que podría ser para tu casa tener más habitaciones extra y sutilezas tecnológicas, no puedes permitir que tus hijos entren y salgan como clientes de un hotel. Con regularidad debes atraerlos de vuelta a la cocina.

> Tu cocina, el lugar donde la familia se sienta a comer, es el centro de tu hogar.

Podrías altercar: «Pero el horario de nuestra familia es una locura. Las prácticas de fútbol, de gimnasia y las lecciones de piano, además de la escuela y las actividades de la iglesia, hacen casi imposible sentarnos juntos a comer».

Comprendo. De veras.

¿Por qué entonces no ser consciente y fijar un objetivo razonable, como disfrutar todos juntos tres comidas familiares por semana sin interrupciones? ¿O cuatro? ¿O dos? Apunta estas citas y protégelas como un guardia armado protegería un tesoro inestimable dentro de la bóveda en tu banco local. Eso es exactamente lo que estás haciendo.

Si te hubieras criado en Italia, esta no sería en absoluto una sugerencia radical. *Sacro desco* es como la llaman («mesa sagrada») y el propósito es sentarse una vez al día para una comida familiar. La reconocida autora italiana de libros de cocina Marcella Hazan lo dice de este modo: «Estoy triste porque no hay mucho que reúna a las familias en estos días. Pero todos tenemos que comer para vivir; ¿por qué entonces no disfrutar [comidas] como familia?

> La médula de este reto del apóstol Pablo es maravillosamente sencilla. Nos amonestó a ser bondadosos unos con otros.

Me preocupa que en la familia estadounidense la hora de comer esté pasando al olvido porque las personas creen que están demasiado ocupadas».[5]

Tú y yo sabemos que ella tiene razón, ¿no es así? Aunque nuestras programaciones estén llenas de actividades, *no* estamos demasiado ocupados para comer.

Ah y algo más. *No se permite televisión ni ningún otro aparato electrónico durante la comida.* Si quieres tener una dulce velada con tu pareja durante la cena, no vayan a un restaurante con televisores montados en cada pared. La conversación enfocada será imposible. No sucederá.

Las cenas familiares *que cuentan* no pueden incluir aparatos electrónicos. Estos no son huéspedes bienvenidos. Apágalos. Los miembros de tu familia no se sentirán importantes a menos que les prestes toda tu atención.

¿QUÉ HACEMOS AHORA?

Bueno, ahora que se han saludado cuando atraviesan la puerta, que hablan con entusiasmo por teléfono y que se sientan alrededor de la mesa algunas veces por semana, ¿qué hacen a continuación? ¿Cómo se tratan en este hogar cristiano?

Me alegra que hayas preguntado.

«Abandonen toda amargura, ira y enojo, gritos y calumnias, y toda forma de malicia. Más bien, sean bondadosos y compasivos unos con otros, y perdónense mutuamente, así como Dios los perdonó a ustedes en Cristo» (Efesios 4:31-32, NVI).

Hablaremos más acerca del perdón y la ternura en el capítulo 4 y de la importancia de las palabras que pronunciamos en el capítulo 5, pero la médula de este reto del apóstol Pablo es maravillosamente sencilla. Nos amonestó a ser bondadosos unos con otros.[6]

Hace varios años participé en una entrevista en un estudio de televisión.

Hablábamos de la relación especial que los papás tienen con sus hijas. Uno de los aspectos que mencioné fue la necesidad de bondad en nuestros hogares.

Después de la entrevista, me puse a recoger mis efectos personales en la parte trasera del estudio cuando se me acercó la directora del piso.

—¿Puedo decirte algo? —preguntó.

—Por supuesto —respondí.

Aunque estábamos parados en las tenues luces del estudio, pude darme cuenta de que ella estaba al borde de una profunda emoción.

«Todos en esta ciudad conocen a mi esposo —afirmó—. Y todos lo admiran y lo respetan».

Hizo una pausa. No llené el espacio vacío porque sospeché que la mujer no había terminado.

«Solo desearía algo respecto a mi esposo —continuó, se inclinó y susurró—. Solo desearía que fuera amable conmigo... y con nuestros hijos».

Me miró directo a los ojos como un animal asustado, como si hubiera expuesto inconscientemente su prisión personal. Cuando comprendió lo que había hecho, dio media vuelta y se alejó.

Al conducir esa tarde hacia el aeropuerto en mi auto alquilado, las palabras de ella seguían volviendo una y otra vez a mi mente. Imaginé al esposo de la mujer, saludando cariñosamente a la gente en la iglesia. Estrechando las manos de los miembros del club. Conversando con conocidos en el centro comercial. «Qué tipo tan encantador», probablemente comentarían entre sí las personas después de uno de tales encuentros fortuitos.

A pesar de toda esta honorabilidad pública, él no era amable con su familia. Tal vez acabamos de dar la definición de la palabra *hipócrita*.

Sin embargo, antes que tú y yo condenemos a este individuo a cadena perpetua de trabajos forzados en Siberia, echemos una rápida mirada a nuestro interior. Podríamos ser igual de culpables.

Recuerdo una época en que Bobbie y yo estábamos en nuestra cocina, sumidos en una acalorada discusión. Ninguno de los dos nos habíamos acusado alguna vez de ser pasivos o retraídos. Impulsivos u obstinados (cabezas duras, si estuviéramos en una de tales discusiones) describiría mejor ambas constituciones nuestras.

Como sea, estábamos obsesionados con ello. Hasta donde recuerdo, ambos estábamos cansados, frustrados y muy enojados. Una combinación letal.

En ese momento de batalla verbal te habría dicho que mis emociones eran incontrolables. Pero justo en medio del fuego sonó el teléfono. Revisé el identificador de llamadas y era un socio comercial. Levanté el aparato. «Hola, soy Robert», dije con una voz tan poco dramática como si hubiera estado ordenando una hamburguesa en una ventanilla de autoservicio. Bobbie permaneció en silencio sorprendida mientras yo hablaba.

Cuando terminé la llamada con un «Me alegro también de haber hablado contigo. Gracias por llamar», la mirada de Bobbie lo decía todo. En un instante, el tono de mi voz había pasado de furioso a amable y tranquilo.

> La bondad no es una emoción. Es una opción consciente. Es una decisión.

A decir verdad, mis emociones estaban completamente controladas. Yo había *elegido* hablar cruelmente a mi esposa en un despiadado tono de voz. Y la llamada telefónica lo probó. Bobbie me había atrapado y fue vergonzoso.

¿Te ha pasado esto alguna vez?

Por más que racionalicemos nuestra desconsideración en casa y la hagamos de lado con varias excusas que parezcan legítimas, este encuentro me recordó una verdad absoluta: la bondad no es una emoción. Es una opción consciente. Es una decisión. Es más, al tener en cuenta lo que el apóstol Pablo dijo en los versículos anteriores, la bondad es una orden.

Tienes más control del que crees. Toma la decisión de ser amable con los demás. Punto.

Para con todos, incluso (no, *especialmente*) con quienes vives en casa. Es una gran forma de que se sientan como las personas más importantes de la tierra.

NO ES LUGAR PARA CÍNICOS

Quizá viste la película *Náufrago* con Tom Hanks. Él representó a un ejecutivo de Federal Express cuyo avión, una nave de carga en la que viajaba gratis, se estrella en el océano Pacífico. El único sobreviviente, Hanks, fue arrastrado a una playa desierta donde permaneció por cuatro años. Junto a los acontecimientos que llevaron a su rescate (siento echarte a perder la historia), el momento más emocionante en la película fue cuando logró empezar un fuego.

El fuego le trajo calor, luz y esperanza.

¿Qué tal que en el momento que Hanks finalmente consiguió que su fuego ardiera, alguien hubiera salido de la selva y derramara una calabaza llena de agua en la diminuta y muy preciosa llama? Acabo de describir el poder destructivo de las palabras cínicas.

A medida que hayas leído este capítulo, algo pudo haber inspirado una idea. Puede que hayas resuelto en silencio: *Sí, me gustaría empezar a hacer esto en nuestro hogar. Voy a comenzar a tratar a la gente como clientes preciados cuando atraviesen nuestra puerta. Voy a quitar mi teléfono celular de mis propias manos cuando nos sentemos a cenar como familia. Y voy a invitar a mi familia a hacer lo mismo. Estas son algunas cosas que podemos hacer mejor aquí.* Pero antes de tratar de poner a funcionar tu plan, se lo cuentas a tu cónyuge. Usando lo mejor en diplomacia, le explicas tu idea. Tu cónyuge se vuelve hacia ti con una mirada de desprecio. Entorna los ojos… algo que no te gusta que haga.

«¡Qué idea más tonta!» —dice el cínico con una sonrisa sarcástica.

¡Zas! Mucha agua para el fuego.

Tengo una sugerencia. Antes de presentar tu estrategia a tu cónyuge, ubícate verbalmente en la playa desierta. Menciona el fuego. Habla de cuán importante es el fuego para ti y de que necesitas que alguien proteja la llamita del viento. Tal vez eso ayude.

Bien, tratemos esto una vez más.

«¡Hola! Ya llegué. ¿Hay alguien aquí?».

4

SUBLIME GRACIA

Es lo que distingue tu hogar

Aunque el sol de la mañana aún no se asomaba por el horizonte, su efecto ya había convertido el cielo de antes de amanecer en un celeste profundo, enmarcando las estrellas más brillantes que quedaban. Era agosto. Cosecha. El granjero se levantó temprano y condujo hasta el pueblo a fin de contratar trabajadores para el día. Así es como siempre se había hecho en esa parte de la nación durante el verano. Los que buscaban trabajo, los más ansiosos, se levantaban temprano y se reunían en la plaza del pueblo. Los que necesitaban que las labores se hicieran ese día manejaban hasta el pueblo y ofertaban, como una subasta, a la fuerza laboral que allí esperaba.

Esta mañana, el granjero calculó la cantidad de trabajadores que necesitaba, describió su oferta a un grupo de hombres de fuerte aspecto y rápidamente cerró el trato. Satisfechos con las condiciones, el granjero y sus peones se fueron a trabajar.

Pero a media mañana, a pesar de la diligencia de sus trabajadores, el granjero se dio cuenta de que no había contratado suficientes obreros. No podría terminar lo que había planeado para el final de la jornada a menos que consiguiera más ayuda.

Así que el hombre volvió a conducir al pueblo a buscar más trabajadores. Divisó un grupo de individuos parados en la esquina de la calle, tomando café. Habían dormido hasta tarde y se perdieron el primer llamado. Pero el granjero hizo con ellos un acuerdo y pronto salieron a pasar el resto del día junto a los que ya habían pasado la mitad de la mañana laborando en los campos.

Al mediodía, mientras sus trabajadores almorzaban, el granjero volvió a hacer un inventario. Llegó a la conclusión: *Todavía me falta ayuda. No terminaré todo el trabajo con estos pocos hombres.* Así que subió a su camioneta y entró una vez más al poblado. Encontró un grupo de hombres que charlaban perezosamente bajo la sombra de un árbol frondoso en la plaza del pueblo. Se les acercó con una oferta, entonces ellos se miraron como para negociar colectivamente la propuesta y asintieron su anuencia al unísono.

Pronto estos hombres estaban trabajando junto a los otros contratados en el campo del granjero.

A mitad de la tarde, el hombre hizo inventario una vez más. Se dijo: *Todavía necesito ayuda. Este trabajo debe estar concluido al anochecer.* Por tanto se fue a buscar más trabajadores. Y unas horas más tarde, aún preocupado porque no se completaría todo el trabajo, hizo lo mismo y encontró un grupo de hombres que trabajaran para él.

Una hora antes de la salida, el granjero echó una última mirada a los obreros y al trabajo que faltaba. Pensó: *Si tuviera solo unos hombres más, sin duda se terminaría el trabajo.* Así que condujo hasta el pueblo y encontró unos pocos hombres más; llamarlos «trabajadores» sería una exageración, ya que habían pasado todo el día jugando damas y bebiendo té en un café al aire libre junto a la plaza del pueblo.

«¿Por qué no?», bromearon mutuamente después que el granjero les hiciera su propuesta por una hora de trabajo.

El sol bajaba lentamente en el horizonte, cuando los obreros se alinearon para recibir su salario. Formando una espigada figura en el suelo, el granjero se paró para dirigirse a ellos, agradeciéndoles por su esfuerzo y felicitándolos por terminar el proyecto a tiempo.

Los hombres que habían estado trabajando desde el amanecer miraron a los otros que no habían trabajado toda la jornada, ya que estos obreros indignos de recibir pago asentían con la cabeza, recibiendo los elogios del granjero como si hubieran trabajado varias horas.

Entonces el granjero pidió a todos los hombres que hicieran fila delante del contador para recibir sus salarios. Algunos del equipo de la mañana lo llamaron, sugiriéndole que se organizaran por grupos para que el pagador pudiera identificar a los que habían trabajado todo el día.

El granjero ni los miró. Tal vez no había oído la petición que estaban haciendo.

Cuando todos los hombres recibieron su paga, se hizo evidente para todos que cada obrero había recibido exactamente la misma cantidad de dinero. Los que trabajaron todo el día fueron los primeros en notarlo, ya que cuando pasaron por la mesa, el contador no les había preguntado cuántas horas trabajaron.

Pero cuando los otros peones, los que habían llegado a trabajar tarde, *especialmente* el grupo de individuos que solo habían trabajado una hora, se dieron cuenta de que les habían pagado lo mismo que a los que trabajaron todo el día, se sorprendieron y se llenaron de júbilo. Haciendo chocar mutuamente las manos en celebración, los rezagados comenzaron a hacer planes para regresar al pueblo y festejar toda la noche con el dinero que habían «robado» al granjero.

Los que trabajaron todo el día se enfurecieron.

—¿Cómo pudo el granjero tratarnos de este modo? —murmuraron entre sí.

—No es justo —gritó uno en voz suficientemente alta para que el granjero lo oyera.

Pronto los furiosos trabajadores rodearon al granjero, exigiendo indemnización.

«Usted nos contrató antes que el sol saliera —afirmaron—. Pero esos holgazanes que solo trabajaron una hora recibieron el mismo salario». Para entonces estaban vociferando. Algunos lanzaban obscenidades.

El alboroto no perturbó al granjero, quien levantó las manos, acallando el ruido. Una vez restablecido el orden, miró los rostros de los hombres que habían trabajado desde temprano en la mañana. El semblante del granjero mostraba una mezcla asombrosa de comprensión y piedad.

«¿Cuánto prometí pagarte esta mañana?», preguntó a uno de los más ruidosos de los trabajadores de todo el día.

Sin alterarse, un hombre de la parte trasera del grupo gritó la cantidad prometida.

«Eso es correcto —declaró el granjero con voz tranquila y firme—. ¿Y cuánto recibiste?».

Los peones se miraron las manos. Desde luego que habían recibido exactamente lo que el granjero se había comprometido a darles doce horas antes.

«¡Pero ese no es el problema! —gritó otro trabajador—. Esos hombres no trabajaron todo el día como nosotros, ¡y les pagaste la misma cantidad!».

El granjero volvió a recorrer con la mirada al grupo de furiosos.

«¿De quién es esta granja?».

No hubo respuesta. *Todos* sabían quién era el dueño de la granja.

«¿A quién le corresponde tomar las decisiones de quién recibe cuánta paga?».

De nuevo no hubo respuesta.

«Es *mi* decisión pagar a todos lo mismo, sin importar cuánto tiempo trabajaron —decretó con voz rebosante de confianza—. Si quiero pagarles lo mismo que los que trabajaron solo una hora, es problema mío. Ustedes realmente no tienen opinión en esto».

Entonces el granjero dio media vuelta y se alejó.

ESTOY EN PROBLEMAS

No puedo soportar esta historia. Apenas puedo tolerar su mensaje. Pensar que tal cosa suceda realmente es vergonzoso para cada una de mis sensibilidades. Y es probable que también te enfurezca a ti. Pero está en la Biblia. Y se encuentra allí por una razón.

Durante los primeros dieciocho años de mi carrera comercial trabajé para otros. Pero en la primavera de 1987, mi amigo Mike Hyatt y yo nos arriesgamos. Reunimos un capital y comenzamos nuestro propio negocio.

Hasta ese momento me habría descrito como «cuidadoso» cuando se trataba de gastar el dinero de mi jefe. Esta historia está en la Biblia para personas como yo. Pero una vez que mi nombre estuvo en el membrete, mis gastos se ajustaron realmente. ¿Por qué? Porque estaba gastando mi propio dinero. Cada centavo que podía ahorrar era un centavo que podía guardar. Tal es el peligro de todo empresario… y granjero.

> Esta historia está en la Biblia para personas como yo.

Durante aquellos años en que tuve el negocio, yo dictaba una clase de escuela dominical sobre la vida y el ministerio de Jesús. Una semana me topé con la historia que había oído de joven. Es la que acabas de leer acerca del granjero y los trabajadores de Mateo 20. Dada mi etapa de vida empresarial, esta parábola me golpeó como una bola de demolición. Como propietario de una empresa, habría encontrado inconcebible hacer algo así.

Toda mi vida el trabajo duro fue un requisito y el perfeccionismo un sacramento. Cortaba el césped del patio con más frecuencia y con líneas más rectas que las de los vecinos, lavaba el auto familiar mejor que el concesionario, limpiaba el garaje mejor que mis hermanos y lavaba el piso del sótano en tiempo récord. Aprendí diligencia y perseverancia como trabajador de construcción. Recuerdo haber hecho silenciosamente juegos mentales en el trabajo, haciendo oscilar con furia una pica contra la renuente arcilla o esparcir a mano una enorme pila de grava, tratando de mostrar al jefe que podía trabajar más duro que los demás.

Al final de tal día de trabajar así quedaba sintiéndome orgulloso y francamente superior al resto. Y creía que mis sentimientos eran totalmente justificados.

Crecí en una tradición religiosa donde el rendimiento superior significaba reconocimiento superior. Es más, los domingos por la mañana en las iglesias de mis abuelos se podía ver incluso a los más piadosos entre la congregación por cómo se vestían, cómo se arreglaban el cabello, o cómo se dejaban crecer la barba y hasta en el color de los autos que manejaban. Este sistema de dividir a la humanidad en «dignos» e «indignos» fue grapado en mi certificado de nacimiento.

Al ser un competidor desesperado, rápidamente me encontré haciendo un juego de casi todo lo concebible. Si puedes pararte erguido, yo puedo erguirme más. Si puedes ser agradable, yo lo seré más. Si te vistes bien, me vestiré impecablemente. Si comes papas fritas empapadas de grasa, comeré galletas saludables de trigo (aunque sepan a cartón). Si usas lenguaje vulgar, me abstendré... al menos en público.

> Ganar estos juegos no siempre me hacía sentir una buena persona, pero *sí* me hacía sentir mejor persona que los demás.

Ganar estos «juegos» me convertía en un hombre bueno (digno). Realmente no, eso no está bien. Ganar estos juegos no siempre me hacía sentir una buena persona, pero *sí* me hacía sentir mejor persona que los demás.

«Cualquier cosa que puedas hacer, puedo mejorarla. Puedo hacer todo mejor que cualquiera».[1]

Y eso bastaba.

ENTRA LA GRACIA

Ahora entiendes por qué detesto la historia del granjero y los peones. Por qué me hace latir el corazón con indignación. Pero, en primer lugar, fue precisamente para individuos de la clase «esfuérzate un poco» y legalistas como yo que Jesús contó esta historia.

En el capítulo 1 hice esta pregunta: «¿Qué tiene de grandioso un hogar cristiano?». Mi respuesta es: en un hogar cristiano hay algo especial. Se llama gracia.

Gracia es algo que distingue tu hogar de todos los demás.

En la providencia de Dios, el 30 de agosto de 1916, el día en que ella nació, sus padres Monroe y Susie Dourte tuvieron la madurez mental de llamar Grace [Gracia] a mi madre. Así que desde la primera vez que oí la palabra en un contexto espiritual, fue muy fácil poner un rostro verdadero en lo que para mí pudo haber sido un concepto abstracto. En el 2010, mi madre entró al cielo. Para su panegírico incluí esto: «Sus padres la llamaron Grace. ¿Cómo lo supieron?».

¿Recuerdas la manera en que mi madre saludaba a mis amigos cuando atravesaban la puerta principal de nuestra casa? ¿Recuerdas cómo arruinaba sus gafas porque se la pasaba aplastándolas con sus abrazos?

Lo que no mencioné fue que esto era cierto si yo llevaba a casa al capitán del equipo de fútbol o a un chiflado que no era suficientemente bueno para ser elegido presidente del equipo de limpieza en el club de ajedrez. Ella abrazaba a cada uno de mis amigos. Mamá no parecía notar lo rectos que tuvieran los dientes, qué reputaciones pudieran haber tenido o lo bien que vestían las personas que yo llevaba a casa. Como con el granjero en el día de pago, estas cosas le importaban un comino a mi madre.

> Gracia es algo que distingue tu hogar de todos los demás.

Un hogar cristiano es un lugar adornado por personas llenas de gracia. Es un sitio donde la gracia es visible, un lugar donde está desenchufado el «marcador» que compara un desempeño estelar con uno inferior.

LOS MUCHOS ROSTROS DE LA GRACIA

> Seis eran los hombres de Indostán,
> tan dispuestos a aprender,
> que al elefante fueron a ver
> (aunque todos eran ciegos),
> pensando que mediante la observación
> su mente podrían satisfacer.
> El primero se acercó al elefante,
> y cayéndose
> sobre su ancho y robusto costado,
> en seguida comenzó a gritar:
> «¡Santo Dios! ¡El elefante
> es muy parecido a una pared!».[2]

Este ingenioso poema estaba impreso en nuestro texto de literatura del colegio. Recuerdo mi fascinación y asombro por la imagen de seis hombres ciegos tratando de definir a un elefante por lo que sentían: una pared (el costado), una lanza (el colmillo), una serpiente (la trompa), un árbol (la pata), un abanico (la oreja) y una cuerda (la cola).

En un hogar cristiano, los habitantes son como los ciegos y la gracia es como el elefante. Obtienen una sensación de ella en maneras variadas y fantásticas (sin embargo a menudo incompletas), pero resulta ser la misma criatura poderosa.

«Porque por gracia sois salvos» (Efesios 2:8).

El apóstol Pablo resumió el amor de Dios por nosotros (su inagotable misericordia y bondad) con la palabra *gracia*. A lo largo de las Escrituras, las respuestas de hombres y mujeres a este regalo han tomado muchas formas y estas son algunas de las cosas que tú y yo podemos hacer en nuestros hogares cristianos en respuesta a la gracia de Dios.

ARREPENTIMIENTO Y PERDÓN

Aunque las palabras *arrepentimiento* y *perdón* parecen religiosas y decentes, la práctica de estas dos expresiones basadas en la gracia toma el trabajo duro de «mangas arremangadas». Son fuertes y también sudorosas.

Soy un hombre pecador. Esta realidad y mi buena disposición de confesarla liberan los efectos de la gracia de Dios en mi hogar. Y puesto que soy pecador, tengo una necesidad desesperada de un Salvador. Por mucho que lo intente, incluso llegando a trabajar antes que todo el mundo y esforzándome más que mi compañero a mi lado, no puedo salvarme por mí mismo.

Una de las tradiciones a las que mi padre se aferraba firmemente era un juego familiar de Batalla Naval en el Día de Acción de Gracias. Copias creadas comercialmente de este juego están ahora disponibles, incluso en ediciones electrónicas dentro de esas megatiendas de juguetes tipo «todo bajo un solo techo». Hasta puedes bajar el juego de la Internet.

Pero cuando yo era niño, participábamos en este juego usando hojas de papel cuadriculado. Después del pavo, el relleno y el pastel de calabaza, marcábamos el océano: veintiséis cuadrados de alto por veintiséis de ancho. Enumerábamos las filas de uno a veintiséis y las columnas de la A a la Z.

Luego, cada uno con su propia hoja, en secreto ubicábamos nuestras flotas de barcos. Con nuestros lápices escondíamos dos submarinos, algunos acorazados, cruceros, destructores y portaaviones. Entonces nos turnábamos uno a uno tratando de localizar y hundir los barcos escondidos de los demás gritando coordenadas de letras y números. A menudo el juego duraba dos o tres horas.

Debido a que muchos jugábamos Batalla Naval, sin querer elegíamos los mismos cuadrados que otros jugadores para ubicar nuestros barcos. Eso significaba que cuando nos metíamos de lleno en el juego, comenzábamos a tener la sensación de que las flotas de nuestros oponentes (enemigos) estaban localizadas. Podíamos saberlo porque ellos mismos evitaban disparar a naves en esas áreas. Era inevitable que algunos de sus barcos estuvieran en las mismas ubicaciones de los nuestros. Así que llegaba el momento de hundir la flota de un competidor, hábilmente eludíamos esos lugares para no revelar la ubicación de nuestras naves en los mismos lugares. *No te hundiré si no me hundes* era el silencioso armisticio.

> Compararnos con los demás nunca funcionará.

Compararnos con los demás nunca funcionará. Y evitar la verdad de nuestra pecaminosidad a causa de alguien más, incluso nuestros hijos, presenta el mismo problema: tampoco nos sacará del aprieto.

Jesús entendía la tensión que enfrentábamos cuando analizábamos nuestros tableros de papel cuadriculado.

> ¿Por qué miras la paja que está en el ojo de tu hermano, y no echas de ver la viga que está en tu propio ojo? ¿O cómo dirás a tu hermano: Déjame sacar la paja de tu ojo, y he aquí la viga en el ojo tuyo? ¡Hipócrita! saca primero la viga de tu propio ojo, y entonces verás bien para sacar la paja del ojo de tu hermano (Mateo 7:3-5).

Uno de los enigmas de ser papá o mamá es que si acusamos a nuestros hijos de pecado del que nosotros mismos somos culpables (lenguaje soez, vulgaridad, chisme, falta de disciplina), tememos que ellos reten nuestra hipocresía. Por tanto, evitamos corregir sus malas acciones… recuerdos de actuar cautelosamente con mi hermano en la Batalla Naval, el Día de Acción de Gracias.

Cuando se trata de tú y yo, padres en nuestros hogares cristianos, no podemos dejar de admitir nuestra propia culpa. Al seleccionar papás y mamás para manejar familias, Dios no tuvo otra alternativa que escoger personas pecadoras. Estamos en esa lista. La pecaminosidad es parte del equipo básico.

Antes de reprender a nuestros hijos cuando son deshonestos, debemos ser prontos en arrepentirnos cuando *nos* atrapan ocultando la verdad. Cuando son groseros con sus hermanos y les pedimos cuentas, deben resonarles en los oídos los recuerdos de nuestras *propias* confesiones respecto a desconsideraciones irreflexivas.

«Lo siento. Me equivoqué. ¿Podrías perdonarme?» debe ser un estribillo conocido en nuestros propios labios, que nuestros hijos oigan con frecuencia.

Como afirmé, esto es trabajo duro. En cada hogar ubicado en el planeta Tierra, el orgullo y la deshonestidad son maestros implacables. Acusamos a otros mientras nos ocultamos detrás de nuestra fachada, actuando como si nunca hiciéramos tal cosa.

Hace varios años, la creativa actriz y escritora cristiana Nicole Johnson escribió una obra dramática llamada *The Ledger People* [La gente que lleva cuentas], en que un esposo y una esposa llevan libros de cuentas adondequiera que van. Cuando alguien en la casa, generalmente un cónyuge, hace algo malo, el cónyuge ofendido saca el libro de cuentas y hace una anotación. «Eso te costará cinco puntos», chasquea. La obra, tanto estrambótica como divertidísima, estaba llena de verdad aleccionadora.

Nuestra tendencia natural es mantener registros: pasar por alto lo bueno, pero usar tinta indeleble para registrar ofensas y calificar fechorías de los demás con más dureza de lo que queremos que nos califiquen.

> Porque como la altura de los cielos sobre la tierra,
> Engrandeció su misericordia sobre los que le temen.
> Cuanto está lejos el oriente del occidente,
> Hizo alejar de nosotros nuestras rebeliones.
> Como el padre se compadece de los hijos,
> Se compadece Jehová de los que le temen (Salmos 103:11-13).

La gracia de Dios en tu hogar significa que ya no hay libros de cuentas. Por difícil que sea comprender esto, el Creador del universo oye nuestra confesión y perdona nuestros pecados, colocándolos en un lugar tan profundo que nadie los puede encontrar. Él no lleva registro. No lleva libro de cuentas. Es más, Él *perdona* las cuentas.

> Cuando hay arrepentimiento auténtico, el perdón sigue como un bálsamo curativo en una rodilla raspada.

Cuando hay arrepentimiento auténtico, el perdón sigue como un bálsamo curativo en una rodilla raspada.

No hay en la Biblia una imagen más impresionante del perdón que la del padre del hijo pródigo abrazando amorosamente al muchacho que una vez fuera insolente. El joven había dilapidado su herencia, la cual el padre le dio a regañadientes. Luego el insensato se llevó el dinero y lo desperdició en vino, mujeres y fiestas. Sin embargo, pronto se quedó sin dinero y sin amigos. Encontró un trabajo alimentando cerdos. En su desesperación, el hijo empezó a anhelar su hogar. Así que regresó a su padre, con un discurso bien ensayado.

El hijo manifestó: «Padre, he pecado contra el cielo y contra ti, y ya no soy digno de ser llamado tu hijo» (Lucas 15:21). Estas palabras revelaban los sentimientos del fugitivo. El padre, quien en la historia representa a Jesús mismo, había perdonado al hijo antes que este lo pidiera. El arrepentimiento del fugitivo y la contrición completa fueron satisfechos con el abrazo total del padre, y siguió una celebración: «Sacad el mejor vestido, y vestidle; y poned un anillo en su mano, y calzado en sus pies. Y traed el becerro gordo y matadlo, y comamos y hagamos fiesta; porque este mi hijo muerto era, y ha revivido; se había perdido, y es hallado. Y comenzaron a regocijarse» (vv. 22-24).

La historia del hijo pródigo también incluye el relato de su hermano mayor. Puesto que no había tomado la herencia de su padre ni había desperdiciado nada, este hijo modelo sentía que el patriarca de la familia debió haberlo tratado con más favor. Por supuesto.

Mira, tomé lecciones de piano. Recuerdo cómo aprendimos las notas en las líneas de la clave de sol: Los pollitos dicen pío, pío, pío.

Trabajo duro. Magníficas recompensas. Apoyo eso.

Por desgracia, debemos regresar al granjero, ¿no es verdad? El hermano mayor fue un fiel trabajador de todo el día. Su hermano menor llegó a trabajar mucho después. Pero el amor del padre era igual para ambos. Eso es gracia.

Intelectualmente tú y yo entendemos por completo este concepto. Incluso podemos asentir mientras lo leemos en un libro. Pero cuando participamos en una situación en que parece que a otros les han dado un premio que francamente creemos que merecíamos, alzamos nuestro dedo arrogante y declaramos que eso «no es justo». Cuando nos han ofendido, parece imposible conceder perdón. Cuando *nos* han pillado con las manos en la masa, arrepentirse requiere increíble valor. Cuando confesamos: «Cariño, hice una tontería, te defraudé», y pedimos perdón: «Sé que tal vez prefieras no hacerlo, pero ¿me perdonarías por volver a llegar tarde?», estamos lanzándonos en la misericordia de aquel a quien ofendimos. Nuestro orgullo quedará totalmente destrozado en el proceso. Esto no es algo agradable, pero está bien.

> Aplicar arrepentimiento y perdón en nuestros hogares es un trabajo difícil y agotador.

Aplicar arrepentimiento y perdón en nuestros hogares es un trabajo difícil y agotador. Pero la fiesta de gracia que sigue promete ser más divertida que nunca.

GRATITUD

Los padres siempre han tratado de hacer que sus hijos pequeños digan: «Gracias». Esta es una respuesta importante a la gracia.

Cuando los padres cavernícolas les mostraban a sus bebés trozos de cuero de tiranosaurio para morderlos, los ocultaban y les preguntaban: «¿Mwrofun du bleem swarphut?» («¿Cómo se dice?»).

A lo cual los niños contestaban de manera obediente: «Blarchenkine twim» («Gracias»).

Entonces los padres daban suaves palmaditas en la cabeza a sus inexpertos hijos y les pasaban el cuero.

Y todo padre ha hecho lo mismo desde entonces.

¿Por qué? Enseñar a nuestros hijos a ser agradecidos es prioridad en la lista de los padres de «cosas que mis hijos absolutamente deben aprender». No tenemos ningún interés en criar pequeños sinvergüenzas antipáticos que crean que el mundo les debe algo.

Es probable que tus padres tuvieran la misma inclinación. Los míos indudablemente así actuaron, pero ser agradecido sigue siendo un enorme reto para mí.

Cuando abrí los ojos esta mañana y miré el reloj en la mesita de noche, no agradecí de inmediato por una buena noche de sueño y la oportunidad de vivir otro día, pero debí haberlo hecho.

Estoy vivo. Tengo mucho qué hacer. Estas son dos buenas razones para estar agradecido.

Luego vino el calor de nuestra casa. En comparación con el frío de afuera, adentro había un calorcito de veintiún grados Celsius. ¿Pensé siquiera en eso? No. Pero fue algo que pude haber agradecido hoy.

Allí estuvo el panecillo inglés que puse en la tostadora y gelatina fría de la nevera… Veamos, comida y electricidad cada vez que las necesito. Cuando me cepillé los dientes, había agua corriente.

Al poco tiempo oí las pisadas de mi esposa. Tengo una esposa (un motivo para estar agradecido), quien también pasó bien la noche (otro motivo).

—Hola, cariño —me saludó.

—Hola, mi amor —le devolví el saludo.

Ella me ama y tiene un esposo que también la ama. *Gracias. Gracias.* Dos razones más para estar agradecido.

A solo treinta minutos en mi privilegiado día no me había dado cuenta de que tenía realmente mucho por qué agradecer. Mañana por la mañana lo haré mejor.

Un hogar cristiano donde habita la gracia es una casa donde las personas son agradecidas, un lugar donde no pasa desapercibida ninguna abundancia sencilla. Una actitud de agradecimiento es magia pura en tu casa. He aquí algunas ideas de cómo puedes empezar a rociar algo de esta magia.

> Una actitud de agradecimiento es magia pura en tu casa.

Simplemente dilo

En el capítulo 5 hablaremos más del poder de las palabras expresadas, pero déjame al menos mencionar la importancia de pronunciar la palabra *gracias*.

Y esta es la fabulosa idea «pequeña»: no te pilles pensando únicamente: *qué gran día* o *amo a mi familia*. No dejes duda de que estás agradecido. *Pronuncia las palabras.*

Símbolos esporádicos de gratitud

Puedes convertir cosas y acontecimientos comunes en oportunidades para expresar agradecimiento. Eso es lo que manifestaba la vida de mi madre (la persona llamada Grace).

Un día, hace muchos años, esta persona llamada Grace encontró una cucharilla en una tienda de antigüedades.

Mis hermanos y yo la llamamos la «cuchara nueva», aunque es probable que fuera forjada durante la administración Hoover. La cuchara no coincidía con nuestros cubiertos del diario, pero ese era el propósito. A veces, cuando nos sentábamos a cenar en familia, uno de nosotros notaba que colocada en su puesto estaba esa cuchara que no coincidía al lado del cuchillo. «Tengo la cuchara nueva», anunciaba la persona, sosteniéndola en alto como si fuera la Copa Mundial.

Esto le daba a Grace una oportunidad de explicar al resto de la familia por qué estaba especialmente agradecida por quien poseía la cuchara. Ejemplo: Ken, el hermano a mi lado, pudo haberse ofrecido a poner la mesa, a hacer su tarea sin que se lo pidieran o a realizar una de sus legendarias buenas acciones.[3]

Esa ridícula cuchara nueva era un símbolo del agradecimiento de nuestra madre por algo que habíamos hecho en el curso normal de nuestros días. Era algo sumamente motivador. La gratitud hace eso.

Notas de agradecimiento

He escrito acerca de esto en otras partes, pero merece una mención rápida. Dejar a alguien una nota de agradecimiento después que haya hecho algo por ti, grande o pequeño, puede ser un gesto muy importante.

Aunque he hecho lo posible por mantenerme haciendo esto, he perdido muchas oportunidades de poner mi agradecimiento por escrito. Desde luego, el correo electrónico nos brinda una oportunidad de treinta segundos y los mensajes de texto nos ofrecen una oportunidad de diez segundos para expresar gratitud. A pesar de que esto es mejor que pasar completamente por alto la buena obra, siempre soy un fanático mayor de las notas de agradecimiento escritas a mano.

Principalmente por la influencia de Bobbie, nuestra familia ha metido notas de agradecimiento en almohadas, loncheras escolares, entre la ropa interior en una maleta de viajero, o en un adhesivo en el volante. Esto se ha vuelto una fantástica tradición. Cuando comencé a salir con Nancy DeMoss en el 2015, rápidamente se hizo evidente que ella también era una incansable remitente de notas escritas de agradecimiento. Tal vez el Señor está ansioso de que yo no olvide este tierno hábito.

No, oficialmente no llevamos registro de quién escribe notas de agradecimiento y quién no (recuerda la conversación del libro de cuentas), pero he oído que los amigos pueden dividirse en dos grupos: los que envían notas de agradecimiento y los que no lo hacen. Quiero estar en el primer grupo. Tú y tus hijos pueden ser de los que las escriben. Toma unos minutos ponerlas por escrito.

Una sensación de asombro

Esto es más difícil de definir, pero permíteme presentarlo porque podría ser el más importante de todos. Vivir con agradecimiento en tu casa significa algo acerca del modo en que identificas sitios favoritos de Internet en tu computadora o sintonizas tu espíritu como un radio preseleccionado en tu estación favorita. Es una actitud de humildad en la que, como la Biblia dice, consideras «a los demás como superiores a» ti mismo (Filipenses 2:3).

He mencionado los efectos venenosos del cinismo y el sarcasmo; una sensación de asombro es el polo opuesto a estos.

Cuando me presenté ante mi madre con un trabajo que yo había hecho en la escuela primaria y ella lo agarró como si fuera una obra de arte, *esa es* la sensación de asombro de la que estoy hablando. Cuando uno de tus hijos trata de agradarte con un acto independiente de servicio, elógialo por el esfuerzo sincero; no señales cómo pudo haber hecho un mejor trabajo, al menos no de inmediato.

> He mencionado los efectos venenosos del cinismo y el sarcasmo; una sensación de asombro es el polo opuesto a estos.

Esto me recuerda el momento que Julie, quien probablemente tenía trece años, trató de sorprenderme cortando el césped mientras me hallaba fuera de la ciudad en viaje de negocios. Al meter el auto en el camino de ingreso a la casa, las líneas torcidas y los grumos de hierba cortada me advirtieron que una adolescente había causado estragos en mi césped que, por lo general, tenía apariencia perfecta.

Entré en la casa y llamé a Julie. No estaba. Así que me puse ropa de trabajo y salí a «arreglar» mi césped. Lo que no sabía era que Julie estaba directamente al otro lado de la calle, cuidando a los hijos de los vecinos. Cuando ella oyó la segadora, salió, miró hacia afuera y me vio volviendo a segar nuestro césped. Atravesó la calle con lágrimas bajándole por el rostro.

En un momento en que mi corazón primero debió haberse llenado de gratitud, salieron a relucir tanto mi espíritu crítico como el perfeccionista que llevo dentro. Es una lástima haber perdido una oportunidad de celebrar. Allí no hubo sensación de asombro.

Sin duda te han invitado a cenas para recaudar fondos con el pretexto de una «comida gratis con una mesa de amigos». Bobbie y yo fuimos invitados a una de esas: un ministerio de recaudación de fondos de un fin de semana con «todos los gastos pagados» junto a cuatrocientos de nuestros amigos más cercanos. Nos pudieron haber alojado en un hotel barato porque, después de todo, la gente del ministerio estaba pagando la cuenta. Pero la invitación fue al Ritz-Carlton en Puerto Rico. Y desde el viernes por la tarde, cuando las llantas del avión hicieron chirriar nuestra bienvenida a San Juan, hasta que despegamos el domingo por la tarde, fuimos tratados a todo lujo por cuenta de alguien más.

Aunque sabíamos que en la noche del sábado se iba a hacer un pedido oficial de fondos, no nos importó en absoluto. Todo el fin de semana estuvo lleno de una sensación de asombro. Y cuando nos topamos con nuestro anfitrión, el finado D. D. Davis, supe que él pudo ver nuestra auténtica gratitud por su generosidad. Y este espíritu humilde nos llenó aun de más gozo.

Dios es el misericordioso anfitrión en tu hogar cristiano. Tal como prometió, Él ha provisto para cada una de tus necesidades. Empezando contigo, el padre que vive en tu casa, tu actitud debería ser de asombro y agradecimiento.

La gratitud es asunto serio

Algunas personas, sin duda ni tú ni yo, podrían considerar una conversación acerca de la gratitud en nuestros hogares como si habláramos de decorar con cojines o de la potencia favorita en vatios de las bombillas en nuestras lámparas: algo agradable, pero no tan fundamental para nuestro bienestar.

Quizá deberías prepararte para esto, pero cuando el apóstol Pablo identificó a los sujetos impíos e injustos como objeto de la indignación y del castigo divino, en la lista que identificaba los pecados atroces cometidos incluyó a quienes no «le dieron gracias» a Dios (Romanos 1:21).

> Tanto tú como yo podríamos no considerar como *pecado* al hecho de *no* ser agradecidos. Según parece Dios no lo ve de ese modo.

Tanto tú como yo podríamos no considerar como *pecado* al hecho de *no* ser agradecidos. Según parece Dios no lo ve de ese modo.

Cuando Pablo escribía una carta a los amigos en Tesalónica, resumió lo que se necesita para vivir de acuerdo con la voluntad de Dios. Escucha esto: «Estad siempre gozosos. Orad sin cesar. *Dad gracias en todo*, porque esta es la voluntad de Dios para con vosotros en Cristo Jesús» (1 Tesalonicenses 5:16-18).

Habrá ocasiones en que no estarás seguro de dónde quiere Dios que vayas y momentos en que no estarás seguro respecto a lo que quiere que hagas. Pero ser agradecido no puede incluirse en la lista de incertidumbres.

Las pistas de prueba en Detroit dan a los fabricantes de autos una oportunidad de ver lo que sus autos nuevos pueden hacer bajo condiciones seguras. Las cocinas de prueba en las plantas procesadoras de alimentos hacen lo mismo bajo cuidadosa supervisión. Los hogares cristianos, lugares de gracia, son terrenos de prueba para el agradecimiento.

TERNURA

Otra expresión de la gracia en tu hogar incluye ternura.

Recordarás que en el capítulo anterior leímos el pasaje de Efesios: «Sean bondadosos y compasivos unos con otros, y perdónense mutuamente, así como Dios los perdonó a ustedes en Cristo» (Efesios 4:32, NVI).

Hemos hablado de arrepentimiento y perdón como ejemplos de gracia, pero Pablo también nos anima a ser «bondadosos y compasivos unos con otros». Literalmente la frase significa «untar con afecto interior». ¿No es esa una fabulosa descripción gráfica?

Si te has detenido en tu auto en un semáforo directamente detrás de dos tortolitos adolescentes, seguramente sabes cómo es el afecto exterior. La ternura puede incluir toques suaves, pero en lugar de abrazar y besar, debemos cubrirnos interiormente unos a otros con dulzura tal como haríamos con la gelatina de uva en esa mañana de panecillos ingleses.

Debido a que frecuentemente viajo por avión, a menudo me siento al lado de extraños. Uno de mis iniciadores favoritos de conversación es: «Hábleme de su familia». Una vez que mi amigo de tres horas contesta mi petición, por lo general le da la vuelta: «¿Y cómo es *su* familia?». Entonces agarro mi teléfono celular (en modo avión, desde luego) y deslizo las fotos dentro de mi álbum para que vea a mi esposa, mis hijas y mis nietos. A medida que describo cada miembro de la familia a mi compañero de avión, me siento inexorablemente atraído por estas personas que amo. Aunque estemos a kilómetros de distancia, mi corazón literalmente se acelera un poco cuando miro las imágenes de sus rostros y me doy cuenta de cuán bendecido soy con cada una de ellas.

Ternura no es emoción espontánea; es premeditada... *de eso* es lo que estoy hablando. Los pensamientos de amor acerca de tu familia cuando estás lejos te preparan para ser tierno o de buen corazón con ellos al llegar a casa.

La actitud del padre del pródigo hacia su hijo que regresaba no se formó el momento en que lo vio a la distancia caminando por el sendero que llevaba a casa. El amor y el anhelo del padre hacia el rebelde muchacho estaban firmemente en su lugar incluso mientras el joven desperdiciaba su herencia. El padre había soñado con el momento en que abrazara al hijo. Luego, cuando llegó la oportunidad, hubo algo maravillosamente conocido respecto a la experiencia.

No sorprende que la ternura de nuestro Padre celestial hacia nosotros sus hijos sea exactamente así: planeada por adelantado y deliberada. «Dios muestra su amor para con nosotros, en que siendo aún pecadores, Cristo murió por nosotros» (Romanos 5:8). ¿Lo ves ahí? Por desordenadas que sean nuestras vidas, el amor que Dios nos tiene es completo y está en su lugar antes que llegáramos a Él con fe. Dios no espera a ver si nuestra actividad es suficientemente limpia como para justificar su amor. Ya ha tomado la decisión de amarnos.

Acuérdate, oh Jehová, de tus piedades y de tus misericordias,
Que son perpetuas (Salmos 25:6).

Otra vez. La piedad de Dios es mejor que una antigüedad invaluable. Ha estado allí desde que comenzó el tiempo.

A mediados de los ochenta, el doctor Denis Waitley desarrolló la idea de «repetición instantánea». Por supuesto, ya que tú y yo vemos deportes por televisión, sabemos qué es la *repetición* instantánea. Una vez que algo espectacular ocurre en la cancha podemos volver a verlo, a menudo desde ángulos diferentes y en cámara lenta. Esto nos brinda una oportunidad de tener una visión realmente cercana de la jugada.

Al ser asesor de atletas olímpicos y campeones del Súper Tazón, Denis tuvo la grandiosa idea de que podemos prepararnos para lo que nos espera ajustándonos mental y emocionalmente. Hace muchos años me gustaba ver a Dwight Stones, el gran saltador, prepararse para saltar sobre la barra.[4] Cuando él estaba al final de la pista, la cámara de televisión hacía una toma del rostro del saltador. Antes de dar realmente un solo paso, Dwight asentía mientras se «veía» dando cada zancada y luego saltando con éxito sobre la barra. En realidad antes de dar un solo paso repasaba esta práctica en su mente.

Denis Waitley y Dwight Stones sabían cómo premeditar lo que estaban a punto de hacer, para que cuando les llegara el momento de *hacer* realmente lo que estaban planeando, tuvieran alguna experiencia a su haber.

La ternura es una cualidad que preparas *antes* de estar con tu cónyuge y tus hijos. Reafirma por adelantado lo que te encanta respecto a las personas en tu hogar. Reproduce un abrazo tierno y tiernas palabras a cada una de ellas. Piensa: *¿Cómo puedo ser tan afortunado?* Entonces, cuando estés realmente con tu familia, la presentación corresponde con lo que has preparado. Incluso cuando las circunstancias exigen dureza, tu espíritu es de disciplina en amor, de la cual hablaremos más en el capítulo 8, y no de venganza.

GENEROSIDAD

Otra imagen de la gracia en tu hogar es el espíritu de generosidad. Llámala una *mentalidad de abundancia*. Si estás a punto de pagar tu cuenta en un restaurante, es la *propina*… una palabra excelente de gracia, especialmente si eres de los que dejan buenas propinas.

Llámela como la llames, tu hogar es el mejor lugar para practicar generosidad. Pero esta expresión de gracia no viene de manera natural.

Pon algunos niños pequeños en el mismo salón con un montón de seductores juguetes por ahí. En minutos oirás unos pequeñines gritando. Y ya sabes por qué están gritando, ¿verdad?

—¡Ese es mío!

—No, ¡es mío!

—*¡Es mío! ¡Waaaaa!*

Corres a tratar de calmar a los frenéticos niños y, en medio del ruido, intentas enseñarles algo. «Ese es el dinosaurio de María». Usas tu mejor diplomacia. «Encontremos algo más con qué jugar». A continuación resumes con una declaración que es profunda más allá de tu comprensión inmediata: «Hay muchos juguetes para todos».

Sin saberlo, has resumido la razón de la generosidad en tu hogar. Hay muchos juguetes para todos. Y sin importar dónde te ubiques en la escala económica, esto es cierto en tu vida, ¿no es así? *Muchos* juguetes.

Cuando crecía en casa de mis padres, no recuerdo una sola charla sobre la generosidad. Papá nunca convocó una reunión del ayuntamiento de la ciudad para adoptar las virtudes de dar. Lo único que él y mi madre hicieron fue vivirla. Mis hermanos y yo sabíamos esto porque, como hacen todos los hijos, poníamos atención a lo que ellos hacían con *sus* cosas.

En la iglesia nunca vi que le pasaran a mi padre una bandeja de ofrendas sin que sacara algo de su billetera. Aunque estuviéramos de vacaciones, visitando un lugar distinto a nuestra iglesia local, papá siempre ponía algo adentro. Él pudo habernos exhortado sobre la importancia de la mayordomía, pero lo único que hizo fue mostrárnosla. El mensaje llegó.

Ya he mencionado cómo mi madre era generosa con su afecto, pero alimentó más invitados que algunos de los restaurantes en la ciudad. En el periódico buscaba nuevas recetas que pudiera hacer con su presupuesto. De vez en cuando hacía saber a su familia que no había suficiente de cierta entrada, así que susurraba a uno de nosotros: «LFP en frijoles tiernos». En silencio transmitíamos su mensaje a nuestros hermanos, sabiendo que significaba «la familia poco»: tomar solo algunos fríjoles para que los invitados pudieran tener bastante. Lo importante era que la abundancia en nuestra mesa de comedor hacía sentir bienvenidas a las personas en nuestra casa.

Jesús lo dijo mejor: «Más bienaventurado es dar que recibir» (Hechos

20:35).[5] Papá y mamá habrían modificado esto ligeramente: «Más divertido es dar que recibir».

Como adulto sabes que esto es verdad. Tus recuerdos más felices de Navidad desde que creciste son probablemente aquellos caracterizados por lo que diste, no por lo que recibiste.

¿No nos gusta ver a nuestros hijos «obtener lo que les damos» cuando de generosidad se trata? Hace muchas navidades, una joven madre contó a su grupo de oración que uno de sus momentos más felices fue cuando su bebita caminó hasta la escena del pesebre exhibida en la sala y le pasó su chupete favorito al bebé Jesús.

«Más divertido es dar que recibir».

«No creo que ella hubiera entendido cuando estaba diciéndole que debíamos dar a Jesús nuestros regalos de amor —comentó la mujer—. Fue maravilloso que nuestra pequeña captara la idea y la tradujera en entregar su posesión más apreciada».

Un hogar cristiano es un lugar en que la puerta está abierta a invitados, donde al menos diez por ciento de tus ingresos se invierten en tu iglesia o en otros ministerios dignos y donde las personas están dispuestas a compartir sus juguetes.

Llena tu hogar cristiano, el lugar más importante de la tierra, con arrepentimiento y perdón, agradecimiento, ternura y generosidad.

Sublime gracia.

5

EL PODER DE LAS PALABRAS, PRIMERA PARTE

Balas de verdad en casa

No estoy seguro de quién nos lo contó, pero a finales de la década de los ochenta, nuestra familia se topó con la película *Los tres amigos*. Si quieres una experiencia intelectualmente estimulante, no es esta. Pero si buscas reír, esto funcionará. La historia se centra en tres hombres: Dusty Bottoms (Chevy Chase), Lucky Day (Steve Martin) y Ned Nederlander (Martin Short), que son miembros de un grupo de actores y cantantes de estilo mexicano-occidental llamado los Tres Amigos. En sus películas, estos tres realizan grandes actos de valentía, cantando a su paso al atardecer después de otra acción heroica.

Pero la fantasía y la realidad tienen un choque frontal cuando un pequeño pueblo en el sureste llama a estos hombres para que salven a la población del despiadado, temido y sumamente feo El Guapo. Los ciudadanos creen que están consiguiendo hombres valientes que los salven. Los Tres Amigos creen que van a un concierto de canto y baile.

Finalmente, los Tres Amigos se enfrentan con El Guapo y su banda de matones despiadados, temidos e igualmente feos (¿dónde *consiguieron* estos actores?). Uno de los hombres de El Guapo extrae su revólver y le dispara a Dusty, derribándolo del caballo. Por suerte, la bala solamente le roza el hombro, pero cuando Dusty se pone de pie y descubre lo que ha sucedido, pronuncia las inmortales palabras que nuestra familia ha adoptado como propias: «¡Vaya! ¡Balas de verdad!».

En el mundo de los Tres Amigos, todo era falso. La ropa era de utilería. La decoración era una fachada. La vida estaba totalmente sincronizada y los chicos malos solo eran actores. Pero cuando enfrentaron la realidad, a un auténtico delincuente, descubrieron que las armas de este no estaban cargadas con cartuchos de fogueo.

Lo que quiero decir con «adoptado» es que, desde la primera vez que vimos la película, hemos usado esta expresión para describir el poder de las palabras.

Cuando se pronuncian palabras, estas siempre son reales. Las palabras nunca son cartuchos de fogueo. Son balas de verdad y su efecto es absoluto. Todas las veces.

> Las palabras nunca son cartuchos de fogueo. Son balas de verdad y su efecto es absoluto. Todas las veces.

PALABRAS AL AZAR

Me hallaba en el supermercado del vecindario revisando mi lista para estar seguro de que no había olvidado nada cuando oí la conmoción. Una madre frustrada en la fila para pagar estaba haciendo todo lo posible por guardar la compostura. Sentado en el carrito de compras, su hijito estaba agarrando chicles, caramelos, revistas, baterías y todo lo que se hallaba a su alcance. La madre le rogaba que se detuviera. «No, Michael, no vamos a comprar ningún caramelo; no necesitamos baterías; mamá tiene muchas revistas. Por favor, obedéceme. Por favor».

Entonces ella añadió algo que hizo sonreír a todos los escuchas de la patética escena. «¿Por qué no creces? —se quejó—. ¿*Cuándo* exactamente vas a crecer?».

Ah, el poder de las palabras pronunciadas al azar. (Michael *crecerá*, mamá. Tardará algunos años, pero finalmente sucederá).

Hablando de palabras al azar, he aquí algunas que podrías reconocer:

«Inocente, su Señoría».
«El cheque está en el correo».
«No hay cargos ocultos».
«Estaré en casa a las seis en punto».

Tú y yo podríamos sonreír por causa de algunas de estas afirmaciones y promesas, pero no hay nada cómico en ellas. ¿Por qué? Porque son palabras verdaderas con significados verdaderos. Pueden haber sido pronunciadas de forma hipócrita o como táctica dilatoria, pero transmiten promesas. Tienen significados. Aunque fueran dichas como municiones de fogueo, se reciben como si fueran reales.

Cuando se han pronunciado palabras, queremos la verdad. Cuando la exactitud juega un papel secundario ante el oportunismo, la conveniencia o arrebatos ridículos, tú y yo somos los perdedores.

Tu casa, tu hogar cristiano, debe ser diferente a eso. Debe ser un lugar de palabras verdaderas. Palabras exactas. Tu hogar tiene que ser un lugar en que las personas traten las palabras como algo valioso y apreciado… y sus habitantes deben pronunciarlas de manera precisa.

Jesús resumió de este modo lo que estoy afirmando: «Sea vuestro hablar: Sí, sí; no, no; porque lo que es más de esto, de mal procede» (Mateo 5:37). Piensa en vivir en un hogar donde «haré eso por ti» y «estaré pronto en casa» signifiquen exactamente eso. Todas las veces.

Desde luego, la influencia de las palabras va todo el camino de vuelta a tu infancia. Tu actitud hacia las palabras y los hábitos que estas forman en tu hogar empiezan con la familia en que te criaste. La gente en círculos profesionales se refiere a esto como resultado de tu «familia de origen». Por ejemplo, si tus padres incumplían a menudo promesas verbales, creyendo que estaban disparando balas de fogueo, o decían cosas que realmente no querían decir, entonces fue solo natural para ti captar ese patrón.

No es divertido vivir en un lugar en que las palabras se lanzan a la ligera como bolas de goma. No se tiene ningún resultado deseado. Ningún significado veraz. Pero para los destinatarios de estas palabras, estas siempre son verdaderas. Así que digamos que te casaste con alguien cuya familia de origen le enseñó a guiñar el ojo ante la fidelidad de las palabras. Y supongamos que, por el contrario, tus padres trataban las palabras del modo en que Jesús amonestó. La palabra de cada uno era su propio lazo. ¡Estarían gestándose problemas en tu casa!

> Las bocas son armas cargadas y las palabras que pronuncias pueden ser letales.

En el capítulo 7 hablaremos de la necesidad de reír en tu hogar, pero las promesas incumplidas y tratar las palabras como algo sin valor no son asunto de risa. Las bocas son armas cargadas y las palabras que pronuncias pueden ser letales.

Según tú y yo sabemos demasiado bien, la no utilización de palabras para decir la verdad ha traído mucha angustia a las personas. Toma por ejemplo el papá de Bobbie.

ALGO TERRIBLE HA SUCEDIDO

Cuando el doctor Raymond Gardner, mi finado suegro, era adolescente, aprendió una dura lección respecto a las palabras. Tanto el padre como la madre de Raymond, al igual que la mayoría en su generación, eran sensatos cuando se trataba de la importancia de las palabras verídicas. Una tarde, mientras el padre de Raymond estaba fuera de la ciudad, la madre le dijo al chico que no podía salir con sus amigos. Sin concluir las tareas, no habría socialización.

El joven le dijo a su madre que obedecería, entonces fue a su alcoba y de inmediato salió por la ventana para encontrarse con sus amigos en la pista comunitaria de patinaje.

Debido a que el padre de Raymond estaba fuera y su madre no tenía licencia de conducir, el joven dedujo que podría eludir las consecuencias de su desobediencia. Este fue un grave error de cálculo. Sospechosa acerca del silencio en el cuarto de Raymond, su madre revisó, solo para descubrir que estaba vacío. Rápidamente se puso el abrigo y el sombrero, llamó a una vecina y pidió que la llevara al pueblo para buscar a su hijo. Ella imaginó que él se había escapado a la pista de patinaje.

La música del órgano tocaba ruidosamente mientras Raymond daba vueltas. Para su total consternación, allí en la tribuna de visitantes divisó a una mujer que se parecía a su madre. Efectivamente, *era* su madre. Lo peor es que ella tenía mirada de pánico, no de enfado, en el rostro. Mientras corría hacia su madre, una combinación de vergüenza y temor inundaba el corazón de Raymond. Cuando llegó donde ella, Velzetta May Gardner le dijo a su hijo en una voz que mostraba terror: «Ven rápido a casa. Algo terrible ha sucedido».

Eso no era lo que Raymond esperaba. El semblante de su madre era tan severo que él estaba seguro de que alguna calamidad había caído sobre su familia, quizá a su padre lo habían asesinado. O a uno de sus hermanos.

Raymond no se despidió de sus amigos. El corazón le palpitaba mientras desataba los cordones de sus patines. *¿Qué pudo haber ocurrido? ¿Qué pudo haber ocurrido?*, repasaba el jovencito asustado una y otra vez.

Ninguno habló en el camino a casa. La vecina dejó a Raymond y a su madre frente a su casa, y los dos se apresuraron a entrar. Raymond se dejó caer sobre una silla en la cocina mientras su madre se quitaba el sombrero y el abrigo. Luego se sentó en una silla frente a su preocupado hijo.

«Algo terrible ha pasado», repitió finalmente. La mujer hizo una pausa y miró al joven a los ojos, asegurándose de que sus próximas palabras se le grabaran para siempre en la memoria. «Mi hijo le ha mentido a su madre», declaró, y cada palabra perforaba el corazón de Raymond. «Mi hijo ha mentido», repitió.

Cuarenta años después oí a mi propio suegro contar esta historia. La voz se le quebraba mientras recordaba los detalles del relato, agradecido porque su madre hubiera creado un momento que sobreviviría durante el resto de la vida: una profunda lección sobre el valor de las palabras y la importancia crítica de que tales palabras fueran veraces.

He participado en decenas de bodas. He oficiado, he fungido como el padrino y he sido un ujier. Y dos veces he tenido la oportunidad de ser el novio. Pero nunca he sido el portador de los anillos. A mi edad, he renunciado a la posibilidad de que me lo pidan.

Debido a que también has estado en muchas bodas, tengo una descripción gráfica para ti, gracias al pequeño niño con la almohadilla.

> Estas palabras deben ser transportadas con el máximo cuidado. Son preciosas. Además son formidables.

Las palabras pronunciadas en tu hogar son tan valiosas como los anillos de boda suavemente ubicados en el centro de la almohadilla, asegurados con cintas de satén. Estas palabras deben ser transportadas con el máximo cuidado. Son preciosas. Además, son formidables.

GRACIAS, SEÑORA HALLEEN

No creo que yo tuviera más de doce años. Todos como familia solíamos esperar en el vestíbulo interior de nuestra iglesia una vez terminado el culto. Saludábamos, especialmente papá y mamá, a las amistades. Mis hermanos y yo ansiábamos ir a casa.

En medio de mi impaciencia oí algo que nunca olvidaré. Mi madre conversaba con su amiga, Romaine Halleen. Como esposa del señor Harold Halleen, presidente del banco y destacado líder en la comunidad, la señora Halleen era una de las damas más elegantes del pueblo. A menudo su casa era el lugar de reunión de las mujeres de los periodistas locales donde se hacían almuerzos con raros cristales, plata y mantelería, con cobertura en la sección «Vida» del periódico.

«Tu Robert es un joven muy especial», le dijo Romaine Halleen a mi madre. Ninguna de las dos señoras tenía la menor idea de que yo estaba escuchando. «Si yo fuera joven —añadió la señora Halleen—, sin duda no lo perdería de vista».

Hasta ese momento ni siquiera sabía que esta importante mujer supiera mi nombre. Ella le decía a mi madre que yo era un diamante. Puedo prometerte que, como preadolescente difícil, nunca habría incluido las palabras «muy especial» en mi propia lista de cualidades personales. Fueron solo algunas palabras sencillas pronunciadas por una mujer que ni siquiera sabía que estaba escuchándola, pero ese momento quedó soldado para siempre en mi memoria.

Podrías tener una historia como esta. De ser así, sabes exactamente de qué estoy hablando.

Mi propia madre recuerda a la señora Katherine Rettew, su maestra de segundo grado. Puesto que la señora Rettew iba a la misma iglesia que mamá y su familia, también pudo ver crecer a la pequeña Grace. Cuando mi madre tenía dieciséis años, se sentía muy inferior a su hermana mayor, Mary, quien era la mejor en todo desde lo académico hasta cazar chicos. Ese fue el año en que la mejor amiga de mi madre, Elizabeth Engle, dijo algo que ella nunca olvidaría: «La señora Rettew me dijo —informó Elizabeth a mi madre—, que cree que Grace Dourte es una chica agradable».

Eso fue todo: «Grace es una chica agradable».

En una conversación con ella, algunos años antes de su muerte, esta madre de seis, abuela de veinte y bisabuela de decenas de niños, me volvió a decir que este fue uno de los momentos más importantes de formación de carácter en su vida.

¿Te imaginas que algo tan simple podría ser tan profundo? Desde luego que sí. Este es otro ejemplo de la repercusión indeleble de las palabras.

El apóstol Santiago también tuvo algo que decir acerca del poder de las palabras dichas.

> Si alguno no ofende en *palabra*, éste es varón perfecto, capaz también de refrenar todo el cuerpo. He aquí nosotros ponemos freno en la boca de los caballos para que nos obedezcan, y dirigimos así todo su cuerpo. Mirad también las naves; aunque tan grandes, y llevadas de impetuosos vientos, son gobernadas con un muy pequeño timón por donde el que las gobierna quiere. *Así también la lengua es un miembro pequeño, pero se jacta de grandes cosas* (Santiago 3:2-5).

Solo para que no perdiéramos la perspectiva, Santiago comparó la lengua, el semillero de las palabras, con el freno en la boca de un caballo o con el timón de un barco grande. Un pequeño giro aquí, una vuelta más allá y todo cambia.

PAPÁ ACONSEJA SOBRE GOLF

Aunque papá disfrutaba realmente jugando golf, no era alguien que le gustara dar instrucciones a nadie sobre su juego. *Poco convencional* describiría con certeza la manera en que golpeaba la pelota. Pero un día, hace varios años, le dio una gran lección a su nieto… y a su hijo.

Papá y mamá estaban visitando Kansas City, donde vivían mi hermano Dan y su esposa Mary. Era verano, y por supuesto que papá empacó sus palos de golf.

Una cálida tarde, Dan, junto con sus dos hijos adolescentes Andrew y Erik, llevaron a papá («papito» para los nietos) a un juego de golf. Según me lo describiera Dan, Erik era excelente. Sus golpes eran rectos y daban en el blanco, sus tiros de aproximación exactos y su colocación precisa.

Pero Andrew estaba luchando. Un tiro era bueno, pero el siguiente caía en pastos altos. Un golpe iba a dar cerca de la bandera, pero el próximo iba a parar alocadamente varios metros más allá del hoyo. Enfocado en el mal desempeño de su hijo, Dan proporcionaba mucha asesoría no solicitada. Andrew no se divertía.

«Más lento cuando vayas a golpear —aconsejaba Dan—. Mantén la cabeza baja, hijo». Hoyo tras hoyo, la frustración entre padre e hijo aumentaba. Papá estaba callado pero no aislado. Dan se daba cuenta de que papá estaba poniendo mucha atención. Como una ardilla en busca de un espacio para cruzar una transitada autopista, mi padre esperaba para hacer su jugada.

Los hombres estaban en el décimo *green*. Ya que la pelota de Andrew era la que más lejos se hallaba del hoyo, era el primero en golpear. La instrucción de Dan no había dado ningún resultado deseado, así que se quedó en silencio, cuidando el banderín. Ya no tenía nada que decirle a su frustrado hijo.

Andrew alineó cuidadosamente su golpe corto, luego se inclinó, listo para lanzar hacia la bandera. Se preparó para recibir otro consejo de su padre.

«Vamos, Andrew —lo animó esta vez papá con voz tan fuerte como para ser oída pero bastante suave para que fuera directamente al corazón del adolescente; entonces añadió esperando levantarle el ánimo—. Puedes hacerlo».

El joven dudó por un momento, luego golpeó con confianza la pelota. Esta alcanzó la pendiente del *green* y se inclinó a la izquierda, tal como él había planeado. ¡Ruido sordo! La pelota cayó directo en el hoyo… «justo en el centro», como dirían los comentaristas de televisión.

El adolescente levantó los brazos, celebrando su mejor golpe del día. Corrió directo hacia su abuelo para festejar. Hasta su hermano menor se unió a la celebración. Pero su papá se quedó sin habla a pocos pasos del jolgorio.

«Yo le había dado todo tipo de instrucción que sabía dar —me dijo Dan—. Pero había olvidado pronunciar palabras de ánimo».

Mi hermano me contó esta historia en el segundo aniversario de la muerte de nuestro padre. Sus ojos estaban húmedos con lágrimas de agradecimiento mientras recordaba la inolvidable lección que papá le había enseñado acerca del poder de las palabras.

> «Yo le había dado todo tipo de instrucción que sabía dar. Pero había olvidado pronunciar palabras de ánimo».

Panal de miel son los dichos suaves; suavidad al alma y medicina para los huesos (Proverbios 16:24).

EL LADO OSCURO DE LAS PALABRAS

«Palos y piedras pueden romperme los huesos, ¡pero las palabras nunca me harán daño!».

Aún puedo oír a chicos en el vecindario de mi infancia gritándose esto entre sí a fin de neutralizar algo desagradable que se dijeran. Pero tú y yo sabemos que ninguna mentira más grande se ha repetido alguna vez. Las palabras pueden hacer daño… y lo hacen.

¿Recuerdas el pequeño timón y el gran barco?

Katherine Rettew y Romaine Halleen influyeron en mamá y en mí con sus palabras. Pero simples palabras también tienen el poder de destruir. En el capítulo 1 mencioné a Bill Glass y su ministerio a prisioneros, y cuántos de estos tuvieron padres que les dijeron que «irían a parar a un lugar como este».

Tengo un amigo que ha pasado años en terapia tratando con desesperación de vencer una acusación mordaz de un maestro de primer grado: «Nunca vas a hacer algo por ti mismo». Como un surco profundo en un camino pantanoso o en el protector de pantalla en tu laptop, estas son las palabras que le vienen cuando enfrenta una incertidumbre o un fracaso.

Desde luego, tú y yo nunca diremos a nuestros hijos que crecerán para convertirse en fracasados. Nuestras «profecías» vienen en formas más sutiles.

ERES…

Tuvimos una regla en casa de que nadie podía terminar «Eres» con palabras despectivas. Por ejemplo, cuando alguien interrumpía una conversación, tratábamos de no decir: «Eres muy grosero». Más bien decíamos: «Lo siento, no es buena educación interrumpir. Por favor, espera hasta que yo termine de hablar y luego contestaré tu inquietud». Es la diferencia entre una acusación y una corrección.

Podrías cuestionar: «Vamos. No tengo tiempo para eso. Estoy acostumbrado a ser sincero. En nuestra casa vamos al grano».

Está bien, pero recuerda que las palabras, incluso insignificantes, tienen increíble poder y acabas de decirle a tu hijo que *es* grosero. Has usado una palabra que tiene la potencialidad de sentenciarlo de forma inconsciente a usar un manto de grosería. No se trata de munición de fogueo. Es una bala de verdad.

Si tu hijo escucha lo que has dicho y que te escuche es lo que *quieres* que haga, ahora tiene una excusa legítima para seguir siendo desconsiderado. La persona más importante del mundo, tú, acabas de decirle que *es* grosero. Tu hijo razona: *Las palabras desagradables vienen de gente grosera. Por tanto, ¿qué más puedo esperar de mí mismo?*

He aquí algunos otros ejemplos:

Situación	Acusación inadecuada	Corrección adecuada
Tener la habitación desarreglada	Eres un desastre.	Tu cuarto se ve desarreglado.
Hablar con voz muy alta	Siempre estás gritando.	Esa no es la manera de hablar.
No mirar a las personas cuando están hablando	¿Por qué eres tan tímido?	Mira, por favor, a quien te está hablando. Esto lo hace sentir especial.
Usar ropa desaliñada	Eres muy desaliñado.	Esa vestimenta no es adecuada. Cámbiate, por favor, de ropa.
Atrapar a tu hijo mintiendo	Eres un mentiroso.	Eso no fue lo que sucedió.

Tal vez ya hayas pensado en esto, pero al mirar esta lista queda claro *por qué* usamos acusaciones. Son mucho más fuertes que las correcciones. Queremos influir cuando corregimos a nuestros hijos, así que decidimos soltar bombas «Eres».

Cuando nos casamos, Bobbie y yo descubrimos el terrible poder de la palabra «Eres». De modo que establecimos nuestro propio acuerdo de la Convención de Ginebra para las palabras que nos dijéramos.[1] Por ejemplo, debido a nuestro trato, yo no diría: «Eres perezosa» o «Eres exactamente como tu madre». Estas palabras eran dañinas, convirtiendo a menudo una creciente discusión en una guerra total. Y ella no podía llamarme insensible, perfeccionista, ambicioso, germánico, este… captas la idea.

Te animo a considerar el mismo tipo de suspensión de acusaciones «Eres» en tu hogar.

Verás lo que quiero decir.

AVALES

Me fascina que las frases sencillas que Romaine Halleen y Katherine Rettew comentaron en realidad no nos las expresaran *a* mí ni a mi madre. Realmente fueron dichas *acerca de* mí y de mamá.

He pasado la mayor parte de mi carrera en el negocio de publicación de libros. Una de las cosas que aprendí desde el principio fue el poder de un aval de terceros. El autor de un libro puede pavonearse en entrevistas diciéndole a todo el mundo que su libro es fantástico, pero cuando alguien más declara: «Oye, este *es* realmente un libro fabuloso», hay más credibilidad.

Romaine Halleen le dijo a mamá que creía que yo era especial. Lo irónico es que tal vez esto influyó más en mí que si la señora Halleen me lo hubiera dicho directamente. Por alguna razón, fue más auténtico. Lo mismo sucedió con las palabras de la señora Rettew respecto a la joven Grace.

Imagínate siendo Carlitos de ocho años, en cama tarde una noche. Tu papá y tu mamá están en la habitación próxima y puedes oír que hablan.

«¿Sabes? —declara tu padre—. He estado pensando en Carlitos».

Se te paran las orejas. Puedes sentir cómo tu corazón empieza a latir. Te preguntas: *¿Qué irá a decir papá acerca de mí?*

Él continúa: «No podría estar más orgulloso de nuestro hijo. Qué chico tan especial es. Precisamente hoy…».

Durante los siguientes minutos oyes que tu papá dice cosas buenas respecto a ti. Y aunque no está hablándote, su «aval» tiene un efecto profundo. Acostado allí en la oscuridad, rebosas de inspiración. No hay manera de describir lo bien que se siente este momento.

Cuando mis hijas eran pequeñas, siempre tratábamos de decir a otros cosas buenas acerca de ellas, incluso cuando las niñas no estaban cerca. Y las animamos a hacer lo mismo una con otra. ¿Puedes imaginar la repercusión de oír que tu hermano estuvo alabándote?

En realidad, uno de los modos en que animamos a nuestros hijos hacia buenas actitudes y buen comportamiento es avalarlos delante de otros niños. Podrías decirle a tu hijo: «¿Notaste cómo Jennifer dispuso la mesa sin que su madre se lo pidiera? Qué ayudante tan buena es ella».

Acabas de darle a tu hijo algo específico con que puede complacerte. Y lo has hecho sin lamentarte hasta la saciedad en cuanto a la necesidad de buenos modales.

Hay algo crítico para recordar acerca de estos tipos de avales: nunca hables de las buenas cualidades de otro niño en aspectos que tu hijo nunca podría lograr. «Ese niño que está allí es muy alto y es muy bien parecido». «¿No tiene un hermoso cabello rubio esa chica sentada en primera fila?».

Aunque nunca puedan decírtelo con palabras, tu hijo chaparro y tu hija de cabello castaño pueden quedar abatidos por tales avales irrealizables.

ÉL Y ELLA

Hace mucho tiempo, Bobbie y yo salimos a cenar con una pareja que tenía varios años más de casados que nosotros. A pesar de conocerlos por varios años, no los veíamos muy a menudo. Durante el tiempo que compartimos juntos, algo me llamó la atención. No le dije nada a Bobbie al respecto hasta más tarde esa noche cuando estuvimos solos.

«¿Notaste que cuando Harold y Anne hablan uno del otro no usan sus nombres? —comenté—. No me acuerdo una sola vez que Anne se refiriera a su esposo como Harold o que él se refiriera a su esposa como Anne. Toda la noche el trato fue: "Él hizo esto" y "ella dijo tal cosa"».

Bobbie pensó por un momento y luego estuvo de acuerdo en que esto fue lo que habían hecho. También notó lo distante que parecía tal situación. Luego ambos recordamos que uno de nuestros compromisos acerca de las palabras en nuestro hogar cuando nuestras hijas eran pequeñas fue esto mismo. En la mesa del comedor, cuando una de las niñas tenía una queja contra su hermana, no era aceptable que dijera: «ella dijo esto» o «ella hizo tal cosa».

La condescendencia tácita de evitar el nombre de una persona era innegable. Alguien que ha sido relegado a un pronombre ha perdido algo. Cuando había una discusión acerca de una hermana, tenía que decirse: «Missy dijo esto» o «Julie hizo aquello».

> Alguien que ha sido relegado a un pronombre ha perdido algo.

Esto daba a la acusada una oportunidad de explicar sin perder la dignidad. Después de todo, ¿qué clase de derechos tiene un *él* o *ella* genéricos?

Una vez más, podrían acusarme de hacer alboroto de nada. Alguien podría cuestionar: *¿Ahora qué... pronombres? ¿No estás yendo demasiado lejos con este asunto de las palabras?* Quizá sí. Quizá no. Pruébalo tú mismo y saca la conclusión.

Hace miles de años, el rey Salomón dijo sobre el valor de las palabras:

> Manzana de oro con figuras de plata
> Es la palabra dicha como conviene (Proverbios 25:11).

Tan brillante como era con las palabras, fue como si Salomón estuviera totalmente desconcertado con el inestimable valor de cada una, usando las imágenes *tanto* del oro como de la plata para remarcar el valor de las palabras en casa.

UN HÁBITO DE LAS BUENAS PALABRAS

Antes de dejar el tema de las palabras en tu casa, permíteme añadir otra idea. Poner un valor enaltecido en el poder de las palabras y usar prudentemente este poder solo es parte del panorama. Tal vez desees comenzar a crear proactivamente algunas tradiciones de palabras habladas, algunas que pronuncias cada vez que surgen las mismas situaciones.

Epítetos alegres

Es fácil utilizar las palabras más sencillas para adjuntar a los nombres de tus hijos, dándoles una imagen de lo que ellos son... o podrían ser. Por ejemplo, siempre me he preguntado cómo el chico llamado Alejandro se convirtió en el hombre más poderoso tres siglos antes de Cristo. Lo que *realmente* me asombra es quién le dio el apodo (epíteto) de «Magno» y qué tipo de influencia tuvo esto en él. Supongo que no se necesita ninguna conjetura.

Cada mañana, cuando tus hijos pasan a la cocina para desayunar, tienes una oportunidad de darles algunos epítetos alegres. Tienes la misma oportunidad cuando los recoges de la escuela o les hablas por teléfono.

Un verano, nuestra nieta Abby vino a visitarnos a Bobbie y a mí en Florida. Bobbie quiso enseñarle esa semana uno de los antiguos himnos de nuestra fe. Hicieron un buen juego del himno aprendiendo versículos mientras comían, jugaban y nadaban. Cada mañana, cuando Abby bajaba las escaleras para desayunar, yo oía a Bobbie diciéndole: «Buenos días, Abby. ¿Cómo está mi feliz cantora de himnos?».

Nuestra hija Missy ha estado haciendo esto durante años. «Buenos días, Luke —la oíamos decir cuando la visitamos—. ¿Cómo está mi campeón?». Cuando Isaac entra a la cocina, oímos que le dice: «Buenos días, sol».

A Abby le encantan los himnos, Luke es todo un jugador de básquetbol e Isaac sonríe día y noche. Lo único que su madre hace es pronunciar las palabras. Al ser tan poderosas, las palabras hacen el resto.

No olvides, eres un Tassy

Christopher Tassy está casado con mi hija Julie. Con la ascendencia caribeña de él, la frase «El chico jugará fútbol» muy bien pudo habérsele añadido al anuncio del médico: «Es niño». Su padre Jean-Arnaud, conocido por «Tass» y nacido en Haití, estuvo en primera división universitaria estadounidense por su habilidad en el campo de fútbol y es un entrenador muy condecorado del equipo de fútbol en la Universidad de Buffalo.

Tanto Christopher como su hermano mayor Jake siguieron su ejemplo como jugadores estadounidenses de fútbol. Desde que jugaron su primer partido, Tass les dijo lo mismo a sus chicos mientras calentaban para jugar: «No olviden, ustedes son Tassy». Estas son palabras que oyeron vez tras vez.

Esta no era una declaración orgullosa. No había absolutamente ninguna arrogancia. Esa amonestación repetida centenares de veces fue recordatorio perpetuo para Christopher y Jake de ser dignos embajadores de su familia: dar lo mejor de sí, jugar duro y con honorabilidad, y recordar que, debido a que eran cristianos, las personas los veían como seguidores de Jesucristo. No sorprende que ambos hombres maduraran hasta vivir exactamente como habían jugado el partido. Estas palabras que su padre pronunciaba cargaban increíble poder.

¿No eres hijo de Sam?

Muy parecido al recordatorio para Christopher y Jake cuando corrían hacia la cancha de fútbol fue la pregunta de identidad que mis hermanos y yo solíamos obtener cada verano. Ya que papá era ministro, la mayoría de veces nuestras experiencias de campamento de la iglesia incluía tener a papá como uno de los conferencistas de la semana.

Debido a que algunas personas consideraban que había «un fuerte parecido familiar» (como *facsímiles clonados*) entre papá y sus hijos, a menudo (constantemente) oíamos estas palabras: «¿No eres hijo de Sam?».

Durante nuestros años de explorar autoimagen, esta no siempre fue para nosotros una pregunta agradable de oír. Pero la mayoría del tiempo, ya que estábamos orgullosos de nuestro padre, sonreíamos y contestábamos: «Sí, lo soy».

Por supuesto, sabíamos que esta asociación con nuestro padre incluía una seria responsabilidad. La gente veía un mal comportamiento no como «mala conducta de Robert Wolgemuth» sino como «comportamiento insensato del hijo del doctor Samuel Wolgemuth».

No recuerdo que alguna vez papá nos dijera que tuviéramos cuidado porque lo representábamos dondequiera que fuéramos (habría parecido demasiado atrevido que dijera esto). Pero debido a que constantemente nos hacían esta pregunta, de alguna manera *sabíamos* que éramos réplicas en miniatura de nuestro padre. Estas palabras eran poderosos recordatorios de esa realidad.[2]

Que el Señor te bendiga

Aunque nos criamos en iglesias muy informales y no estábamos acostumbrados a la liturgia que muchas iglesias ceremoniales utilizan en sus reuniones de adoración, Bobbie y yo aprendimos y adoptamos un dicho de nuestros amigos más litúrgicos como uno de nuestros rituales familiares. Cuando nos despedíamos por teléfono o dejábamos a las niñas en la escuela, solíamos expresar: «Que el Señor te bendiga».

Este hábito comenzó y se ha mantenido en nuestra familia a través de los años de universidad de nuestras hijas hasta ahora. Sé que no te sorprenderá saber que esta es una bendición que ha existido durante miles de años.

> Jehová habló a Moisés, diciendo: Habla a Aarón y a sus hijos y diles: Así bendeciréis a los hijos de Israel, diciéndoles: Jehová te bendiga, y te guarde; Jehová haga resplandecer su rostro sobre ti, y tenga de ti misericordia; Jehová alce sobre ti su rostro, y ponga en ti paz (Números 6:22-26).

Entonces Dios añadió un conmovedor epílogo a la bendición. Escucha esto: «Y pondrán mi nombre sobre los hijos de Israel, y yo los bendeciré» (v. 27).

Bendice verbalmente a tus hijos con estas palabras que Dios declaró a Moisés. Usa «mi nombre» cuando lo hagas… «y yo los bendeciré».

A veces devolvemos «El Señor te bendiga» con «también a ti». Estas simples palabras pronuncian una bendición profunda.

Regalos de feliz cumpleaños

He aquí una idea para la próxima vez que alguien en tu familia tenga un cumpleaños. Cuando estén sentados en la mesa de comedor, haz que, una a la vez, cada persona le diga a quien cumple años «lo que me gusta de ti». Avísale a tu familia antes de la fiesta para que estén preparados y da a cada uno la oportunidad de hablar, incluso a los más jóvenes en la mesa.

> En la mesa de comedor haz que, una a la vez, cada persona le diga a quien cumple años «lo que me gusta de ti».

Hacer esto tal vez no actúe como sustituto para los presentes reales, pero es una experiencia fantástica. Y al destinatario se le prodigan regalos invaluables de palabras, muchos de los cuales recordará durante toda la vida:

«Me gusta cómo eres y que me des abrazos y me llames "compañero"».
«Realmente me asombra lo duro que trabajas todos los días por nuestra familia».
«Te amo y me gusta que seas tan buen oyente».

Hay quien podría decir que esto en realidad no tiene sentido. «Lo único que estás dando son palabras». Desde luego, esas personas no han considerado lo que tú y yo sabemos que es cierto. Las palabras son poderosas y de incalculable valor.

Hace varios veranos me despertó en medio de la noche un insoportable caso de apendicitis. No soy médico, pero sé dónde está (estaba) mi apéndice. Sentí como si alguien me hubiera clavado allí un punzón.

En pocas horas me hallaba tendido en una camilla de hospital, a solo minutos de dar el día libre a mi inflamado apéndice. Escalofríos me cubrían por completo el cuerpo, no porque estuviera asustado sino porque por alguna razón los hospitales mantienen heladas las áreas alrededor de los quirófanos. Supongo que los gérmenes no se multiplican bien en las refrigeradoras.

Bobbie preguntó a la enfermera preoperatoria si podía traerme una cobija. En un instante regresó con un montón de mantas en brazos.

Aunque esto pasó hace años, aún puedo sentir exactamente cómo fue cuando la mujer comenzó a arroparme con las frazadas. ¿Cómo puedo recordarlo? Porque estas cobijas habían sido almacenadas en un calentador. Estaban tan calientes como tostadas. Tenerlas alrededor de mí fue una sensación increíble. De inmediato mis escalofríos desaparecieron.

Las palabras que ofrecemos como regalos son exactamente como esas mantas calientes. No hay manera de describir adecuadamente lo que hacen por el niño, la niña, el papá o la mamá que cumple años, pero las palabras hacen su propia obra de calentamiento en forma muy hermosa.

La próxima vez que alguien en tu familia cumpla años, trata de darle palabras antes de entregarle los regalos envueltos al festejado. Verás lo que sucede.

Buenas noches, que duermas bien

Cuando nuestros sobrinos Erik y Andrew eran pequeños, sus padres vivían a menos de veinte minutos de distancia. De vez en cuando nos divertíamos teniéndolos durante toda la noche en nuestra casa. Una noche, cuando Bobbie acostaba a Erik, notó que parecía muy triste. En momentos como esos tratábamos de no hacer comentarios acerca de papá y mamá, tales como «Ah, apuesto que extrañas de veras a tus padres». Hasta las niñeras principiantes saben que no deben hacer esto.

Sentada al borde de la cama, Bobbie vio la mirada sombría en el rostro de Erik y, con el tono más tranquilizador de voz, expresó estas palabras: «Me alegra que hayas venido hoy, Erik. La tía Bobbie te ama mucho». Ella miró los ojos de Erik. Sus palabras habían conseguido algo, pero no era lo que esperaba.

Siguieron unos momentos de silencio.

—Tía Bobbie —susurró Erik, tratando sin éxito de que la voz no le temblara.

—Sí, Erik.

—¿Podrías darme por favor un *pensamiento alegre*? Mamá siempre me da un pensamiento alegre antes de acostarme.

¿No es eso brillante? En ese momento, su madre Mary se colocó en lo alto de nuestra lista de «madre inteligente». La mamá de Erik sabía que todo lo que un niño pequeño necesitaba era un puñado de pocas palabras que pudieran recostarse a su lado y consolarlo hasta que se quedara dormido.

Pensamientos alegres de palabras de buenas noches pueden ser: «Hoy alimentaste a Snoopy y él te lamió el rostro porque le gustas», o: «Recuerda que Jesús promete estar toda la noche aquí a tu lado… nunca estarás solo», o: «Si pudiera haber escogido cualquier niña en todo el mundo para que fuera mía, te habría escogido a ti».

La niña de ocho años de nuestra amiga Jessica solía tener sueños feos y aprendió a preguntarle a su mamá al acostarse: «¿Me dirías dos cosas buenas para que yo sueñe?». El día en que habían ido a una granja a recoger algunas fresas, Jessica simplemente declaró: «¿Qué tal fresas para tus sueños esta noche?». Ese pareció ser el truco, junto con un recordatorio de la próxima fiesta de cumpleaños de una amiga.

> Todo lo que un niño pequeño necesitaba era un puñado de pocas palabras que pudieran recostarse a su lado y consolarlo hasta que se quedara dormido.

El apóstol Pablo tuvo la misma idea: verdad, honestidad, justicia, nobleza, pureza, cosas amables, conceptos que vale la pena repetir. Nos recomendó pensar en estas palabras buenas y fuertes (Filipenses 4:8). Acuéstate con palabras como estas girando en tu cabeza.

Palabras como estas le darán a tu hijo una tranquila noche de sueño y confianza para enfrentarse al futuro.

ADVERTENCIA: SIGUE LA DOSIS ADECUADA

Lo que estoy a punto de decir va a ponerme en un casillero con *vejestorios* impreso en lo alto. Puede que nunca pueda gatear, pero estoy dispuesto a ir allí de todos modos.

Uno de los secretos de usar palabras eficazmente con tu familia es darte una oportunidad de utilizarlas. Por favor, sígueme aquí.

Volvamos por un momento a la pequeña casa de Charles y Caroline Ingalls, cuyos moradores hablaban mucho entre sí. En camino a la escuela, montando en el asiento de la carreta para ir por víveres al centro de Walnut Grove o sentados alrededor de la casita, había constante conversación. La razón de que hablaran mucho es muy fácil de imaginar: no había absolutamente nada más que hacer.

Muy bien, ahora transportémonos siglo y medio más tarde hasta hoy. *No hablamos mucho en nuestras casas porque…* adelante, termina la frase.

Así es. No conversamos tanto como las familias solían hacer porque tenemos muchas otras cosas por hacer.

En casa tenemos teléfonos inteligentes, televisores, computadoras, reproductores de discos compactos y juegos de video. Como describí en el capítulo 3 acerca de la visita a la calle de los sueños, muchos de estos aparatos electrónicos están ubicados en habitaciones donde los miembros de nuestras familias pueden disfrutarlos en total aislamiento.

Bueno, he aquí la parte de los vejestorios.

Los aparatos electrónicos pueden ser maravillosos. Realmente lo son. Pero, al igual que las etiquetas de advertencias en la mayoría de medicinas en tu casa, también pueden ser sumamente peligrosos si no se toman en dosis adecuadas. Con esto quiero decir que pueden ser *muy peligrosos para la salud de tu familia*.

> Los aparatos electrónicos... pueden ser *muy peligrosos para la salud de tu familia...* Y cuando no nos relacionamos, no estamos actuando como familia.

La razón debería ser evidente. Estas cosas maravillosas deben usarse con moderación, porque cuando están en uso, *no hablamos unos con otros*. Y cuando no hablamos unos con otros, *no nos relacionamos*. Y cuando no nos relacionamos, no estamos actuando como familia. Además, cuando no actuamos como familia, tenemos un desequilibrio peligroso.

Antes de celebrar su segundo cumpleaños, nuestra nieta Harper se portaba mal casi cada vez que su madre hablaba por teléfono celular. Se quejaba. Hacía travesuras. Atormentaba a su pequeña hermana y la hacía llorar. Lo que frustraba a sus padres era que este comportamiento no era parte del carácter de ella. Un día, Julie, la madre de Harper, lo entendió. Cuando Julie hablaba por teléfono, esto significaba que no estaba disponible para su pequeña. Aunque Harper hubiera estado jugando tranquilamente sola, el momento en que sabía que su madre no estaba disponible, por si acaso *la* necesitara, esto la ponía ansiosa. Por tanto, *actuaba* de manera ansiosa.

Desde luego, no estoy diciendo que el comportamiento de Harper fuera aceptable. Después de todo, cada madre de niño pequeño no tiene más remedio que pasar tiempo en el teléfono. Lo que *estoy* diciendo es que hasta los bebés entienden el efecto aislante de estos aparatos electrónicos en nuestros hogares. Y si no se usan con moderación, los miembros de nuestras familias se alejarán lentamente unos de otros, pasando como solía decirse, como barcos en medio de la noche.

VIAJES EN AUTO

Cuando era niño, al menos el auto era sagrado.[3] Sin duda, teníamos radio, pero solo en AM y la programación de entonces podría describirse mejor como dolorosamente aburrida. Y en viajes largos, las estaciones AM desaparecían cada vez que llegábamos al condado siguiente. Por eso los viajes en auto eran grandes momentos para charlas familiares, juegos, canto y cosas así. Está bien, tienes razón. *También* eran momentos para un poco de conflicto inofensivo («¡Él está en *mi* lado!»), pero al menos nos relacionábamos.

Recuerda tu infancia y los viajes en auto. Como padres, tal vez nos resulte difícil recordar que estamos creando recuerdos, no solo llegando allí (en tiempo récord). La familia de Joni Eareckson Tada hacía recuerdos con melodías: palabras habladas con música.

> Recuerdo los largos viajes en auto con mis padres y tres hermanas recorriendo kilómetros haciendo música. Realmente hacía que el tiempo pasara más rápido. Y desde mi pequeño pedestal sobre la saliente debajo de la ventanilla trasera (mucho antes que se requirieran asientos de seguridad para niños), me llenaba de asombro al divisar las majestuosas Montañas Rocosas que se levantaban sobre el horizonte. Allí es cuando papá comenzaba a cantar «Roca de la eternidad, fuiste abierta para mí» y las niñas coreábamos desde el asiento trasero. Puedo revivir tales momentos de placer cada vez que llevo conmigo uno de esos antiguos favoritos familiares.[4]

Pero ya no.

Bobbie hablaba una vez por teléfono con una vieja amiga de Tennessee. Esta joven madre informaba a Bobbie sobre cómo les estaba yendo a sus hijos, en especial a los que ya iban a la escuela. La madre reportó que debido a que sus hijos iban a una escuela privada, tenían que llevarlos en auto compartido.[5]

Luego le comentó a Bobbie que acababan de comprar una furgoneta nueva con un lector de DVD instalado de fábrica. «Tengo un poco de paz y tranquilidad —declaró—, porque los niños están absortos con sus dibujos animados favoritos durante el camino a la escuela».

Bobbie quedó atónita.

¿No hay conversaciones alegres entre los niños respecto a la escuela? ¿Ninguna oportunidad de orar o de que los padres pronuncien palabras de ánimo para que los niños empiecen bien el día, o un oído escucha a la hora de informar las noticias de un atareado día en la escuela? No. En vez de eso, están los efectos de sonido y la cháchara de alguna animación que llena el espacio aéreo; los sonidos de sartenes golpeando a personas en la cabeza y de personajes hablando con voces que se asemejan a los chirridos de los juguetes de tu perro. ¿Ruidos parlanchines a cambio de este tiempo invaluable con tus hijos? Este es un mal sustituto para algo muy precioso.

Los lectores de DVD en tu furgoneta nueva podrían ser una buena idea si estás conduciendo sin escalas desde Miami hasta Alaska, o en cualquier viaje realmente largo, pero de otra manera, esto es un desastre.

Advertencia: usa precaución extrema cuando operes equipo electrónico.

TELÉFONOS CELULARES... INFERNALES

Lo sé, lo sé. Todo el mundo tiene un teléfono celular. Yo tengo uno. Tú tienes uno. Nuestras hijas, sus esposos y cada uno de sus hijos tienen uno. Y pueden ser fabulosos. Pero a veces nos dejamos llevar por el entusiasmo, ¿no es así?

Una tarde de fin de semana, Bobby y yo conducíamos a casa de nuestros buenos amigos al otro lado de Orlando. Durante ciertas horas del día, nuestra ciudad se jacta de ser el estacionamiento más grande del mundo. Algunos también lo conocen como Interestatal 4. Casi estábamos en la ciudad, andando a menos de diez kilómetros por hora, cuando miramos a nuestra derecha. Allí, en el próximo carril, una mujer conducía un convertible. En la parte de atrás estaba un niño en un asiento de seguridad, lo que significaba que no tenía cinco años de edad. La madre hablaba por celular. Por supuesto, eso no es digno de reportar (a menos que vivas en uno de esos estados donde es ilegal), pero el niño pequeño (no estoy inventando esto) *también* hablaba por celular.

Sé lo que estás pensando. *Relájate, Robert; se trataba de un celular de juguete.* No lo era. Bobbie también lo vio. Conocemos los celulares falsos. Nuestros nietos los tenían cuando eran bebés. Este era un celular *de verdad*. El chico estaba hablando *por celular*. Su *propio* celular. Demasiado para una charla en auto, preciosas palabras, con tu hijo.

Todos hemos visto esto en restaurantes: personas sentadas con sus amigos pero hablando por sus celulares o escribiendo mensajes de texto. Lo hemos visto en las filas de pago en la farmacia de la vecindad: personas paradas frente al cajero mientras este les totaliza la cuenta. Ninguna oportunidad para «¿No es un hermoso día, señor Pérez?». En vez de eso, se oye: «¿Y puedes creer que Carlos y Cecilia se han separado?… Sí, lo sé… Ajá… Él es un granuja, que Dios lo bendiga.[6] Y sus hijos ya son unos mocosos… Ajá… Pero eso no es ni la mitad de todo…».

Un día de estos vamos a ver al señor Pérez caminar hasta el frente del mostrador, agarrar suavemente el teléfono de su cliente, lanzarlo al suelo y aplastarlo hasta que el pedazo más grande sea del tamaño de un grano de arroz. Si yo viera esto, personalmente atestiguaría a su favor cuando lo demandaran.

Advertencia: usa precaución extrema cuando operes equipo electrónico.

EL PORTADOR DE LA ALMOHADILLA CON LOS ANILLOS: REPETICIÓN

¿Recuerdas al niñito que carga los anillos de bodas por el pasillo? Esta es la imagen que debemos conservar en nuestra mente con relación al valor de las palabras. En primer lugar, deben pronunciarse. La ceremonia de bodas no está completa sin ellas. Luego trata estas palabras como lo que son: tesoros. Cada palabra dicha debe ser cierta. Considerada. Precisa.

Los niños en tu hogar cristiano deben experimentar el gran regalo de aprender a usar, y atesorar, palabras de este modo. Deben entender, por tu ejemplo, que las palabras no son municiones de fogueo. No son simple ruido. Las palabras expresadas son poderosas. Penetran corazones. Tienen consecuencias. Su influencia es poderosa.

EL PODER DE LAS PALABRAS, SEGUNDA PARTE

Vitaminas familiares

Este capítulo también trata de palabras habladas. Pero en lugar de incluir el material en el capítulo 5, haciéndolo demasiado largo (a los editores no les gusta eso), decidimos convertirlo en un capítulo aparte.

Hay algo más que debes saber respecto a las palabras. En realidad se trata de *cinco* aspectos más.

En los primeros años, cuando tratábamos de hacer encajar las piezas en nuestro hogar cristiano y convertirlo en un lugar feliz para vivir, a Bobbie y a mí se nos ocurrió una idea, una manera de mantener sana nuestra familia.

La llamamos nuestras vitaminas familiares.

Y FUNCIONAN

En 1978 recibí una llamada de una buena amiga. Más o menos un año antes, Diane había perdido a su esposo. Un año después conoció en nuestra clase de escuela dominical a un hombre soltero llamado Bob, también buen amigo nuestro. Tras un breve cortejo, se casaron y quisieron que yo les ayudara a oficiar la ceremonia.[1]

Aunque había ayudado antes en bodas, esta fue la primera vez en que me hallaba frente a un novio y una novia uniendo a *dos familias* (Diane tenía un hijo y Bob tenía tres) en una familia mixta.

¿Qué podría decir que fuera de ánimo para Diane y Bob, comprensible para sus hijos y en realidad útil en la nueva vida que emprendían?

En mi estudio revisé mi vida como padre y traté de recopilar algo que toda la familia pudiera usar. Entonces se me ocurrió. «¡Las vitaminas familiares! —susurré en voz alta—. Serán perfectas».

Hace diecisiete años, Bob y Diane vinieron a Florida a una reunión empresarial de la compañía de software de Bob.[2] Nos visitaron a Bobbie y a mí. Cuando nos sentamos en nuestra terraza a recordar los años pasados, Diane nos contó que aunque todos los chicos habían crecido, «todavía seguimos usando las vitaminas familiares». Admití que después de casi treinta y cinco años de matrimonio, «nosotros también» las usábamos.

Creo que estas vitaminas son tan importantes para tu familia como lo son para las nuestras. *No* son píldoras que tomas. Son vitaminas que *hablas*: frases poderosas para ti y tu familia. Y vienen con la siguiente garantía: si tú y tu familia empiezan a usarlas en forma regular, los resultados serán profundos y medibles. Esa es una promesa.

Ah, dos recordatorios finales: (1) estas vitaminas deben pronunciarse *todas*. Vitaminas a medias son impotentes y no dan resultado y (2) estas vitaminas deben hablarse con la total atención del destinatario.

> Son vitaminas que *hablas*: frases poderosas para ti y tu familia.

VITAMINA #1: «TE AMO»

Durante mis años de escuela secundaria, cuando trabajaba en DuPage Photo and Hobby Shop, me convertí en experto en tarjetas de felicitación. Hallmark acababa de lanzar su divertidísima línea de tarjetas contemporáneas (en ese tiempo solo veinticinco centavos cada una) y nuestro almacén tenía una fabulosa colección de ellas. Una de mis favoritas tenía un individuo realmente desesperado en el frente con las palabras: «Desde que te fuiste he estado un poco melancólico». En el interior había un tipo sosteniendo un lindo perrito callejero y la inscripción: «Es tan inteligente como los perros y no causa tanto desorden». Me gustaba esa.

Otra tenía una ilustración clásica de una mujer reclinada en un diván. Tenía esa mirada apasionada en el rostro y la tarjeta decía: «Dime por favor esas tres palabras mágicas que he estado anhelando oír de ti». Adentro la tarjeta decía: «Ráscame la espalda».

Esa también me hacía sonreír porque, como sabes, esas *no son* en absoluto las tres palabras mágicas. Las tres palabras mágicas verdaderas son dos: *te amo*.

El efecto de estas palabras es claro para todos. Puedes prender tu televisión y oír a alguien que no para de hablar sobre cuánto *ama* su Toyota. O puedes ir a un evento deportivo y oír a los hinchas gritar y vociferar acerca de cuánto *aman* a los Dodgers.[3]

Puedes oír a una mujer exclamar a su amiga cuánto *ama* esos nuevos zapatos.

Pero no hay nada con qué comparar el poder cuando dos personas se miran románticamente a los ojos y una de ellas dice: «Te amo». O cuando una conversación telefónica con alguien especial termina con «te amo». O cuando dices a tu cónyuge durante la cena o a tu hijo al acostarse, con toda la ternura y la sinceridad que puedes conseguir: «Te amo».

Esta fue nuestra primera vitamina para la vida diaria y aprendimos uno del otro lo maravilloso que puede ser el sonido de estas dos palabras mágicas.

Después de las oraciones a la hora de acostarse y de arropar a nuestras hijas, un beso y un «te amo» garantizaban «consuelo y que sueñes con los angelitos». Es más, aprendimos un final poderoso para añadir a esta vitamina que la hacía aún más dulce: era poner el nombre de la niña al extremo de la etiqueta. «Te amo, *Missy*». «Te amo, *Julie*». Estas palabras nos relacionaban con las almas de nuestras hijas.

> «Te amo»... Estas palabras nos relacionaban con las almas de nuestras hijas.

Recuerda que «te amo» debe expresarse en su totalidad y no cuenta si se entrega a la carrera. Un entrecortado «te amo» gritado por sobre el hombro mientras sales aprisa de la casa con una tostada en una mano y la computadora en la otra, no cuenta. Por supuesto, *es* mejor que «limpia tu habitación» o «no te metas en problemas», pero cuando esta vitamina se expresa en parte o a toda prisa, no califica como vitamina familiar.

Algunas dosis adicionales

Hace muchos años, el austríaco escritor y experto matrimonial Walter Trobisch escribió un libro titulado *Love Is a Feeling to Be Learned* [El amor es un sentimiento que debe aprenderse]. El título lo dice todo, ¿verdad? Años después fue publicado un libro con la misma idea grandiosa oculta en su título: *El amor es una decisión*.[4]

Si dijéramos «te amo» solo cuando a ti y a mí nos recorrieran escalofríos por la columna, como pasó la primera vez que nos tomamos de la mano, casi nunca lo diríamos para nada. ¿Por qué? Porque pasar un día y mucho menos una vida, significa mucho trabajo duro, interrupciones diarias y monotonía: «Limpia el garaje». «Llegas tarde». «¿Qué hay de cenar?». «¿Ya llegamos?». «Oh no, creo que me voy a enfermar».

Agrega a eso: a veces las personas en nuestra familia actúan de tal modo (gimen, discuten, desobedecen, callan, están ausentes) que las hace bastante desagradables.

Los títulos de estos libros nos recuerdan que amar es algo que *decidimos, aprendemos* y en que *trabajamos.* Amar no es algo que esperamos hasta que todo esté en perfecto orden y el sentimiento nos alcance.

«Te amo» significa que, a pesar de las circunstancias, a pesar de lo que ha sucedido, puedes contar conmigo.

Finjamos que tú y yo estamos sentados frente al escritorio del consejero matrimonial más popular de tu ciudad. Le preguntamos al respecto: «¿Cuántas parejas te dicen que sus matrimonios están en problemas porque "en primer lugar nunca nos amamos"?».

> Amar no es algo que esperamos hasta que todo esté en perfecto orden y el sentimiento nos alcance.

El consejero nos ofrece una sonrisa de complicidad y nos dice que muchos, la mayoría, de sus clientes dicen exactamente eso.

¿Están mintiendo esas personas? No. Eso es realmente lo que *sienten.* Pero lo que en realidad están diciendo es: «No tengo el mismo hormigueo que tuve la primera vez que nos vimos… [o] cuando anunciamos nuestro compromiso… [o] cuando nos casamos. Ha pasado tanto tiempo que no recuerdo la última vez que tuve esa sensación».

Después de muchos años de matrimonio con Bobbie, entendemos esto. Pero «te amo» realmente es: «Te amo *de todos modos*». «Te amo *a pesar de*». «Te amo *y eso es definitivo*». Esto es algo que sale tanto de nuestras mentes como de nuestros corazones. Es un sentimiento que debe aprenderse, una decisión consciente que tomamos.

> «Te amo» es la vitamina #1.

Algo más. A veces «te amo» es algo difícil. Por ejemplo: «Te amo tanto como para permitir que te hagas eso… o que nos lo hagas a nosotros… o a nuestra familia». Y por eso le dices la verdad a tu cónyuge o disciplinas a tus hijos *porque* los amas.

«Te amo» es la vitamina #1.

VITAMINA #2: «NECESITO TU AMOR»

Una cosa es decirle a alguien en tu familia que lo amas, pero ¿y si quieres que esa persona te lo diga… y simplemente no lo hace? Esta vitamina solucionará ese problema.

Muy pronto en mi matrimonio con Bobbie aprendí una lección dolorosa acerca de expectativas insatisfechas. No, en realidad aprendí muchas lecciones dolorosas acerca de expectativas insatisfechas.

Por ejemplo, una de las cosas que papá hacía cada año era dar a mi madre algo bonito para Navidad. Solo un regalo y algo *práctico*. De niños observábamos a mamá sacar de la caja una bata de baño o una chaqueta nueva, sostenerla con admiración y manifestar con aprecio: «Oh, Samuel, muchísimas gracias».

Pregunta: ¿Sospechas que entré al matrimonio con expectativas acerca de lo que le agradaría a mi esposa en Navidad?

Por otra parte, el papá de Bobbie le traía a su madre muchos regalos no tan prácticos y exagerados, como un costoso servicio plateado de café o un lujoso convertible nuevo. Regalos que ella no pedía, no esperaba, ni necesitaba particularmente.

Pregunta: ¿Sospechas que Bobbie entró a nuestro matrimonio con expectativas acerca de qué regalos le agradarían en Navidad?

Otro ejemplo: Cuando la familia de Bobbie se hallaba de viaje por carretera, su papá (quien siempre conducía) hacía a un lado el auto familiar para tener diversiones cortas. «Mirador turístico adelante», «Almendras confitadas con nueces en Stuckey's» o «Mercado de pulgas próxima salida» significaban una aventura inmediata. Tenía que ver con salir de la autopista, encontrar un lugar para estacionar y disfrutar. Todas las veces.

Pregunta: ¿Sospechas que Bobbie entró al matrimonio con expectativas acerca de viajes en auto?

Papá consideraba el tiempo ahorrado en viajes por carretera como dinero en el banco. Cada valioso minuto pasado en una gasolinera, como una joya perdida. Si los niños no regresábamos del orinal cuando el tanque estuviera lleno, creíamos que el auto familiar se iría sin nosotros. Esto nunca ocurrió porque nunca nos atrevimos a demorarnos.

Pregunta: ¿Sospechas que entré al matrimonio con expectativas?

Después de algunos años de silenciosa frustración acerca de estas y otras expectativas insatisfechas, Bobbie y yo finalmente hablamos. «Necesito un poco de ayuda en seleccionar regalos de Navidad —admití ante ella—. Estaba seguro de que te gustaría ese secador de pelo. No sabía que te haría llorar. Siento que te fallé el Día de Navidad y necesito ayuda».

Eso le dio a Bobbie más tarde la libertad de decirme: «Me gustaría que nuestros viajes en auto fueran más divertidos. Necesito que te detengas en más paradas de descanso aunque no hagamos un tiempo fabuloso de viaje».

Realmente quería agradar a mi esposa, así que hice caso en esto. Lo hice de veras.

El punto es este: en cada matrimonio y en cada familia, los miembros tienen expectativas, las que a menudo quedan insatisfechas porque nadie las expresa. Así que nos desanimamos y nos preocupamos por el hecho de que nuestros cónyuges, nuestros hijos o nuestros padres no hacen lo que necesitamos que hagan.

«Necesito tu amor» es poner en palabras nuestras expectativas insatisfechas. Es admitir sin vergüenza que nuestra relación es una calle de doble vía. Lo expreso con la confianza de que la persona a quien le hablo me ame y quiera hacer cosas que me hagan feliz.[5]

> «Necesito tu amor» es poner en palabras nuestras expectativas insatisfechas.

Cuando nuestras hijas vivían en casa, una de sus maneras favoritas de tomar la vitamina «necesito tu amor» era pedir un abrazo. Entraban a la cocina o a la sala con los brazos abiertos extendidos hacia Bobbie o hacia mí, y simplemente decían: «Necesito un abrazo».

Siempre las premiábamos con abrazos de oso gratis, sin siquiera un «¿Hay algo que quisieras decirnos?» o «¿Qué quieres ahora?». La habilidad de solicitar abrazos se convirtió en una ayuda de inestimable valor cuando las emociones de preadolescentes y chicas adolescentes producían arrebatos de llanto como «No sé qué me pasa, simplemente tengo ganas de llorar».

No hacíamos preguntas. Tan solo las abrazábamos.

Cuando yo era niño, mi madre me enseñó una forma de comunicar «Necesito tu amor» sin hacer un sonido. Ella lo había aprendido de su madre.

Si estábamos en algún lugar donde conversar era inapropiado (en una reunión de iglesia, por ejemplo), ella me tomaba de la mano. Luego la apretaba cuatro veces. Yo le apretaba la mano a cambio, tres veces. Ella me apretaba dos veces. Y yo terminaba el intercambio sin palabras con un último apretón *realmente grande*.

He aquí la traducción:

«¿Sientes amor por mí?». Cuatro palabras, cuatro apretones.

«Sí, te amo». Tres palabras, tres apretones.

«¿Como cuánto?». Dos apretones.

Un último apretón aplastante. No se necesita explicación.

Algunas dosis adicionales

Hace varios años llamé a uno de mis amigos más cercanos en el mundo. Él vive en otro estado y aunque hemos sido amigos desde la infancia, no somos muy buenos en mantenernos en contacto. Fue fabuloso oír su voz.

Pero a los pocos minutos de estar conversando, me di cuenta de que algo lo atribulaba. «¿Qué pasa?», le pregunté finalmente, ocultando el hecho de que sospechaba que había más que las cuatro derrotas del equipo de los Astros.

Se quedó en silencio por un momento. Entonces me contó que sospechaba que en ese preciso instante su esposa estaba empacando sus cosas en su auto y se iba. La madre de cuatro hijos estaba abandonando el hogar.

Él estaba en lo cierto. Algunas semanas después recibí un correo electrónico de la mujer. Escribió que no tenía una aventura amorosa a corto plazo, pero que se iba para nunca más volver.

Y cumplió esa promesa.

En los años que siguieron, mi amigo y yo hablamos de lo que había sucedido. En toda situación como esta hay muchos problemas complejos y fallas en las dos partes. Uno de los aspectos que fue claro tanto para mí como para él era que la esposa de mi amigo estaba viviendo con un cargamento de expectativas insatisfechas.

Al igual que muchos hombres, mi amigo no fue muy hábil en leer las señales o las insinuaciones sutiles de su esposa; había perdido la mayoría de estas oportunidades de satisfacer las necesidades de ella. Y la mujer se descuidó en expresarle verbalmente sus necesidades y expectativas.

> «Necesito tu amor» es la vitamina #2.

Esta vitamina «necesito tu amor» trata con la osadía de decirles a los seres amados que sus expresiones de amor hacia ti son importantes y de informarles cuál es la mejor manera de transmitir esos sentimientos. Sufrir en silencio o albergar resentimientos no es una opción. No lograrás vivir con esto. Es un riesgo peligroso esperar imprudentemente espontaneidad en que haya correspondencia perfecta.

Tú y tus hijos pueden aprender a verbalizar sus necesidades y pedir ayuda. Si les enseñas a pedir afecto cuando son jóvenes, estás dándoles una herramienta valiosa que les ayudará algún día en sus propios matrimonios.

«Necesito tu amor» es la vitamina #2.

VITAMINA #3: «LO SIENTO, ME EQUIVOQUÉ. ¿PODRÍAS PERDONARME, POR FAVOR?»

Aprieta el puño.

Sí, quiero hacer eso ahora mismo. Adelante, toma una de tus manos y empúñala. Ahora échale una mirada a tu puño e imagina tomar una pastilla de vitamina de ese tamaño.

Al menos para mí, la vitamina #3 puede ser así de difícil de tragar. Es una vitamina de tres capas que debe hablarse en su totalidad.

Por supuesto, tú entiendes el propósito de esta vitamina. Debes expresarla cuando hayas hecho o dicho algo que haya lastimado, ofendido, humillado o enojado a alguien en tu familia. Te han atrapado y debes corregir el asunto.

Mientras los niños juegan en la calle y alguien resulta lastimado, pueden salirse con la suya diciendo: «Lo sieeeento». Pero esto es completamente ineficaz en tu familia. He aquí la razón: A menudo «lo siento» parece una frase trillada que no expresa contrición sincera y no hace nada para provocar una respuesta que aclare las cosas.

Cuando te he hecho algo que debe resolverse, «lo siento» solo es el comienzo. Es importante decirlo, pero no es suficiente dejarlo así. «Lo siento» te dice que si pudiera dar marcha atrás, no haría lo que te molestó. La Biblia llama a esto «arrepentimiento» y significa que deseo dar la vuelta a una nueva hoja, cambiar mi rumbo y volver a empezar.

El problema con solo decir «lo siento» es que es una transacción incompleta. Te he dicho lo que pienso respecto a lo que acabo de hacer, pero nada más.

Si escuchas cuando la gente dice «lo siento», la mayor parte del tiempo oyes: «Ah, está bien» o «No te preocupes por eso». Esto no soluciona el problema. Peor aún, a veces la gente dice «lo siento» en tal forma que pide una disculpa a cambio: «Yo también lo siento».

En ocasiones tu simple disculpa «lo siento» resulta ser de plano: «Ah, no pasó nada».

«Lo siento» necesita algunos acompañantes que lo hagan más eficaz. «Me equivoqué» pronuncia el veredicto donde pertenece: sobre *ti*. Como diría un infractor que se presenta en el juzgado de tráfico y es acusado de exceder el límite de velocidad: «Culpable de todos los cargos, su Señoría». Esto elimina la necesidad de cualquier discusión acerca de quién es responsable por la infracción. No dice: «Lo siento *si* tú lo sientes». Tampoco dice: «Siento que me agarrarán». Ni dice: «Lo siento porque sé que esperas que yo diga "lo siento", pero en realidad *no* lo siento».

> «Me equivoqué» pronuncia el veredicto donde pertenece: sobre *ti*.

«Me equivoqué» añadido a «lo siento» elimina la necesidad de cualquier discusión. No vas a tratar de justificarte, llamándolo accidente o diciendo, como nuestra Julie solía decir cuando era pequeña: «Pero no *quería* hacerlo».

Ahora que te he dicho cómo me siento acerca de lo que he hecho y que he pronunciado juicio sobre mí, es hora de pedir que me liberes de lo que he hecho. La solicitud exacta de esa liberación es agregar: «¿Podrías perdonarme, por favor?». Cuando dices sí a mi pregunta, los antecedentes se limpian. La transacción está completa. Esto anula el mal comportamiento.

Si solo dijera «lo siento», podrías responder: «No te preocupes», aunque hubiera herido de veras tus sentimientos. Aún no es suficientemente bueno.

Si doy el siguiente paso y digo: «Me equivoqué», podrías decir: «Puedes volver a decir eso». Todavía no es suficientemente bueno.

No obstante, si te hago una pregunta que requiere una respuesta («¿Podrías perdonarme?»), me has dado la oportunidad de volver a empezarlo todo. Tú dices sí y podremos continuar.

Si uso esta vitamina y no dices sí a mi pregunta acerca del perdón, sé que aún debo hacer algún trabajo. Sin embargo, esto casi nunca ocurre. Por lo general, las personas son rápidas para perdonar a otros que están arrepentidos de verdad por lo que han hecho.

Algunas dosis adicionales

Algunos de mis amigos más cercanos son abogados. La mayoría de ellos tiene personalidades encantadoras y disfruto montando con ellos en sus nuevos y brillantes Mercedes clase-S. Desde luego, los abogados hacen muchas cosas buenas, como ayudarme con mis documentos de cierre cuando compro una casa, cuando archivo mis documentos de incorporación en el inicio una empresa o cuando redacto mi testamento.

Pero algunos de mis amigos abogados tendrían dificultades para llegar a fin de mes si la gente usara esta vitamina: «Lo siento, me equivoqué. ¿Podrías perdonarme por favor?». En vez de eso, demasiadas personas (los abogados las llaman «clientes») dicen: «Lo sientes; te equivocaste. Te veré en el tribunal».

Cuando vuelvo a pensar en las discusiones que he tenido con mi esposa o con miembros de mi familia, me lleno de desilusión. Si hubiera dicho: «Lo siento, me equivoqué. ¿Podrías perdonarme por favor?», una pelea habría llegado a su fin.

En vez de eso, fui pronto en justificarme, en hacer pasar mi equivocación como un error inocente o en acusar a alguien de ser demasiado sensible, e incluso en sugerir que la persona «supere el asunto». En demasiados casos esta insensatez ha convertido una simple discusión en una guerra total. Mi necio orgullo me ha llevado donde no quería ir. Me avergüenzo.

Recuerdo la sabiduría del doctor Henry Brandt, uno de los pioneros de la consejería matrimonial cristiana. Un día me dijo que había descubierto el secreto de ayudar a esposos y esposas a restaurar sus relaciones destrozadas. Logró esto con una pregunta sencilla tanto al hombre como a la mujer al inicio de sus sesiones de consejería: «¿Qué tienes que confesarle a tu cónyuge?».

Los gruesos muros que separaban a estos dos adversarios comienzan a derrumbarse. Matrimonios empiezan a salvarse.

La vitamina #3 puede sentirse del tamaño de tu puño. A veces podría parecer imposible de tragar. Pero cuando te asfixias, sientes náuseas y finalmente logras hacerlo, grandes cosas ocurrirán en tu familia.

> «Lo siento, me equivoqué. ¿Podrías perdonarme, por favor?» es la vitamina #3.

«Lo siento, me equivoqué. ¿Podrías perdonarme, por favor?» es la vitamina #3.

VITAMINA #4: «¿PUEDO AYUDARTE?»

A veces me imagino en un grupo de recuperación entre amigos.

—Soy Robert —declaro.

—Hola, Robert —todos responden.

—Soy Robert —repito—, y soy perezoso.

Que yo sepa, no hay filiales de Perezosos Anónimos por ahí, pero podría haberlas. Yo pertenecería a este grupo.

Ahora antes de saltar a conclusiones inexactas acerca de mis hábitos laborales, en realidad no estoy hablando de pereza cuando de trabajo se trata. Profesión. Proyecto laboral. Me muevo en estos ambientes y a veces tiendo a trabajar en exceso: adicción al trabajo. *Hay* grupos de recuperación para eso. Esa no es la pereza a la que me refiero.

De lo que hablo es de la tendencia a la pereza que incluye cosas que tienen que ver con la casa. Sé que papá también sufría de esto, por eso es que decía: «Busquen cosas qué hacer» cuando nos veía sin hacer algo productivo. Como te das cuenta ahora que eres padre, a veces revelamos nuestras propias debilidades por el comportamiento errante que centramos en nuestros hijos.

Al ser adulto con esposa y familia, descubrí que puedo trabajar como un mulo en la oficina, en la cancha de ráquetbol o al edificar una cubierta en la parte trasera de la casa, pero cuando es hora de lavar los platos, mi motivación y energía desaparecen de pronto. Padezco letargo severo.

También cuando estoy viendo algo por televisión y me da sed, me siento tentado a gritar hacia la cocina para ver si alguien podría traerme algo de beber.[6] Por eso es que me gusta oír que me digan: «Ah, no seas tonto, yo lavaré los platos» o «Te llevaré un vaso de té helado».

> Trabajar juntos crea una camaradería que no tiene paralelo.

La vitamina #4 es una admisión de que tener una familia de éxito puede significar mucho trabajo. Hay un montón de ropa sucia en el suelo: «¿Puedo ayudarte?». Hay tanta basura en el garaje que apenas hay espacio suficiente para el auto: «¿Puedo ayudarte?». Hay que cambiar el pañal del bebé: «¿Puedo ayudarte?». Hay algo pegajoso en el piso de la cocina: «¿Puedo ayudarte?».

Estas palabras actúan como magia en una familia. Y mejor aún, trabajar juntos crea una camaradería que no tiene paralelo.

Aquí estamos para edificarte

«Oigan, ¡construyamos una casa!».

Las palabras salieron de mi boca sin premeditación ni previsión. Yo dictaba una clase de escuela dominical en nuestra iglesia en Nashville cuando la idea brotó de mi mente como una tormenta inesperada.

«Hemos estado reuniéndonos en esta clase durante muchos años y ha sido fabuloso —manifesté—. Pero creo que es hora de ocuparnos este verano y trabajar juntos en algo especial».

La respuesta fue inmediata y unánime. Alguien se ofreció a contactar la filial local de Hábitat para la Humanidad y, en pocas semanas, nos hallábamos en un lote vacío, el sitio de «nuestra» casa. Hábitat había examinado y calificado a una familia para que viviera en la casa. Ellos estaban allí con nosotros.

El verano en Tennessee puede ser insoportablemente cálido y húmedo. Esta no fue la excepción. Pero a ninguno le importó. Estábamos en una misión y era genial.

Aparecieron voluntarios a montones. Los que no podían martillar trajeron refrescos y sándwiches para almorzar. Ocho semanas después tuvimos una ceremonia de corte de cinta y servicio de dedicación para nuestra casa terminada. Oramos juntos y luego todos intercambiamos lágrimas y abrazos mientras celebrábamos.

Durante años, nuestra experiencia colectiva de «¿Puedo ayudarte?» se convirtió en lo más unificador que nuestra clase de escuela dominical había hecho.

La misma clase de buena voluntad puede darse en tu casa cuando empiezas a pronunciar esta vitamina.

Algunas dosis adicionales

> Un día, la gallinita roja encontró unos granos de trigo.
>
> —¿Quién plantará el trigo —preguntó.
>
> —Yo, no —dijo el pato.
>
> —Yo, nunca —dijo el gato.
>
> —Yo, jamás —dijo el perro.
>
> —Muy bien —dijo la gallinita roja—. Entonces yo lo haré.
>
> Y plantó sus granos de trigo.[7]

Podrías recordar esta historia de tu infancia. Yo sí. Es más, como un niño pequeño extraordinariamente sensible, recuerdo haber sentido mucha pena por la desventurada gallinita roja: tanto por hacer y nadie dispuesto a ayudarla. Hoy día sonrío cuando pienso que tuve compasión de esta avecilla carmesí imaginaria.

Pero en la vida real siento que no es cuestión de risa que nadie esté dispuesto a ayudar con el montón de trabajo que hay en casa. Trabajar sin voluntarios que ayuden hace que las personas se sientan solas. Aisladas. Utilizadas. Y tales sentimientos pueden convertirse en desafortunados arrebatos de ira y frustración, que hacen daño a todos los relacionados.

«¿Puedo ayudarte?» convierte el dolor del arduo trabajo aislado en un equipo deportivo y frágiles solos en un coro de voces fuertes.

Trabajar juntos es una manera poderosa de amarse mutuamente en tu casa.

«¿Puedo ayudarte?» es la vitamina #4.

> «¿Puedo ayudarte?» es la vitamina #4.

VITAMINA #5: «GRACIAS»

Cuando las personas compran un auto nuevo, reciben una lista de características que son «equipamiento de serie». No hay costo adicional por lo básico. Luego enfrentan muchas alternativas (opciones) para conseguir su auto extra especial.

Decir gracias no es una opción. Debe ser equipamiento de serie en nuestro hogar. En el capítulo 4 hablamos del agradecimiento y volveremos a referirnos a este porque es muy importante. La gratitud es una forma de vernos como receptores de bendiciones en lugar de demandantes de derechos. «Gracias» es nuestra manera de hacer saber a los demás que notamos sus esfuerzos. Aunque su trabajo pudiera considerarse algo común, es razón para estar agradecidos.

Limpiar tu cajón de ropa interior y doblar prendas para guardarlas allí. Otro sueldo. Una comida deliciosa. Gasolina en el auto. Un perro bañado. La tarea terminada. Un lavaplatos vacío. Estas y muchas otras que puedes enumerar son buenas razones para agradecer.

Nuestras expresiones regulares de agradecimiento, hasta por las cosas *diarias* que otros hacen por nosotros, las llenan con una sensación de satisfacción y orgullo y mantiene nuestros corazones sensibles y humildes.

> La gratitud es una forma de vernos como receptores de bendiciones en lugar de demandantes de derechos.

«Gracias» es una poderosa vitamina que puede ser maravillosa tanto escrita como hablada. Cuando era niño, mis abuelos paternos siempre metían billetes de cinco dólares en sus tarjetas navideñas para mis hermanos y yo. Recibir este dinero significaba buenas y malas noticias.

Eran buenas debido a lo que yo podía comprar con el dinero. Pero eran malas noticias porque solo se me permitía gastarlo después que hubiera escrito una nota de agradecimiento. Por una razón que sigue siendo un enigma para mí, repudiaba escribir notas de agradecimiento. Desde luego, parte del motivo era la manera en que nuestra abuela nos fastidiaba al respecto.

—¿Recibieron el dinero? —preguntaba ella cada vez que hablábamos después de Navidad.

—Sí, señora —contestábamos con un suspiro.

Esa pregunta era una petición de una nota de agradecimiento que ella merecía, pero su incesante fastidio nos hacía aún más difícil escribirla. No obstante, en última instancia, cedíamos y escribíamos la nota… y gastábamos el dinero.

Muchos años más tarde, cuando me casé, esta misma abuela seguía con sus incómodas notas de agradecimiento. Como un mes después de nuestra boda, Bobbie recibió una carta de su ahora abuela. Abrió la misiva y leyó la simple nota adentro:

> Hola, Bobbie.
>
> Espero que estés bien. En esta parte del país se acostumbra que las novias envíen notas de agradecimiento por los regalos de bodas

que reciben. He hablado con varias personas aquí que tampoco han recibido una de parte tuya.

Atentamente,

Abuela

Adentro había media docena de estampillas de correos de primera clase.

Ni la carta ni el franqueo divirtieron a Bobbie. Pero esto me dio la oportunidad de contar algunas de mis propias historias acerca de mi implacable abuela con la obsesión por las notas de agradecimiento.

Cincuenta años después tengo algo que decir a mi abuela ya fallecida, aunque su táctica salió directo del manual de estrategias de Atila el huno: gracias por fastidiarme acerca de escribir notas de agradecimiento. Tenías razón.

Hace varios años, el destacado escritor de novelas Tom Peters escribió un libro titulado *En busca de la excelencia*. Lo disfruté y me gustaría darte un informe en dos frases sobre lo que aprendí: Escribe notas de agradecimiento. Transformarán tu trabajo en éxito comercial.

Él tiene razón.

En 1994, después de leer el libro de Peters, recordé las amonestaciones sin tacto de mi inexorable abuela. Ordené tarjetas de notas especiales con mi nombre impreso en la parte superior, similares a las que había recibido de algunos amigos atentos y empecé a usarlas para agradecer.

Entonces, una vez durante una clase de escuela dominical, hablé de la importancia de agradecer. Animé a mis amigos en la clase a sacar un pedazo de papel esa tarde y hacer una lista de personas en sus vidas que necesitaban oír o leer la palabra «gracias».

La semana siguiente, el doctor Anderson Spickard me detuvo en mi camino a la iglesia. Tenía un brillo en los ojos, así que supe que iba a hacerme una broma por algo.

Efectivamente.

«Gracias por arruinarme el día el domingo pasado —declaró Andy, tratando sin éxito de hacerme sentir culpable—. Después de almorzar me senté e hice mi lista y me tomó el resto del día hacer mis llamadas telefónicas y escribir mis notas de agradecimiento».

Entonces repitió en broma: «Arruinaste mi día».

Tomando el mismo riesgo que asumí al retar a nuestra clase de escuela dominical ese día, ¿qué pasaría si ahora mismo sacas un pedazo de papel y haces una lista de personas que deban oír gracias de tu parte?

Algunas dosis adicionales

No podría haber emoción más estimulante para quienes viven en tu casa que sentirse apreciados. Y tal vez no haya algo más enriquecedor para tu propio corazón que vivir con agradecimiento.

Las personas que viven en un hogar cristiano pueden experimentar esto en gran medida.

«Gracias» es la vitamina #5.

> «Gracias» es la vitamina #5.

PODRÍAS ESTAR PREGUNTÁNDOTE

Tal como dije desde el principio, a estas sugerencias las hemos llamado vitaminas familiares. He hablado de ellas a muchas personas. Las he presentado diciendo que el propósito de estas vitaminas es mantener saludable a la familia. He bromeado respecto a la realidad de que los paramédicos no llevan vitaminas en los brillantes camiones blancos que pasan como balas en la autopista.

> No podría haber emoción más estimulante para quienes viven en tu casa que sentirse apreciados. Y tal vez no haya algo más enriquecedor para tu propio corazón que vivir con agradecimiento.

«Llevan drogas excelentes como valium, hidroclorotiazida y morfina —solía decir—.[8] Las vitaminas son para la gente sana que quiere mantenerse sana».

Pero he cambiado de opinión acerca de estas vitaminas. Desde luego, son para familias sanas, pero ahora creo que también son para familias en crisis. Obran como una cura milagrosa para clanes traumatizados que estén experimentando dolores graves de pecho o que estén en una zanja a lo largo de algunas autopistas muy transitadas.

Por tanto, aunque las llamamos vitaminas familiares, no son solo una colección de cosas buenas para mantenerte fuerte; también son capaces de salvar la vida de tu familia.

Por eso, he añadido las secciones «Algunas dosis adicionales», para darte una idea del poder de estas vitaminas cuando estás en graves problemas tipo emergencia inminente.

Y no olvides tomarlas todos los días.

7

HAY QUE DIVERTIRSE

La risa, remedio infalible

Cuando hace años los editores de *Selecciones de Reader's Digest* decidieron llamar a su página de humor «La risa, remedio infalible», realmente acertaron. El lugar más importante de la tierra debe incluir este elíxir mágico.

EL HUMOR SALIÓ MAL: EXPOSICIÓN A

Papá estaba en Londres. Tal vez en Singapur o Nueva Delhi. No importa, no se hallaba en casa.[1] Durante esas épocas en que mamá debía dirigir la operación como la única propietaria, mantenía intacta la hora de la cena familiar. No es que ella tuviera mano dura en la situación, pero sabíamos que daría un informe completo cuando papá regresara y no tenía sentido tentar al destino. *Él* era la mano dura que ella necesitaba, aunque no estuviera presente.

Nos hallábamos sentados alrededor de la mesa. Según recuerdo, Ruth, mi hermana mayor, se había ido a la universidad, así que estábamos los cinco con mamá. Sam, mi hermano mayor, era estudiante de secundaria.

Durante una pausa en la conversación, Sam decidió que iba a viajar en la nave Enterprise, e ir a donde ningún hombre había ido antes. Al parecer, él había oído un chiste en la escuela ese día y ya que la broma tenía algo de tema bíblico, creyó que le daría una oportunidad en la cena. Desafortunadamente, además de la cualidad positiva de mencionar *a* un personaje bíblico en el chiste, este habría recibido la clasificación de humor «dudoso». El cual, en las reglas de mis padres, habría sido tan bienvenido como un lobo que viniera a la casa a cuidar los niños.

Iré al grano y diré que más de cuarenta años después, mi hermano aún se arrepiente de haber tomado esta decisión, la cual es casi tan desagradable como la de los japoneses de declararle la guerra a los Estados Unidos o la decisión de los Cachorros de cambiar a Lou Brock por Ernie Broglio.[2]

«¿Qué se estira más, la goma o la piel?». Sam planteó esta pregunta sin siquiera indicar que se trataba de la frase inicial de un chiste. Miramos a Sam, luego unos a otros y después otra vez a él. Alguien debió haberse encogido de hombros porque no recuerdo que alguno de nosotros le respondiera con alguna conjetura.

«La piel se estira más que el caucho», dijo finalmente Sam en respuesta al nervioso silencio que estaba empezando a asentarse en la mesa. En ese momento supimos que él estaba diciendo un chiste, pero algo nos dijo que debíamos hacer cualquier cosa menos soltar la carcajada.

«No es así», cuestionó finalmente mi hermana pequeña no tan ingenua. Debbie no iba a permitir que su hermano mayor se saliera con la suya diciendo algo tan ridículo.

Para entonces las orejas de Sam comenzaban a enrojecer. La expectativa de decir las palabras del chiste en este ambiente debió haber comenzado a obrar en él. La historia parecía muy cómica cuando estaba con sus compañeros en la escuela. Pero al mirar alrededor de la mesa a sus tres hermanos menores, a su hermana menor y a su madre (a miles de kilómetros de su esposo), Sam debió haber concluido que este *no era* el colegio, que estos *no eran* sus amigos y que el momento escogido para contar el chiste *pudo* haber estado un tanto desenfocado. Pero como un avión deslizándose por la pista a velocidad de despegue, Sam había pasado el punto sin retorno.

«Sabemos que la piel se estira más que la goma porque Abraham amarró su asno (sin la ese) a un árbol y caminó sesenta y cinco kilómetros», dijo, buscando orgullosamente un intento de alguna mueca de sonrisa.[3]

Toda sensación de temor que Sam pudo haber tenido antes de contar su chiste en la mesa de comedor se convirtió en pura profecía. Nadie se rio. Es más, todo hicimos exactamente lo mismo: nos volvimos y miramos a nuestra madre.

La mejor manera de describir el rostro de mamá es pedirte que recuerdes la última vez que fuiste bombardeado con una ola completa de intoxicación alimentaria. «Ah, Sam», suspiró ella en el mismo tono de voz que habría usado si él acabara de anunciar su conversión total al Islam. De inmediato mamá se levantó de la mesa y bajó las escaleras para estar sola y recopilar lo que quedaba de sus pensamientos.

Semejante a si estuviéramos viendo un partido de tenis en cámara lenta, una vez que nuestra madre desapareció de la vista, todos nos volvimos lentamente como reflector sobre mi hermano mayor.

Sam no sonreía.

· EL ASUNTO SERIO DE LA RISA

Aunque Sam se equivocó completamente en la selección particular de un chiste en su intento humorístico, sus intenciones fueron valientes. *Teníamos* una familia demasiado seria que necesitaba fuertes dosis de risa. Por ahora sabes lo agradecido que estoy por mis padres y hermanos. Pero alegría *es* algo que quisiera que hubiéramos encontrado más en los primeros años.

Esta fue mi única experiencia de niño y tuve el puro lujo de crecer en un hogar cristiano. Uno de verdad. Sabíamos cómo esforzarnos juntos. Nos sentábamos en la mesa de comedor, participábamos en conversaciones fabulosas y cada vez nos amábamos más sinceramente. Aprendíamos acerca de Dios y leíamos su Palabra como familia. Las vacaciones eran variadas e interesantes.

Sin embargo, con todas estas cosas buenas, hay algo más que ahora creo que es una pieza fundamental del rompecabezas casero cristiano. Se trata del asunto serio de la risa.

No hay duda de que la atmósfera alemana de compostura que pendía sobre nuestro hogar era genética. Aunque mi abuelo materno, Monroe Sharpe Dourte, tenía una gran risa y la utilizó todo el tiempo mientras yo crecía, sus ocho hijos te dirían que rara vez empleó esta característica cuando ellos eran pequeños.

> Hay algo más que ahora creo que es una pieza fundamental del rompecabezas casero cristiano. Se trata del asunto serio de la risa.

Como he mencionado, teníamos gran reverencia por mi abuelo paterno, Graybill G. Wolgemuth,[4] pero ni siquiera en su vejez alguien lo habría acusado en absoluto de ser divertido. Un verano, mi hermano Ken y yo pasamos dos semanas con estos abuelos. El abuelo decidió que necesitábamos algún trabajo a la antigua, como si nuestros padres no hubieran hecho un trabajo bastante bueno de entrenarnos. Así que nos llevó a un huerto de cerezas. Era tiempo de cosecha y el huerto contaba con veintisiete millones de árboles, de los que caían cerezas maduras listas para ser recogidas.

«Pon a estos niños citadinos a trabajar», le ordenó el abuelo al capataz. A partir de ese momento supimos con certeza que el abuelo tendría dificultades en hacer comedia en vivo en el club local. No estaba bromeando y nosotros no estábamos riendo.

Ambos abuelos míos eran segunda generación alemana, lo cual significaba que había alguna salchicha seria metida en su ADN colectivo. Debido a la herencia que compartían, nuestro aprendizaje de reír y disfrutar juntos el lado gracioso de la vida no vino de manera natural. Necesitábamos ayuda y no llegó en un momento demasiado pronto.

ENTRA DANNY

Hoy día, como presidente de un ministerio mundial de jóvenes, él es Dan. Pero si me perdona por usar el diminutivo de su nombre en este contexto, nuestro hermano menor, Danny, era precisamente lo que nuestra familia necesitaba.

En orden de nacimiento, yo fui el número cuatro. Ruth nació en 1941, Sam en 1943, Ken en 1945 y yo en 1948. En 1955, siete años y medio más tarde, mamá dio a luz gemelos. Debbie nació primero y Dan siguió cuatro minutos después.[5]

El último hijo en nacer tuvo una perspectiva de nuestra familia desde un ángulo diferente. Como joven, tenía una disposición feliz. Al igual que una galletita Oreo con doble relleno, Danny estaba cargado de alegría perpetua.

Para cuando pudo montar en bicicleta, Danny me ayudaba temprano en la mañana con mi ruta del *Chicago Tribune*. En medio de oscuridad bajo cero, yo despertaba, tomaba el fardo de periódicos al final de la entrada de mi casa, cortaba el zuncho con alicates, luego me sentaba en el suelo del garaje, doblando cada papel y poniéndole una bandita de goma alrededor. Esto fue mucho antes que las bolsas plásticas se introdujeran en la ruta de periódicos.

Entonces iba a la habitación de Dan y lo despertaba engatusándolo. «Levántate, Danny —le susurraba—, es hora de *tu* ruta». Al principio de mis propios días empresariales había subcontratado ocho casas en el extremo oriente de Elmm Street, entre Gamon y Naperville Roads, como la ruta de periódico de Danny.

Sin excepción, cada vez que lo despertaba, él me sonreía y salía inmediatamente de debajo de las cálidas frazadas. Nunca recuerdo una palabra de queja. Él se ponía calcetines, pantalones vaqueros y sudadera y salíamos juntos.

Imagina el asombro de la gente que vivía en esas ocho casas cuando veían que un muchachito feliz, de no más de cinco años, comenzaba a entregarles sus periódicos de la mañana. Algunas veces salían, aunque era muy temprano y saludaban a este repartidor en miniatura.

En realidad no teníamos que preguntar cuán sorprendidos estaban. Cerca de Navidad, cuando la gente da propina a los repartidores de periódicos, Danny recibía más dinero de esas ocho casas del que yo obtenía de mis 108. Él había llevado felicidad también a esas personas.

NAVIDAD PARA UN INCRÉDULO

En nuestra casa, Papá Noel era sinónimo de Satanás. Todavía puedo oír el chasquido de lengua de mi padre cuando pasábamos por el patio delantero de un vecino y veíamos una de esas réplicas de Papá Noel iluminado por dentro. El hecho de que el muñeco estuviera saludando y sonriéndole ampliamente a papá no cambiaba nada.

Por supuesto, este desprecio por el alegre duende anciano era parte de la leyenda y del adoctrinamiento de papá mientras crecía. El abuelo de papá se había vestido de Papá Noel una víspera de Navidad cuando la mamá de mi padre era pequeña. Esa noche, la casa se les quemó hasta los cimientos. Durante el resto de su vida, el abuelo Wolgemuth consideró eso como el juicio de Dios en la hoguera sobre la familia por «tener a Papá Noel». Y no fue solo mi padre el adiestrado en la historia de pesadilla. Yo la heredé con todo detalle tan pronto como tuve suficiente edad para pronunciar las palabras *Felices Pascuas*.

Por eso nadie ni siquiera mencionaba el nombre Noel en nuestra casa durante las festividades. El individuo con vientre de gelatina y el dedo junto a la nariz era *persona no grata*.[6]

Una mañana de Navidad en que Danny tenía probablemente diez años vimos un sobre sujetado con un clip al árbol de Navidad. No lo descubrimos hasta que estábamos terminando nuestro ritual familiar «de abrir regalos uno a la vez, decentemente y en orden».

Alguien recogió el sobre y se lo pasó a mamá, quien leyó de modo ceremonioso la dedicatoria: «Para Samuel de Papá Noel».

Todos en la sala contuvimos el aliento. *¿Quién hizo esto?*, nos preguntamos colectivamente.

Papá recibió el sobre como si le hubieran pasado un moco recién extraído.

Sacó su navaja (que todo el tiempo guardaba en el bolsillo del frente, incluido el bolsillo de la pijama, creo), cortó el sobre y extrajo un cupón de regalo por un dólar de McDonald's. Titubeando leyó en voz alta: «Para Samuel. Feliz Navidad. De Papá Noel».

Papá miró alrededor de la sala para ver si estábamos escuchando.

Esta historia estaba desarrollándose delante de nuestros ojos.

Había más. Papá leyó: «Considérate afortunado. Normalmente no damos regalos a incrédulos».

Los ojos se le abrieron de par en par. *¿Quién tenía las agallas para hacer esto?* Al instante la sonrisa en su rostro identificó al culpable. Todos los demás estábamos espantados.

Danny, la única persona sobre la corteza terrestre que pudo haberlo hecho y haber vivido para contar la historia, lo había logrado.

En instantes todos estábamos riendo juntos. Incluso papá.

Esto se sintió muy bien.

MI PROPIO DEBUT A CARCAJADAS

Un mes después de la aventura navideña de Dan hice una audaz expedición por mi cuenta a «la tierra del humor». Cada primavera nuestro liceo de la comunidad de Wheaton realizaba una función de variedades y talentos. Se llamaba «Espectáculo de variedades». En mi memoria no estoy seguro de si a alguno de mis hermanos mayores se les permitió asistir a la función, mucho menos participar. Me arriesgué.

Esto fue cuando el brillante comediante llamado Stan Freberg estaba en auge. Sus números los presentaban en la radio y sus álbumes tenían gran éxito en la tienda de discos. Recuerdo haber reído a carcajadas la primera vez que oí una de sus piezas en WLS radio. Era una graciosísima reproducción del cruce de George Washington al Delaware desde el interior del bote de remos. Quedé cautivado.

Una tarde durante el almuerzo pregunté a algunos de mis compañeros si estaban interesados en unirse a mí en memorizar algunas escenas de Stan Freberg y luego hacer una audición para el espectáculo de variedades con una rutina cómica. Ellos creyeron que era una gran idea.

Desde luego, mi siguiente obstáculo era aclarar esto con mi padre. Para mi sorpresa y deleite, no fue tan difícil convencerlo. Estuvo de acuerdo. (Gracias, Danny).

Si puedo decirlo, mi debut como comediante fue perfecto. Mi momento favorito fue representar el papel de Thomas Jefferson.

La escena comenzó con mi amigo Jerry Heslinga (Ben Franklin) entrando por la izquierda del escenario.

—Hola, Tom —me saludó alegremente (Thomas Jefferson). Yo estaba en una mesa en el centro del escenario.

—Ah, hola, Ben —respondí, dejando mi trabajo, levantando la mirada y bajando la pluma.

—¿Qué estás haciendo?

—Escribiendo este ensayo. Lo llamo Declaración de Independencia.

—¿De veras? Déjame verlo —exclamó Benjamín Franklin caminando hacia mi escritorio; luego levantó el pedazo de pergamino en que con letras grandes yo había escrito y comenzó a leer en voz alta y con gran aplomo—. Sostenemos como evidentes por sí mismas dichas verdades: que todos los hombres son creados iguales; que son dotados por su Creador de ciertos derechos inalienables; que entre estos están la Vida, la Libertad y la búsqueda... *¿de la Felicidaf?*

Puse las manos detrás de mi cabeza y me recliné, aprovechando el momento.

—¿Qué *es* esto? —preguntó Ben—. ¿Búsqueda de la Felicidaf? Tu *d* parece *f.*

—Ah, esa es la manera chévere en que hago ahora las cosas —contesté confiadamente.

> Descubrí que yo tenía la habilidad de reír y de hacer reír a los demás. Este fue un momento decisivo en mi vida.

—¿No bromeas? —cuestionó Ben, rascándose la peluca empolvada.

Hicimos cuatro de estas escenas y a la audiencia le encantó cada una. Mi debut cómico fue un éxito. Descubrí que yo tenía la habilidad de reír y de hacer reír a los demás. Este fue un momento decisivo en mi vida.

ENTRA A MI PROPIA FAMILIA

Muchos años después de haber terminado la preparatoria, dejé atrás mi graduación de la universidad y el día de mi boda, y entré a la paternidad. Habían pasado diez años desde mi debut teatral como humorista y dada la sobriedad de la vida (incluso descubrir lo de ser papá y cavar una carrera con las uñas) había olvidado casi todas las lecciones que había aprendido sobre la risa.

Por suerte, había escogido una esposa muy alegre. Y fue su directriz (algo como «vamos, Robert, vas a tener que relajarte») lo que llamó mi atención. Como una vieja carreta de bueyes sobre un camino de tierra, inconscientemente había dejado caer las ruedas en mi herencia genética. Los surcos de mi mente se habían profundizado tanto como los campos arados de papa de mi abuelo.

Recuerdo haber pensado: *Ella tiene razón. Soy aburrido.*

En los años siguientes, con un enfoque decidido reapareció el Robert risueño. Por supuesto, la vida seguía siendo asunto serio, pero no significaba que yo no pudiera jugar al «monstruo en el descansillo», o a las escondidas con las niñas, con todo y gritos y carreras por toda la casa y tumbando algo de vez en cuando. Bobbie debió haberlo pensado bien antes de desafiarme a que me relajara.

Fui a una librería y compré un libro de adivinanzas.

¿Qué es algo rojo que sube y baja?
Un tomate en un ascensor.

¿Qué está en el centro del mar?
La letra A.

¿Cuál es el animal que después de muerto da más vueltas?
El pollo asado.

Compré gafas con el bigote adherido y los puse en el bolsillo una noche cuando salimos a cenar. Después de la bendición, me aparté de la mesa y me puse las gafas. «¿Cómo eshtán?» pregunté mientras me volvía. Las niñas chillaban de alegría.

Incluso acepté ponerme un traje de Papá Noel y recorrer el vecindario después de oscurecer la víspera de Navidad, gritando con todas mis fuerzas: «Jo-jo-jo». Afortunadamente mi abuela no vivía en nuestro barrio.

Ahora que criar nuestra familia está en tiempo pasado, estoy absolutamente convencido de que el humor es parte esencial de un hogar cristiano saludable. El rey Salomón, sin duda el hombre más inteligente que haya respirado, lo dijo así:

El corazón alegre hermosea el rostro;
Mas por el dolor del corazón el espíritu se abate (Proverbios 15:13).

La luz de los ojos alegra el corazón,

Y la buena nueva conforta los huesos (Proverbios 15:30).

El corazón alegre constituye buen remedio (Proverbios 17:22).

Aquí está mi punto: para una familia sana, la risa califica en ella, siendo tan importante como honrarse unos a otros, asistir juntos a la iglesia y participar en conversaciones significativas.

> A menos que hayas nacido con un hueso adicional de la risa, hacer reír en tu hogar va a tener que ser parte de un plan.

Y he aquí otro punto: a menos que hayas nacido con un hueso adicional de la risa, hacer reír en tu hogar va a tener que ser parte de un plan. Por ejemplo, si tú y tu cónyuge son más como yo que como Danny, es hora de hacer algo intencional al respecto.

REGLAS PARA REÍR

¿Necesita reglas la risa?

Podrías estar pensando: *Siempre creí que la risa era algo espontáneo. Se siente un poco difícil* planificar *realmente la diversión y la alegría en nuestra casa.*

Sí, eso es lo que afirmo. Ya que es importante y que quizá no seas un comediante natural, planificar el humor en tu hogar es precisamente lo que debes hacer.

Si eres dueño de un negocio minorista y buscas triunfar, puedes tan solo abrir la puerta principal y esperar que los clientes entren impulsivamente y compren algo. O podrías armar un plan de mercadeo que cree tráfico. ¿Qué estrategia te brinda la mejor oportunidad?

Bobbie llegó un día de su tienda favorita: TJ Maxx. «Sé por qué voy tan a menudo a TJ's —comentó—. Se debe a que me gusta el esfuerzo que los administradores ponen en sus exhibiciones. Cada semana cambian los artículos en la parte delantera del almacén y disfruto mirando toda la mercancía nueva».

¿Gran mercadeo? Sí. Al igual que nuevos artículos esparcidos por toda tu casa para hacerla acogedora y encantadora, algunas adivinanzas alegres y chistes familiares pueden convertirla en un lugar en que tu familia disfrute la vida.

Pues bien, así que si vas a tener un hogar donde haya risas, tendrás que idear un plan. He aquí algunos elementos esenciales para incluir.

128   EL LUGAR MÁS IMPORTANTE DE LA TIERRA

Ríete de ti mismo

Hace siglo y medio un sacerdote francés llamado Henri de Tourville escribió: «Es un hábito excelente reírte interiormente de ti mismo. Esta es la mejor manera de recuperar tu buen humor y sin más ansiedad encontrar a Dios».[7]

Supongo que el reto de reírnos de nosotros mismos ha estado ocurriendo durante mucho tiempo.

Cuando Bobbie me animó a relajarme, esto es lo que estaba realmente diciendo: «Quiero disfrutar en tu presencia. Necesito algunos artículos alegres del escaparate que me atraigan».

Para ser la persona con quien ella quisiera estar tuve que darme cuenta de que la incapacidad de reírme de mí mismo la causan, por lo general, dos cosas. Mi sobriedad enfocada en las tareas a la mano y mi poca disposición de reírme de mis debilidades las ocasionan el trabajo excesivo: mucho que hacer y poco tiempo para hacerlo. Puedes identificar esta condición cuando sientes ese nudo en el estómago, una sensación frenética. Esto en realidad puede hacerte sentir sin aliento.

«¿Por qué acepté un compromiso más?», dices en voz alta. «Nunca terminaré todo», suspiras. «¿Qué me pasa?». Y dejas de reír.

Lo que a menudo sucede es que todos a tu alrededor pagan el precio de tu tensión.

Si alguna vez alguien trató de bromear contigo durante esos momentos de frenesí, sabes lo fracasado que puede sentirse. Además, *él* sabe que no ha tenido éxito porque tú ladrabas o gruñías en respuesta a su alegría.

Cuando Missy estaba comprometida para casarse con Jon, me dio permiso para coordinar las actividades de la boda... tal como Franklin Roosevelt le dio permiso a George Patton para coordinar las actividades militares estadounidenses en el norte de África en 1942.

Dije que ella «me dio permiso», pero en realidad le supliqué el trabajo. Fue vergonzoso. Yo había estado en tantas bodas que habían sido manejadas, en mi opinión desde luego, como patios de recreo de guarderías. Me interesaba tener una boda que rompiera con el espeso almidón de la perfección reglamentada.

A mediados de septiembre de 1994, cuando el cortejo nupcial estaba reuniéndose para el ensayo, una inesperada y gran tormenta resonó en el sur de Nashville. Esta tormenta no estaba en mi programa. Con un relámpago y un gran estruendo, la iglesia se oscureció. Afortunadamente había suficiente luz del día como para que al menos pudiéramos realizar la secuencia procesional. Por desgracia, el órgano en nuestra gran iglesia era eléctrico, no del tipo de pedal, por lo que el ensayo debió continuar sin el himno con sonido de tubos.

Qué gran oportunidad para la diversión. Solo que yo no tenía nada de ella. Yo era el encargado; había planeado cada instante; había impreso un folleto guía que cada participante debía seguir, completo con marcas de tiempo… y estábamos atrasados. Yo debía arreglar ese problema.

Tal como era de esperar en un grupo de veinteañeros, el cortejo nupcial y, si puedo decirlo, el ministro de jóvenes, se pusieron a armar jolgorio, celebrando lo divertido de la silenciosa oscuridad no planeada.

Grité con mi mejor voz: «¿*Podrían callarse* todos por favor?».

En ese momento, la novia, quien también era mi hija, se puso a llorar. Su madre, quien también era mi esposa, trató de consolarla. Yo tenía el mando, de acuerdo. Siguió una hora de disgusto.

> Qué gran oportunidad para la diversión. Solo que yo no tenía nada de ella.

En retrospectiva, culpa mía. Doble vergüenza para mí por tratar de superar la situación con la precisión de los Ángeles Azules a la velocidad del sonido… solo para desanimar los corazones de personas que yo quería agradar sobre todo.

Aprendí esta lección de manera difícil. Y aunque por ahora todo se ha reducido a una divertida tradición familiar, el aguijón del recuerdo y la horrorizada vergüenza de mi hija aún me hacen temblar. La tensión es un gran enemigo de reírte de ti mismo.

Otra razón de que a tipos como yo nos resulte difícil reírnos de nosotros mismos es el orgullo, puro y simple. Si cometo una equivocación, especialmente en público, es mi orgullo el que me impide retroceder y crear un momento de diversión que todos puedan disfrutar, aunque sea a costa *mía*.

Menos de un año después que Bobbie y yo nos mudáramos a Orlando, le pidieron que cantara un solo en los dos cultos de adoración en nuestra iglesia la mañana del domingo. Su primera presentación resultó perfecta. Aunque la he oído cantar cientos de veces, se me hizo un nudo en la garganta cuando cantó «El amor de Dios».

Ansiosamente me volví a sentar en primera fila para la segunda reunión. El organista terminó su introducción musical y Bobbie se acercó al micrófono. Cuando abrió la boca, salió un chirrido glotal que yo jamás había escuchado. Si alguna vez has oído a una ardilla gritándole a su amiga en el árbol siguiente, eso es lo más cerca que puedo describir lo que sucedió al sistema de sonido esa mañana en *la* Primera Iglesia Presbiteriana de Orlando.

En un instante inesperado, Bobbie enfrentó una oportunidad. Si hubiera estado contando con su actuación como una oportunidad de impresionar a mil personas y avanzar en su carrera musical, en lugar de lo que realmente era, una experiencia de servicio y adoración, ella habría quedado en vergüenza. Aplastada por el fracaso.

«Oh, ¡uy!», susurró Bobbie con una sonrisa. Una risita compasiva fluyó de la congregación. Ella se volvió y asintió al organista, quien repitió las últimas notas de introducción. La siguiente vez, la primera nota de Bobbie estuvo de acuerdo con lo previsto y terminó la canción tan hermosamente como en el primer culto.

Quedé asombrado. Una persona orgullosa (nadie me viene a la mente en este instante) pudo haber sido destruida por esto. Pero ya que el corazón de mi esposa estaba lleno de humildad y agradecimiento, no se vio afectada por la metedura de pata... una metedura de pata muy pública.

> Disfrutar una buena risa con una de las personas más extrañas del mundo: tú.

Tu reto como padre es dejar a un lado agendas programadas y la tentación hacia la vergüenza enfocada en sí misma y disfrutar una buena risa con una de las personas más extrañas del mundo: tú.

Extraño... como esto: Hace muchos años estuve solo durante siete días y seis noches mientras Bobbie estaba en Charlotte con nuestras hijas y nietos. Aunque me preparaba al menos una comida decente por día, no prendí el lavaplatos ni una sola vez. ¿Por qué? Reusaba platos y encontré maneras maravillosas de sustituir papel toalla por vajilla. Lo lanzaba a la basura una vez que terminaba y la cocina quedaba limpia otra vez.

He comparado notas con amigos sobre esto y descubrí que muchos hombres hacen lo mismo. Hemos llegado a la conclusión de que nuestras esposas, en la misma situación de estar solas, nunca usarían una toalla de papel en lugar de un plato para un sándwich, un pedazo de pan tostado o una porción de pasta. Nunca.

Mientras yo trabajaba en el manuscrito de la primera edición de este libro, Bobbie entró a mi estudio y me ofreció una rebanada de manzana. Cuando vi cómo sirvió la manzana, me hizo reír. Con un movimiento simple de la muñeca pudo convertir una manzana en un escuadrón desplegado de rebanadas uniformes, como discos de hockey muy delgados. Las rebanadas de manzana estaban cuidadosamente alineadas, como soldados inclinados sobre un plato de cristal. Esto no es algo que yo pensaría alguna vez en hacer, mucho menos hacerlo de veras. Si quiero una manzana, agarro una y la muerdo. (Estoy seguro de que el tendero la lavó bastante bien para quitarle excrementos de gusanos). No ensucio el fregadero, ni un cuchillo, una tabla de cortar o, por amor de Dios, ni un plato de cristal que no se puede arrugar y poner en la basura.

La mayoría de mujeres nunca pensaría en beber directamente del recipiente de jugo de naranja o escupir en el fregadero de la cocina cuando nadie está mirando. Desde luego, mis camaradas masculinos tampoco harían esto *nunca*.

A esto es a lo que me refiero como «extraño».

En una familia y tal vez lo hayas notado por ti mismo, reírse de uno mismo es maravillosamente contagioso. Cuando nuestros hijos observan *nuestra* capacidad de *ser* el peor de nuestros propios chistes y se ríen de nuestras peculiaridades y excentricidades, tienen un modelo a seguir para sí mismos.

Esto da lugar a mucha menos sensibilidad y menos corazones destrozados y estallidos de ira... y más diversión en casa.

Risa casera

Una vez captada la visión de añadir una dosis sólida de risas a nuestras familias, podrías estar tentado (en especial si tiendes más a ser apagado que candente) a tratar exclusivamente de *comprar* risa y diversión en vez de crearlas.

Sí, como mi admisión al principio de haber comprado algunos libros de adivinanzas. Podrías concluir que necesitas algo de ayuda comercial en esto. Pero la mejor clase de risa en tu hogar siempre es la casera.

En nuestra propia casa inventamos «el monstruo que besa viene a buscarte» y el jugar a las escondidas y como abuelo he vuelto a recordar el valor de la risa casera. Observé esto en una visita reciente a la casa de nuestra hija mayor y nuestro yerno. Ellos son estupendos en animar la felicidad casera.

Debido a la construcción de una nueva adición a su casa, había un encantador montón de tierra en el patio trasero. También había una gran colina de grava. Ambas cosas entretenían a los niños y a sus amigos durante horas. Ya que estaba ayudando con la construcción, tuve una vista panorámica de todo ello. En cierto momento mi nieta me llamó orgullosamente y me preguntó si yo estaría interesado en un poco de «pudín de barro» que estaba haciendo en uno de los buenos recipientes grandes de su madre... con el permiso incondicional de mamá.

—¡Ñam, ñam! —exclamé desde la ventana del segundo piso—. Tal vez un poco de eso como almuerzo.

—De acuerdo, abuelo —dijo Abby echándose a reír y siguió revolviendo.

El día anterior nuestras hijas y nuestros nietos se habían reunido con sus buenos amigos, que también tienen hijos pequeños, en un patio local de recreo para toda una tarde de columpiarse, deslizarse y jugar con arena. Diversión casera.

Casi todas las noches entre la cena y la hora del baño, mis yernos pelean rudamente en el piso de la sala con sus hijos. Esto inspira muchas risas y gritos de alegría, así como los previsibles «¡Eh!, ¿qué está pasando allá afuera?» de mamá desde el cuarto contiguo.

Ninguna de estas actividades estaba conectada a tomas de corriente. Ninguna de ellas requería baterías o tenía que volver a ponerse en la caja cuando hubieran terminado.

> Por creativos que puedan ser los juguetes comprados, la risa casera es más divertida que cualquier otra cosa.

Por creativos que puedan ser los juguetes comprados, la risa casera es más divertida que cualquier otra cosa.

Anda y piensa en los momentos más felices de tu propia infancia. Aunque no soy un jugador, estaría dispuesto a apostar que tales aspectos que llegan a tu mente no incluyen mirar una pantalla de televisión o disfrutar algo comprado en el almacén, es decir, algo inventado para darte algún tipo de goce infantil.

La mejor clase de recuerdos felices casi siempre son resultado de juegos creativos e interactivos.

Ríe con tus hijos, nunca de ellos

Antes en este capítulo te conté la amonestación de Bobbie de que me relajara, que me riera de mí mismo. Tú y yo debemos hacer dos cosas que nos permitan ser sujetos de risa. Y nuestro ejemplo también ayuda a los niños a reírse de sus propias tonterías ocasionales.

Pero ten cuidado. Sí, debes reírte de ti mismo. Tus hijos pueden reírse de ti y debes animarlos a reírse de ellos mismos. Pero nunca te rías *de* tus hijos. Ríe *con* ellos.

Podrías estar pensando: *Ah, vamos. ¿No estás poniéndote un poco técnico aquí?*

Cuando Harper, nuestra nieta, tenía un año, Julie le enseñó sonidos de animales. La siguiente vez que Harper y sus padres nos visitaron, Julie dejó que la niña demostrara un poco del alegre juego.

—Harper, ¿cómo hace un pato? —preguntó su orgullosa madre.

—Cuac —contestó Harper con una gran sonrisa en el rostro.

Por supuesto, el abuelito y la abuelita estaban encantados.

La pequeña Harper repasó la lista con sonidos exactos y animados para cada animal. Tuvimos vaca, perro, gato y tigre.

Entonces Julie preparó a Harper para la ocurrencia.

—¿Cómo hace una *ardilla*?

—¡Nueces! —anunció dramáticamente Harper.

Desde luego, todos soltamos una carcajada espontánea. Y Harper estaba emocionada. Podríamos decir que esta no era la primera vez que la pequeña impresionaba a una audiencia. Harper había aprendido algo que en realidad hacía reír a los adultos. La madre de Harper es tan inteligente para saber que cuando un niño puede crear un momento «con risas», este es un poderoso impulso para su confianza.

Sin embargo, ¿qué tal que cuando a ella le preguntaran cómo hace el perro, hubiera contestado «¡muuu!»? ¿Y si hubiéramos reído y realizado un comentario sarcástico? ¿Puedes imaginarte la mirada en el rostro de la criatura mientras su audiencia se burlaba de su error? Presenciaste esto, ¿no es verdad? Has visto cómo burlarse, aunque sin intención de herir, tiene el poder de lastimar y cerrar el espíritu de un niño.

> Burlarse, aunque sin intención de herir, tiene el poder de lastimar y cerrar el espíritu de un niño.

Solo es una mala idea. No te burles *de* tus hijos. En vez de eso, aliéntalos siendo un animador de primera fila.

¿Recuerdas cuando hablamos del poder de las palabras para inspirar el corazón de un joven y cómo las palabras críticas pueden destruir la estima del niño? Reír con tu hijo tiene la misma posibilidad de inspiración; reír *de* tu hijo tiene una potencialidad grave y devastadora. Cuando has destrozado el corazón de tu joven con una risa burlona, decir «solo estaba bromeando» no va arreglar la situación. Si alguna vez has experimentado esta equivocación, sabes exactamente de lo que te estoy hablando.

A pesar de que no pretendías que tu risa irreflexiva fuera cruel, su influencia es innegable. Y una vez que la burla se ha liberado en tu hogar, sus efectos pueden ser horribles. Al parecer este también fue un problema hace unos miles de años:

El ojo que se burla de su padre
y desprecia las instrucciones de su madre

será arrancado por los cuervos del valle
y devorado por los buitres (Proverbios 30:17, NTV).

El ojo que se burla se convierte en comida de aves: esta es una vívida imagen verbal.

EL HUMOR SARCÁSTICO Y EL CINISMO SON VENENOSOS

Lo mencioné brevemente en el capítulo 3, pero vale la pena repetirlo aquí. El sarcasmo es irrespetuoso y tiene un primo hermano desagradable: el cinismo. Por lo general, la burla se halla unida a un acontecimiento específico, como el perro mugiendo que acabo de mencionar. Por el contrario, el cinismo es una actitud. Es la forma en que alguien colorea casi todo con un crayón de desprecio.

Debido a su peligroso contagio, por decisión propia no tengo amigos cercanos que sean cínicos. No puedo darme el lujo de pasar largos períodos con personas sarcásticas. Su influencia en las relaciones puede ser venenosa.[8]

> El escarnecedor no ama al que le reprende,
> Ni se junta con los sabios.

> El corazón alegre hermosea el rostro;
> Mas por el dolor del corazón el espíritu se abate (Proverbios 15:12-13).

Durante dieciséis años viví en el condado Orange, Florida, un recordatorio de una de las industrias más importantes del estado: las naranjas. (El Ratón que habla es el otro sector). Hay naranjos por todas partes: en plantaciones, en los patios traseros de las casas y en parques de ciudades, justo al lado de diamantes de béisbol. Los ingresos anuales en la Florida son de más de diez mil millones de dólares.[9]

Por decisión propia no tengo amigos cercanos que sean cínicos.

De vez en cuando, especialmente durante el último invierno e inicios de la primavera, leemos algo en el periódico acerca de una enfermedad llamada cáncer de naranja. Se trata de una bacteria que causa feas manchas cafés en la fruta y puede hacer que caiga prematuramente de los árboles. No daña a los humanos, pero destruye los naranjos. Una nueva ley estatal ha intervenido para acabar con este mal. Cuando se encuentra un árbol con cáncer, el ministerio de agricultura puede cortar todos los árboles que haya a seiscientos cincuenta metros del infectado. ¡Y puede hacer esto *sin permiso del propietario*![10]

Pensarías que esta ley sería devastadora para los cultivadores de naranja, ¿verdad? Pero no lo es. «Estas son *muy buenas noticias* para los productores de cítricos que, en los últimos diez años, han perdido dos millones cien mil naranjos a causa de la extensión de la devastadora enfermedad —declaró Andy LaVigne, vicepresidente ejecutivo y director de Florida Citrus Mutual—. Esta decisión permitirá al estado hacer su trabajo y erradicar el cáncer cítrico de nuestro estado».[11]

> La risa despectiva no hace nada para unir a tu familia. Más bien tiene la potencialidad de destruir a sus miembros.

Quienes cultivan naranjos conocen el poder de un árbol enfermo y están dispuestos a sacrificar todos los árboles dentro de un radio de dos tercios de kilómetro para eliminar su influencia mortal.

Aunque desanimaría el uso verdadero de motosierras en tu familia, el principio debería ser claro. La risa en tu hogar no puede estar contaminada con cinismo. Haz todo lo posible por detener su propagación.

La risa despectiva no hace nada para unir a tu familia. Más bien tiene la potencialidad de destruir a sus miembros.

POR TANTO, SIGUE ADELANTE Y RÍE

Si alguien pusiera un micrófono oculto en tu casa, ¿cuánto de esa grabación en un día promedio incluiría el sonido de risas alegres? Esta es la señal de un hogar sano. Un hogar en que personas alegres disfrutan riendo y haciendo sonreír a los demás. Un hogar en que nunca se oyen comentarios sarcásticos y burlones.

Solo en caso de que necesites un poco de material para tu próxima comida, ve si te ayuda este resumen de algunas nuevas razas de perros:

¿Qué obtienes cuando cruzas un collie y un lhasa apso?
Un collapso, un perro que se desmaya todo el tiempo.

¿Qué obtienes cuando cruzas un gran danés con un chihuahua?
Un perro pequeño con aires de grandeza.

¿Qué obtienes cuando cruzas un pekinés con un chow chow?

Un perro chino que no entiende nada.

¿Qué obtienes cuando cruzas un husky siberiano con un labrador?

Un siberiano labrador, bueno para cultivar en la nieve.

Bueno, ¿no te sientes mejor?

8

DISCIPLINA NO ES UNA
MALA PALABRA

Es cosa de campeones

Piensa por un momento en la palabra *disciplina*. La gente la usa en contextos diferentes, ¿verdad? Por ejemplo, en un libro como este, tu primer pensamiento acerca de disciplina puede haber estado en la dirección de lo que los padres hacen a los hijos desobedientes: *disciplina* como *castigo*. Sin duda ese es un uso legítimo de la palabra, pero existe otro. Puedes observar por televisión la maratón de Boston y maravillarte de la disciplina de los corredores líderes apurándose por bajar sus registros en los últimos cinco kilómetros.

A pesar de parecer como si estuviera llevándote de vuelta a la clase de castellano de la escuela, esta es la diferencia entre estos dos usos de la palabra *disciplina*: El primero es un verbo, como correr, saltar, nadar, la disciplina que empleas con tu hijo travieso es algo que haces. Pero en el segundo caso, la palabra se usa como sustantivo, como en «Esa persona tiene disciplina».

Ahora, si solo esperas un minuto más antes de salir al recreo, quiero que sepas algo que es muy importante acerca de estos usos de la palabra *disciplina*. El sustantivo es el objetivo y el resultado es el verbo. Es más, el sustantivo es la gran recompensa del verbo.

Una persona se disciplina (verbo) a sí misma (o es disciplinada por un padre o un entrenador) para que un día pueda disfrutar el placer y la alegría de tener disciplina (sustantivo).

¿Quién se divierte más después de correr la maratón de Boston, el ganador o el tipo sentado en su sillón reclinable, comiendo queso derretido que saca del frasco con una cuchara?

Exactamente.

Por eso, mientras tú y yo consideramos el tema de disciplinar (verbo) a nuestros hijos, no olvides por favor el objetivo.

¿ASÍ QUE QUIERES SER UN GRAN PADRE?

Cuando el concurso *¿Quién quiere ser millonario?* llegó a nuestras pantallas de televisión a finales de la década de los noventa, se convirtió en un éxito instantáneo. Tal vez recuerdes el formato. Cada pregunta tenía cuatro respuestas posibles. La primera era fácil. «Por cuatrocientos dólares, ¿cuántas llantas tiene la mayoría de automóviles en sus baúles (a) cuatro, (b) seis, (c) una o (d) setenta y tres?». Pero a medida que aumentaban las cantidades de dólares, la dificultad de las preguntas también aumentaba ligeramente. «Por quinientos mil dólares, ¿cuál fue el apodo del maestro sustituto de séptimo grado de Mahatma Gandhi?» (Respuesta: Bubba).

¿Qué tal que hubieras sido un participante en el programa y el presentador te hubiera hecho la siguiente pregunta: «¿Cuál es el ingrediente más importante en un hogar cristiano: (a) buenas obras, (b) asistencia a la iglesia, (c) risas o (d) disciplina?».

Si me hubieran dado estas cuatro opciones, *aún* estaría sentado allí y el presentador *aún* estaría llenando el tiempo mientras esa música mortífera sonaría y sonaría.

Puesto que «todas las anteriores» no era la opción (e), no hay respuesta correcta a la pregunta. Es más, un hogar cristiano es un lugar en que hay equilibrio e integración entre todos esos aspectos, incluso (d) disciplina.

NUESTRO PUNTO DE VISTA ACERCA DE DIOS

De las dimensiones más incomprendidas de nuestra fe cristiana están las exigencias disciplinarias como la obediencia a la ley de Dios y el castigo por el pecado. Muchos quieren debatir «Dios es amor» contra «Dios es amable». Este punto de vista tiene profunda influencia en cómo dirigimos nuestros hogares cristianos.

A veces ves a los defensores de cada uno de estos puntos de vista debatiendo sus posiciones en entrevistas de televisión. Desgraciadamente, los que se pronuncian por «Dios es amor» parecen como si estuvieran a punto de noquear a alguien y los que promueven «Dios es amable» parecen debiluchos inútiles. Ninguna de estas imágenes es provechosa.

Hijo mío, no menosprecies la disciplina del Señor, ni desmayes cuando eres reprendido por él; porque el Señor al que ama, disciplina, y azota a todo el que recibe por hijo (Hebreos 12:5-6).

El escritor de Hebreos tenía razón. Vale la pena emular el ejemplo de Dios. Cuando tú y yo disciplinamos a nuestros hijos, no estamos *interrumpiendo* nuestro compromiso de amarlos. En realidad, estamos *demostrándolo*. Probándolo.

Al poner en papel las ideas de este libro, muchas veces he deseado poder sentarme contigo a tomar una taza de café y hablar cara a cara. Esta es una de esas ocasiones. Lo que rápidamente identificarías es que mi fuerte advertencia de que disciplinar a tus hijos no es para probar tu superioridad ni para hacer que regresen al buen camino. Mi frente no se frunce de ira, ni estoy sonriendo ante la posibilidad, una vez por todas, de poner a los chicos en sus lugares. Los padres que ven la disciplina de este modo están peligrosamente al borde de un abismo y podrían necesitar ayuda profesional.

> Cuando tú y yo disciplinamos a nuestros hijos, no estamos *interrumpiendo* nuestro compromiso de amarlos. En realidad, estamos *demostrándolo*.

Mi mirada es de compasión y comprensión. Por experiencia, sé que disciplinar bien puede ser una tarea muy difícil y retadora.

El tema de la disciplina también es muy polémico.

Muchos expertos en crianza de hijos discrepan en aspectos fundamentales, como disciplina y castigo. Echemos una mirada.

CASTIGO EFICAZ: DEMOSTRACIÓN A

Recibí mi última paliza durante mi último año en el liceo; fue algo que nunca olvidaré.

Tal como ocurre a veces con los muchachos de esa edad, yo estaba seguro de que me había enamorado. La había conocido en la iglesia cuando estábamos en la escuela primaria, pero no fue sino hasta mi último año que me *fijé* de veras en ella, si sabes a lo que me refiero.

La empresa comercial de fotografía para la que trabajaba estaba celebrando su fiesta anual de Navidad y yo podía llevar pareja. Al no ser tan prolífico con las citas como algunos de mis amigos, necesitaba tiempo para pensar a quién pedir que me acompañara e incluso para reunir el valor con el cual hacer la presentación.

Tal como dije, un domingo la vi en la iglesia. Ella sobresalía por varias razones: primero estaba la urgencia de mi necesidad de encontrar pareja para la fiesta de Navidad; segundo, ella no iba a salir con nadie en ese momento; y tercero, de repente me pareció muy linda.

La noche siguiente la llamé por teléfono para ver si estaría dispuesta a ir a la fiesta. Aceptó en el acto. Nuestra cita el siguiente fin de semana fue mejor que genial y en los meses siguientes hicimos todo lo posible por vernos tan a menudo como fuera posible, lo cual fue el problema.

Aunque a mis padres les gustaba la chica, estaban preocupados por la velocidad con que me había enamorado. Papá estaba particularmente atribulado porque en unos meses yo saldría para la universidad y él creía que sería mejor para mí irme sin tener ninguna atadura romántica.

Mis padres habían identificado un toque de queda apropiado para nosotros. Yo conocía las reglas y se esperaba que las siguiera. Sin embargo, un fin de semana, a principios de la primavera siguiente, fallé a mi toque de queda. Mi primera indicación de que papá lo había notado fue el hecho de que estaba sentado en los escalones de la fachada mientras yo estacionaba el auto familiar en el camino de entrada a las 11 y 30 de la noche, media hora tarde. Todavía puedo sentir lo que mi corazón hizo cuando las luces del auto iluminaron el jardín delantero y se posaron en mi padre. Él no sonreía.

Lo que recuerdo acerca de esa noche fue que papá no me esperó en la puerta del garaje ni me detuvo en el camino a mi cuarto. Se fue derecho a dormir y me dejó sufriendo. No lo vi hasta la mañana siguiente, la cual vino para mí después de una noche de estar dando vueltas en la cama.

El baño donde papá tomaba su ducha matutina estaba al lado de mi alcoba, así que oírlo en la mañana era normal. Esa mañana particular no tuvo que despertarme cuando entró. Yo estaba despierto.

Mi recuerdo de la disposición de papá es muy claro. No estaba enojado. No parecía molesto. (Es probable que supiera que mi noche sin dormir ya me había preparado para el veredicto). Con voz tranquila y resuelta, pronunció mi sentencia. Por primera vez en mi vida estuve castigado durante dos semanas. Eso significaba no conducir el auto familiar y no salir en la noche.

El hecho de que este jovencito de diecisiete años estuviera «enamorado» clasificó este castigo como cruel y anormal. Sin embargo, ya que creía que el amor lo conquista todo, incluso un ridículo impedimento como el de mi padre, decidí ver si podía ser absuelto de alguna manera.

A los pocos días, papá salió a un largo viaje de negocios. Esa era mi oportunidad. Me escapé de mi cuarto después que todos se durmieron y monté mi bicicleta, la cual había escondido hábilmente entre los arbustos a última hora esa tarde. El peligroso viaje hasta la casa de mi enamorada me llevó a recorrer varios kilómetros completos a través de la ciudad, pero la adrenalina en mi sistema hizo que los sintiera como una o dos cuadras.

Cuatro horas más tarde volví a entrar a mi habitación. En las sombras, al borde de mi cama, alguien parecía estar en mi cuarto. Me acerqué más. *Era mi madre*. Como si estuviera copiando una página del libro de estrategias de su esposo, ella se paró y, sin decir nada, salió de mi alcoba.

Dos días después, papá regresó de su viaje. Por esta infracción intencional mi escarmiento incluía *más* que la sanción básica. Recibí una paliza. Acepté mi castigo sin chistar.

Pero antes que el auge de las represalias bajara, papá habló conmigo. No hubo gritos ni ira demostrable, pero tenía la mandíbula endurecida y los ojos entrecerrados y enfocados. Explicó lo mal que se sintió al recibir una llamada de mi madre y oír la noticia de mi insubordinación voluntaria. Usó los términos «descarada desobediencia» y «falta de respeto a tu madre». Me dijo cuánto contaba con que yo fuera un joven responsable, especialmente cuando él no estaba. Y me habló de lo desilusionado que estaba por mi causa.

> Desilusionar a alguien que estaba confiando en mí hizo que mi rebelión fuera insoportable.

El dolor de la paliza fue real, pero algo fue más doloroso. El peso de mi propia rebeldía me aplastaba. Haber violado las reglas y ser atrapado fue bastante malo, pero desilusionar a alguien que estaba confiando en mí hizo que mi rebelión fuera insoportable.

Después que darme unas nalgadas, papá me invitó a pararme. Me agarró firmemente los hombros y luego me abrazó. Entonces me envolvió con las palabras: «te amo, hijo».

Muchos expertos dirían que los hijos de esa edad son demasiado viejos para darles nalgadas. Pero debido a la gravedad de la infracción, papá decidió que esto era apropiado. El hecho de que recuerde muy bien la experiencia y esté agradecido por ella fue exactamente el propósito que tenía.

> El necio menosprecia el consejo de su padre;
> Mas el que guarda la corrección vendrá a ser prudente
> (Proverbios 15:5).

Papá no hablaba mucho. La mayoría de veces sus sermones disciplinarios me llegaban por lo que *hacía* en vez de por lo que *decía*. Por esto es que mi recuerdo de esta lección es tan vívido.

NORMAS DE DISCIPLINA

Comenzando con lecciones que aprendí de mis padres siendo joven y al tener mis propias experiencias como padre, se ha desarrollado una cantidad de disciplinas no negociables. Como receptor de un tipo de disciplina que formó mi carácter y en calidad de practicante en asociación con una esposa que formó las vidas de nuestras hijas, te insto a considerar con cuidado cada una de estas normas en tu hogar cristiano.

La disciplina debe ser directa

Cuando tus hijos son desobedientes o cometen otro tipo de infracción flagrante a las reglas, tu respuesta debe ser sin evasivas. No es momento para diplomacia. Como un láser, debes enfocarte en el problema.

¿Recuerdas cuando David durmió con Betsabé y luego dispuso que el esposo de ella fuera asesinado en batalla? El profeta Natán se acercó al rey con la desalentadora tarea de pedirle cuentas: «Entonces dijo Natán a David: Tú eres aquel hombre. Así ha dicho Jehová, Dios de Israel… ¿Por qué, pues, tuviste en poco la palabra de Jehová, haciendo lo malo delante de sus ojos? A Urías heteo heriste a espada, y tomaste por mujer a su mujer, y a él lo mataste con la espada de los hijos de Amón» (2 Samuel 12:7, 9).

¿Puedes oír la determinación en la voz de Natán? No importaba que estuviera hablando con el monarca absoluto de su nación, quien pudo haber ordenado su ejecución por tal insubordinación. Natán no se intimidó. Como un bisturí de cirujano, sus palabras dieron en el blanco. Deja que tus palabras sean directas. Ve al grano.

Temprano una mañana fría, después de hacer que el fuego en la estufa de leña calentara su taller, mi abuelo Dourte me dio una dulce parte de mi herencia: «Sé cuidadoso, Bobby —expresó mientras levantaba un cuchillo y una piedra de afilar—. Nada es más peligroso que un cuchillo sin filo».

Al igual que Natán y mi abuelo sabio, aplica la disciplina al instante. No es momento de evasivas. No es hora de ser indirecto. El «cuchillo» debe estar afilado.

Es labor tuya decir: «Discúlpame, ese comportamiento es inaceptable».

No es hora para: «Sabes, cariño, me parece que tal vez quieras echar otro vistazo a lo que estás haciendo y quizá, si no es demasiado problema…».

Tú y yo debemos seguir el ejemplo del valor de Natán, al responsabilizar de inmediato al rey. Nuestros hijos deben ser los receptores de este tipo de disciplina directa.

La disciplina debe doler

El dolor intencional de la disciplina es sin duda la parte más controversial de este mensaje.

> El que detiene el castigo, a su hijo aborrece;
> Mas el que lo ama, desde temprano lo corrige (Proverbios 13:24).

Desde luego, la nalgada es el enfoque principal de esta controversia y por una buena razón. El maltrato infantil en Estados Unidos es epidémico. Los padres que físicamente son más grandes y más fuertes que sus hijos ejercen una superioridad física indiscutible. Y a veces la utilizan de modo perjudicial. Es evidente que este horrible hecho, en contraste con la aleccionadora advertencia de Salomón acerca de la corrección, debe tener una explicación lógica. Creo que así es.

La respuesta de papá ante mi desobediencia adolescente es el motivo de que yo haya llamado a la historia «Demostración A». Él fue directo y deliberado. Su castigo produjo suficiente dolor para hacer todo detalle perfectamente memorable más de cincuenta años después. Pero su amor por mí nunca fue cuestionado.

Al considerar lo que tú y yo leemos y vemos en los medios contemporáneos de comunicación, podríamos sospechar que los padres y las madres estadounidenses han decidido no dar nalgadas. Esto no es verdad. Según una encuesta reciente, el 81 por ciento de los padres dijeron que, bajo las circunstancias correctas, deberían usarse nalgadas con los hijos en casa.[1]

¿Por qué cuatro de cada cinco padres creen en las nalgadas? Funcionan. Es bastante doloroso darle al hijo una experiencia vívidamente desagradable vinculada con su conducta inaceptable. Un niño inteligente pensará: *Vaya, eso duele. ¡Lo pensaré dos veces antes de volver a hacerlo!*

Misión cumplida.

Desde luego, los oponentes a las nalgadas son muy

> ¿Por qué cuatro de cada cinco padres creen en las nalgadas? Funcionan.

bulliciosos. Y creo que sus voces deben oírse. ¿Te sorprendería oír que concuerdo con algunas cosas que dicen?

¿Por qué? A veces los padres, en arranques de ira, golpean a sus hijos y luego llaman corrección a esto. El puño doble de un padre o una bofetada en la cara del hijo, es conducta impensable. Este es un problema grave que *nunca* debería tolerarse. Firmemente creo que hay una gran diferencia entre *nalgadas* y *golpizas*.

Un jugador en las grandes ligas *golpea* una pelota de béisbol. Un jugador de tenis *golpea* la pelota. Un ama de casa *golpea* una alfombra. Pero un buen padre nunca golpea a su hijo. Nunca.

Damos nalgadas a nuestros hijos, pero no los golpeamos. Y las ocasiones en que Bobbie y yo decidimos que dar nalgadas era el castigo correcto, fuimos sumamente cuidadosos. Íbamos a un lugar privado, por lo general un baño. Nunca dimos nalgadas en público. Lo que debería ser un momento privado cuando tratamos con lo que ha sucedido no puede convertirse en una exposición abierta. Agregar vergüenza a la ecuación puede ser letal tanto para ti como para tu hijo. No deseas encontrarte en tal situación.

> Agregar vergüenza a la ecuación puede ser letal tanto para ti como para tu hijo.

Tal como papá me enseñó de manera práctica, una vez que encontrábamos un lugar privado, hablábamos. Con claridad describíamos el comportamiento que nuestros hijos habían mostrado. No había dudas en cuanto a por qué tomábamos este tipo de acción seria.

Las nalgadas no eran violentas, pero *sí* repetitivas, de diez a quince.[2] El malestar estaba garantizado. Cuando las palmadas terminaban, les volvíamos los rostros llorosos hacia nosotros y siempre abrazábamos a nuestras hijas (rodeándolas por completo con nuestros brazos y sosteniendo el abrazo algunos segundos extra) y entonces les decíamos que las amábamos. Como puedes imaginar, ellas no siempre devolvían ansiosamente el abrazo. En aquel entonces, el vínculo entre lo que acabábamos de hacer (darles nalgadas y asegurarles nuestro amor) no se procesa de buena gana. Hoy día, en retrospectiva, sí.

Nuestras hijas adultas castigan a sus propios hijos, dándoles nalgadas si es necesario, en forma muy parecida a cómo las disciplinábamos: Son directas y hacen el castigo adecuadamente doloroso. Y se aseguran de que los chicos relacionen el castigo con un abrazo y palabras tranquilizadoras.

Hoy día, tus hijos tal vez no aprecien tu compromiso con estas cosas. Es probable que algún día lo hagan.

Para hijos desde bebés hasta los cinco o seis años de edad, las nalgadas son por lo general el castigo más eficaz que induce dolor cuando la infracción es suficientemente grave como para justificarla: bravatas, desobediencia, acciones o palabras hirientes. A medida que tu hijo crece, hay otras formas de disciplina «dolorosa» además de las nalgadas. A veces la pérdida de un privilegio puede ser eficaz.

> El castigo no es una interrupción en el proceso. Las nalgadas, hechas de modo adecuado, son testimonio de amor.

Lo importante es que el castigo sea directo y doloroso. Para la mayoría de niños, un aislamiento de diez minutos o un conteo del padre hasta tres son tan efectivos como una nalgada.

Para Bobbie y yo, hasta que nuestras hijas se acercaban a la adolescencia, darles nalgadas nos pareció la manera más eficaz de crear una experiencia de «eso no tuvo nada de divertido, así que no lo volveré a hacer muy pronto».

Recuerda lo que las Escrituras nos dicen: «El Señor al que ama, disciplina, y azota a todo el que recibe por hijo» (Hebreos 12:6). El castigo no es una interrupción en el proceso. Las nalgadas, hechas de modo adecuado, son testimonio de amor.

La disciplina debe ser rápida

Una de las razones de que los padres se sientan tentados a reaccionar con exageración y hasta golpear a sus hijos es por la inacción acumulada de errores anteriores de los chicos. En lugar de mantener cortos recuentos y «cortar de raíz el problema», como Barney Fife solía gritarle a Andy Griffith, a veces los padres esperan demasiado tiempo para tratar con los problemas, permitiendo que se acumulen.

Al igual que jóvenes apilando bloques uno sobre otro, acumulan infracción tras infracción. Entonces, cuando la última desobediencia se ubica en lo alto de la torre temblorosa, los bloques se derrumban. Ya has tenido suficiente y *ahora* es el momento de hacer algo al respecto. Pero a causa de tu inacción (pereza) por problemas anteriores, tu emoción está ligada a *todas* estas contrariedades y te descontrolas.

Puedes detectar padres fuera de control en centros comerciales o tiendas de abarrotes. Sabes que sus hijos están «apilando bloques» debido al modo en que los padres se quejan: «Ah, Felipito, ¿querrías por favooor dejar de pedir caramelos?». «Ven acá, Teresa. ¿Cuántas veces tengo que decirte que no te alejes de mí? Vuelve aquí por favooor».

Sin duda, los niños no son conspiradores como para maquinar a propósito. Las acciones que pueden evitarse con anticipada planificación paternal sabia (juegos rápidos de palabras, pequeños objetos intrigantes, juguetes, bebidas o bocaditos portables) suceden cuando los padres no emplean tácticas de diversión. Pero debe haber algún nivel de entretenimiento para un niño que se comporta mal mientras observa cómo los adultos se convierten en mendigos suplicantes. Desde luego, la diversión se vuelve agria en el momento en que los padres dejan de hablar y empiezan a tomar medidas físicas.

Esta es una escena desafortunada y totalmente innecesaria. Rapidez en disciplinar significa impedir que los niños acumulen bloques; es algo enfocado, doloroso, eficaz y definitivo.

Una vez más, recuerda que este es un capítulo en que me gustaría que pudiéramos sentarnos en alguna parte y hablar. Lo que acabo de decir puede parecer como si hubieras invitado a tu casa al capitán Von Trapp para volver a tener todo en orden. Tocarías un silbato, los niños prestarían atención y gritarían sus nombres.

Tuiit. «¡Liesl!».

Tuiit. «¡Louisa!».

Tuiit. «¡Friedrich!».

A esto *no* es a lo que me refiero.

En el capítulo anterior dijimos que un hogar cristiano es un lugar donde frecuentemente se oyen risas. Si recuerdas, hasta que Julie Andrews llegó y empezó a cantar «Do, Re, Mí», no había ninguna diversión en vivir en el hogar de Von Trapp. El tosco capitán era todo silbato y ninguna alegría.

Lo que *estoy* diciendo es que la disciplina tipo *tira y afloja* es absolutamente innecesaria. Haz que tus hijos conozcan las reglas de tu familia. Luego, cuando les pidas que hagan algo, o que dejen de hacer algo, esperas obediencia. No les comunicas esto con el rostro tan tenso como un trampolín, venas abultadas en tu cuello y ojos que se te salen de las órbitas, sino con la misma formalidad sin emoción que utilizas para instruir al chico empacador en el supermercado que use bolsas de papel o de plástico.

«Predica la Palabra; persiste en hacerlo, sea o no sea oportuno; corrige, reprende y anima con mucha paciencia, sin dejar de enseñar» (2 Timoteo 4:2, NVI). ¿No son estas palabras fabulosas para describir esta conversación que tenemos con nuestros hijos acerca de obedecer «la primera vez»? *Corrige* [persuade], *reprende* [regaña] y *anima* [exhorta] «con paciencia [perdón] y buena enseñanza [¿papel o plástico?]» (NTV). Nada de gritos ni alaridos. Sin intimidar ni lanzar amenazas absurdas, solo una sencilla explicación de las reglas y tu expectativa de que tus hijos las sigan.

Cuando nuestras hijas eran pequeñas, Bobbie y yo les preguntábamos en momentos como este: «¿Cuándo obedeces?».

Su respuesta era: «La primera vez».

Aunque no reformulamos la pregunta, ellas pudieron haber preguntado: «¿Cuándo nos disciplinan si *no* obedecemos la primera vez?».

Nuestra respuesta habría sido: «La primera vez».

La disciplina rápida impide que los bloques se apilen.

> Nada de gritos ni alaridos. Sin intimidar ni lanzar amenazas absurdas, solo una sencilla explicación de las reglas y tu expectativa de que tus hijos las sigan.

La disciplina debe ser participativa

¿Has visto alguna vez un programa televisivo que muestre cómo se hizo una película en particular? Puedes dar una mirada a lo que sucede realmente en un set de filmación mientras se filma una escena. Ves al director, quien a veces se sienta en una de esas sillas de lona con patas en X y espaldar. Otras veces mira por una de las cámaras a fin de poder ver exactamente cómo es la toma. O grita directrices (de ahí su título) a los actores o al personal. Si la escena es al aire libre y la toma es larga, con las cámaras y el director ubicados a cierta distancia de los actores, a menudo verás al director con uno de esos megáfonos de mano.

Por supuesto, la palabra más importante en su léxico es «¡Acción!». La esencia de lo que hace, lo hace desde cierta distancia.

Ahora que tienes en tu mente esta imagen de un director de cine, quiero que tomes una decisión importante en cuanto a tu papel como uno de los padres en tu hogar cristiano. Quiero que resuelvas que *no* harás un hábito de actuar así. Nada de gritos ni alaridos. Sin intimidar ni lanzar amenazas absurdas, solo una sencilla explicación de las reglas y tu expectativa de que tus hijos las sigan.

No eres el director de tu familia. No gritas órdenes a tus hijos como un dictador a sus secuaces. La disciplina eficaz en tu hogar debe incluir *participación*. Para ser más eficaz, se va a necesitar mucho más que tus órdenes verbales lanzadas de aquí para allá: «Deja de discutir por todo». «Limpia tu cuarto». «Haz la tarea». «Te lo digo por última vez, baja el celular y mírame».

> No gritas órdenes a tus hijos como un dictador a sus secuaces.

¿Recuerdas la historia de mi suegro, Raymond Gardner, escapándose para ir a la pista de patinaje? La razón por la que la disciplina y la lección fueron claramente visibles para él sesenta años más tarde fue el hecho de que su madre entró a la escena y participó. Si los teléfonos celulares hubieran estado disponibles a principios de la década de los cuarenta, una escalofriante llamada de su madre no habría surtido el mismo efecto.

Ya te he contado un poco sobre Dan, mi hermano menor. Lo que no mencioné fue que, por alegre que era tenerlo cerca, un día una poderosa racha de rebelión prácticamente detonó en esta persona. Este fue el día en que Dan decidió huir de casa.

Tenía cinco años.

Mamá estaba en el lavadero de la cocina, mirando por la ventana, cuando vio a su hijo pequeño caminando hacia el norte, junto a la cuneta oriental de Main Street, la cual llevaba a la concurrida Roosevelt Road. Por los hombros caídos y la cabeza agachada de él, mamá pudo darse cuenta de que el niño estaba enojado. Hasta su paso a rastras revelaba algo acerca de su comportamiento.

Mamá dejó rápidamente lo que estaba haciendo y salió por la puerta trasera para interceptar a su joven viajero. Como atleta competente en su época, no tardó en alcanzarlo. Dan apenas levantó la mirada. Arrodillándose a su lado (posición conocida cuando le hablaba a un pequeño), mamá le preguntó a dónde estaba yendo.

Dan no contestó.

«¿Estás huyendo de casa?», preguntó mamá en el mismo tono de voz que habría usado para preguntarle al tendero si los melones estaban maduros.

Dan levantó lentamente la mirada hasta los ojos de su madre y asintió con la cabeza. Huir de casa era exactamente lo que el pequeño estaba haciendo, pero la falta de urgencia en ella seguramente lo sorprendió.

Entonces mi madre le dijo a su pródigo en miniatura: «Pero no empacaste tu maleta». Su voz parecía perfectamente sincera.

Una vez más, Dan miró el rostro de su madre, buscando y esperando algún vislumbre de tristeza porque estuviera perdiendo a su hijo para siempre. Ella parecía resuelta, tal vez complacida con la decisión de él.

Dan lanzó los brazos alrededor del cuello de su madre y comenzó a llorar con sollozos profundos que salían de su corazón destrozado. Aunque no vi esto cuando sucedió, claramente puedo describirlo… una madre arrodillada en la gravilla del camino como a treinta metros de la casa, abrazando a su pequeño hijo contrito.

Desde luego que ella pudo haber lanzado palabras fuertes a altos decibeles, alertando al vecindario desde la puerta trasera. «¿A dónde crees que vas, jovencito? ¡Vuelve acá *inmediatamente*!».

Tal como un director, ella pudo haber usado su «megáfono» para avergonzarlo o amenazarlo desde el porche trasero. Pero se convirtió en participante y aseguró un final adecuado a la rebelión.

Involucrarte personalmente en la disciplina de tus hijos es mucho trabajo. Seamos realistas: Has tenido un día atareado. Estás agotado. Así que agarras tu megáfono y gritas instrucciones: «¿Terminaste tu tarea?». «¿Quién va a recoger los juguetes en la sala de estar?». «Apaga ese video juego y haz algo que valga la pena».

> Involucrarte personalmente en la disciplina de tus hijos es mucho trabajo.

A menudo los padres siguen estas directrices con dogmas sin valor y comparaciones de sus propias infancias. «Este lugar parece una pocilga. ¿Qué pasa con los niños en esta época? ¿Por qué, cuando yo era niño…?» (*bostezo*).

Pronuncias estas palabras inútiles y totalmente ineficaces desde la comodidad de tu silla de director. Mala idea. Eres el padre aquí. *No* eres Cecil B. DeMille.

Esto es lo que podrías hacer en lugar de aquello: «¿Por qué no trabajamos juntos en tu ortografía?». «Mira, tengo una idea. Veamos con qué rapidez podemos arreglar la sala de estar. Yo haré esta parte y tú la otra». «Tengo que hacer algunas diligencias. Dejemos tu teléfono en casa y hagámoslas juntos».

Por supuesto, hay ocasiones en que no es posible la participación. No tendrás más alternativa que darles instrucciones a tus hijos sin involucrarte personalmente. Nuestra experiencia fue que agregar una mezcla de participación con instrucciones habladas contribuye en gran manera a esas ocasiones en que solo teníamos tiempo para palabras.

Una vez más, la razón de participar era hacerles saber a nuestras hijas que estábamos con ellas en la aventura de la disciplina.

EL SECRETO FELIZ: IDENTIFICAR, VALIDAR, PARTICIPAR

Cuando Abby tenía ocho años, iba a participar en un festival de piano en que dos jueces se sentaban en un panel y escuchaban a los estudiantes realizar dos selecciones aprendidas de memoria. Durante semanas, Abby había estado repasando las canciones que su maestra, la señora Musterman, había elegido para ser juzgadas. Se titulaban «Campanas alegres» y «Secreto feliz».

Un día, después de la escuela, Abby trató de hacer a la carrera su sesión de práctica en la sala de estar y cometió varios errores garrafales. Con frustración, bajó las manos quejándose y gimoteando. «No soy buena en el piano —gritó—. Soy buena en gimnasia y canto, pero *no* soy buena en piano. Ya no quiero tocar».

Al escuchar el arrebato tormentoso desde la cocina, su madre fue a la sala de estar. En vez de sermonear a Abby y ordenarle que siguiera practicando hasta que la interpretación le saliera bien, Missy ayudó sabiamente a su hija a *identificar sus sentimientos*.

—Dime por qué estás tan enojada —le pidió.

—Simplemente no me gusta el piano —afirmó Abby—. No es en lo que soy buena.

Missy tuvo cuidado en *validarle los sentimientos* con las palabras siguientes.

—Entiendo. Has trabajado muy duro y *es* frustrante cuando cometes tantos errores. Me sentaré aquí a escucharte. Ayúdame a *oír* que las *campanas* son *alegres* y que los *secretos* son *felices* tocando correctamente las notas. Vuelve a intentar toda la canción y luego tomaremos un descanso.

Abby pareció más dispuesta a seguir la práctica, superando la frustración porque Missy estaba *participando en la disciplina* al sentarse y escuchar.

Ya que su mamá estaba disponible, Abby le admitió algo a Missy después de volver a tocar.

—Ojalá pudieras estar conmigo cuando toque ante los jueces. Tengo miedo de ir sola.

Missy volvió a escuchar y a *validar los sentimientos* de su hija.

—¿Por qué no le cuentas en tu próxima lección a la señora Musterman cómo estás sintiéndote y ve lo que ella dice?

El martes siguiente, Abby entró al salón de su maestra con su madre y planteó de inmediato su inquietud.

—¿Puede mamá estar conmigo cuando toque en el festival? —preguntó.

La señora Musterman, una maestra experimentada e inspirada, le dio una respuesta increíble.

—Bueno, tu mamá no puede ir contigo. Solamente a los dos jueces se les permite escucharte —le comunicó e hizo una pausa—. Pero hay *alguien más* que puede ir contigo.

Tanto Abby como Missy estaban ansiosas por oír de quién podría tratarse.

—Jesús puede ir contigo y sentarse en el banco a tu lado cuando toques

—continuó la señora Musterman—. Es más, tuve un estudiante que me dijo que sintió que Jesús ponía las manos encima de las suyas y le ayudó a tocar ambas piezas frente a los jueces.

Abby quedó satisfecha con las palabras de ánimo. Lo que pudo haber sido su último viaje en el mundo de tocar piano fue catapultado a un nuevo nivel porque su madre y su maestra identificaron y luego, con disponibilidad y ánimo, validaron los sentimientos de la niña y participaron en la disciplina.

El siguiente fin de semana, Abby nos llamó a Bobbie y a mí desde el auto en su camino a casa después de la evaluación de los jueces.

—¿Adivinen qué? —nos dijo—. ¡Obtuve un «Superior» para mi grado de parte de los jueces!

—¡Ah, eso es fantástico! —contestamos al unísono—. Estuvimos orando por ti.

—Lo sé —respondió Abby—. ¡Y Jesús puso sus manos sobre las mías todo el tiempo!

> Tu hijo no está buscando otro amigo en casa. No eres su amigo; eres su padre.

Identifica y valida sentimientos. Participa del momento con disponibilidad y ánimo. Debido a que este fue el título de una de las piezas de piano de Abby, ahora nuestra familia se refiere a este proceso como el «Secreto feliz».

¿EL AMIGO DE TU HIJO?

¿Significa la historia de la práctica de piano que la meta es que seas el amigo de tu hijo, usando tácticas de diversión para no obrar autoritariamente?

No.

Tu hijo no está buscando otro amigo en casa. No eres su amigo; eres su padre. Y aunque él no podrá expresar esto hasta que tenga al menos tu edad, lo que *busca* es tu liderazgo: dispensado de manera justa, rápida y amorosa.

Una tarde, Bobbie y yo conversábamos con un papá joven en la iglesia. Aunque no soy clérigo, he sido por tantos años maestro de escuela dominical que a veces las personas me tratan como si fuera su ministro.[3]

En este caso, el papá estaba quejándose de que su hijo no quería ir a la iglesia ni a la escuela dominical.

—Siempre tiene una excusa respecto a lo cansado que está el domingo por la mañana o de cómo no disfruta la prédica —se quejaba el papá una y otra vez acerca de este problema.

—¿Qué edad tiene tu hijo? —preguntó Bobbie.

—Ocho.

Aunque no era el tiempo ni el lugar para hacer una escena, nos quedamos atónitos. ¿Ocho años de edad? En el camino a casa, Bobbie y yo analizamos nuestra conversación con este papá. «Creo que algunos padres les tienen miedo a sus hijos —comentó ella—. Se encuentran tan ansiosos de ser el mejor amigo de su hijo o hija que tienen miedo de *ser* el padre o la madre».

Estuve de acuerdo.

CÓMO HACER LÍDERES

Hasta ahora hemos estado hablando de «hacer» disciplina en tu casa. Tal vez nunca lo hayas visto de este modo, pero esta actividad empieza con límites claramente establecidos. Luego la acción disciplinaria enfocada, dolorosa, rápida y participativa prepara al hijo para honrar a los adultos y, en última instancia, para experimentar felicidad. Realmente este *es* un regalo que nunca termina.

> *Hacer* disciplina lleva al puro placer de *tener* disciplina.

Aquí va de nuevo: usos de la palabra en el verbo y el sustantivo. *Hacer* disciplina lleva al puro placer de *tener* disciplina.

Todo en la vida destaca este principio. Cuando piensas al respecto en estos términos, funciona dondequiera: *hacer* tareas lleva a *tener* buenas calificaciones, *hacer* ejercicios a diario lleva a *tener* buen estado físico, *hacer* presupuestos anuales lleva a *tener* control financiero.

Cuando inviertes tiempo y energía en implementar en tu casa actividad disciplinaria justa y previsible, estás dándoles a tus hijos el regalo de la disciplina: la *auto*disciplina.

Puesto que en casa éramos competidores desesperados, hicimos que los juegos de niños parecieran cosas de adultos. Lo llamamos «el no juego».

Bobbie y yo sabíamos que no debíamos esperar hasta que nuestras hijas fueran adolescentes para enseñarles a tomar las riendas de sus impulsos y deseos. Debido a que estuvimos relacionados con adolescentes en nuestra iglesia durante los primeros años de nuestro matrimonio, vimos que parecía como si los adolescentes no pudieran decir no a sus instintos. Había una chica de quince años cuyos padres no le enseñaron control personal, de modo que ella no podía mantenerse alejada de la actividad sexual promiscua, incluso con muchachos que apenas conocía. «No sé por qué no puedo detener esto —le confesó a Bobbie llorando—. Creo que nadie me dijo cómo *no* hacerlo».

«¿Dónde estaban sus padres cuando ella tenía tres, cinco y ocho años? —preguntó Bobbie una noche—. Ojalá pudiera ayudarla de veras. Si solo pudiera darle un poco de disciplina».

Ideamos una manera de ayudar a nuestras hijas a tomar decisiones sabias, a decir no a sus primeros instintos e impulsos. Durante la cena, Bobbie y yo retábamos a nuestra familia a participar en «el no juego» entre esa noche y la siguiente.

Así es como funcionaba. Una noche desde la hora de cenar hasta la cena de la noche siguiente, cada persona buscaba una oportunidad de decirse no a sí mismo o sí misma en algún impulso, por insignificante que fuera y hacer que perdurara. Luego informábamos a la familia lo que habíamos conquistado.

Sé que esto parece extraño, pero quédate aquí conmigo.

Al día siguiente, Julie estaba buscando su oportunidad de jugar el no juego. Ella y sus amigos estaban sentados a la mesa cuando alguien comenzó a decir cosas desagradables de otra niña. Julie estuvo tentada a seguir el juego y añadir su jugoso grano de arena. Pero pensó: *No. Eso no es lo correcto.*

Como la mayoría de jóvenes, a Missy le gustaba hablar por su teléfono. Después de la escuela, ella y su mejor amiga estaban hablando cuando Missy recordó que tenía muchas tareas qué hacer. «Solo puedo hablar cinco minutos más», advirtió. Los cinco minutos terminaron y ella concluyó la llamada.

Yo informé que tuve una llamada telefónica a altas hora de la noche. Esto significaba acostarme casi a medianoche. Normalmente me levanto temprano y corro algunos kilómetros para ejercitarme. Pero esa mañana llegó prematuramente. La débil luz del amanecer me despertó y permanecí allí en silencio por algunos minutos. En mi estado semicomatoso había algunas negociaciones serias en curso.

Como si estuviera conversando conmigo mismo, sopesé la suntuosidad de quedarme en cama contra la tortura de salir a correr. Entonces recordé nuestro juego. Qué gran momento para decirme no a mí mismo.

Con eso, me volví y me senté; mis pies pisaron el suelo. Salí a mi trote.

Finalmente fue el turno de Bobbie para informar sobre el no juego. Nos contó que justo después del almuerzo salió corriendo a su tienda favorita, una donde los empleados sonreían y la llamaban por nombre. Cuando recorría los pasillos encontró un cinturón que le gustó realmente, excepto que era casi igual a otro que ya tenía y en realidad no lo *necesitaba.* «Pero está en oferta», había notado. Entonces susurró: «No». Devolvió el cinturón al estante y siguió su camino.

Esa noche en la cena celebramos nuestras victorias: el control en el almuerzo, la llamada telefónica acortada, el trote en la mañana y el cinturón que sigue colgado en la boutique. Aplaudimos la decisión de Julie de ser amable en el almuerzo, el control telefónico de Missy, mi puesta de los zapatos de correr y el cinturón no comprado de Bobbie.

¿Un juego tonto? Sin duda. Pero desarrollar la capacidad de refrenarnos hizo de esta pequeña diversión a la hora de cenar un gran legado con el tiempo. *Hacer* autodisciplina se convierte en *tener* autodisciplina. Y tener autodisciplina es un activo fabuloso, especialmente cuando es mucho lo que está en juego.

La habilidad de Missy de terminar su llamada podría convertirse en la decisión de decir no a los avances de un chico que realmente le guste. El control de Julie en el almuerzo podría convertirse en una resolución de decir no cuando sus amigos la inviten a experimentar con drogas. El cinturón no comprado de Bobbie podría ayudarle a mantenerse en su plan de ahorrar para las vacaciones. Mi éxito en dominar la urgencia de dormir podría convertirse en la autodisciplina que necesito para evitar pornografía por la Internet.

«El fruto del Espíritu es amor, alegría, paz, paciencia, amabilidad, bondad, fidelidad, humildad y dominio propio» (Gálatas 5:22-23, NVI). Los miembros de un hogar cristiano no están solos en esta búsqueda de autodisciplina. Tienen un residente permanente en su cuarto de huéspedes: el Espíritu Santo de Dios. Y como un extra, dominio propio es una de las cosas que Él promete dar.

LA DISCIPLINA DEL TRABAJO

Trabaja cuando trabajes, juega cuando juegues.
Esa es la manera de ser feliz cada día.
Hagas lo que hagas, *hazlo con ganas*.
Lo que se hace a medias nunca se hace bien.
—CITADO INCESANTEMENTE POR MI ABUELA WOLGEMUTH

En el capítulo 3 conté un poco de mi historia laboral, comenzando con una ruta de periódico cuando me hallaba en cuarto grado. Como estudiante con honores en la escuela de los golpes duros, papá había insistido en que yo tenía trabajo por hacer, así que siempre tuve trabajo. Además de empleo remunerado, también tuve mi parte de tareas en la casa: lavar el auto de la familia, cortar el pasto y limpiar mi cuarto y el baño de abajo. Mis hermanos y hermanas también tenían sus propias tareas.

A papá no le agradaba ver a sus hijos sentados ociosos en la casa en medio de todo el trabajo oficial. «Busquen algo qué hacer», decía cuando entrábamos en algún tiempo de inactividad, o si entraba a la sala de estar y estábamos viendo a los Cachorros por televisión. Ya que me interesaba mantenerme al día con mi equipo favorito de béisbol, aprendí a llenar ese tiempo con trabajo que podía hacerse allí en la sala de estar. Mi madre me enseñó a planchar y puesto que teníamos una familia numerosa y ya que no se había inventado la ropa que no se arruga, había canastas llenas de ropa limpia lista para planchar. También aprendí a usar hilo y aguja, a hacer dobladillos o a zurcir. Cuando yo no estaba planchando o zurciendo, lustraba zapatos, convirtiéndome en uno de los mejores pulidores de calzado del condado.

ESTIMA Y PERTENENCIA

Llevar esta ética laboral a mis trabajos remunerados me ofreció recompensas medibles: estima, pertenencia y éxito.

Hace varios años, Bobbie y yo conocimos a Daniel Lapin, un rabino ortodoxo, destacado escritor y padre de siete hijos. Habló en una conferencia a la que asistimos a pocas horas de nuestra casa. Nos fascinaron la brillantez y perspicacia del rabino, especialmente en asuntos relacionados con la familia: «El trabajo, no el juego, le da a los hijos una fuerte sensación de amor propio».

El rabino había puesto palabras a un misterio que yo había sentido durante mucho tiempo. Por supuesto, nunca pude entender esto siendo joven, pero mi capacidad de trabajar duro y de lograr tareas comenzó a edificar mi confianza como líder joven. Examinar nuestro césped perfectamente cuidado, retroceder y admirar el auto reluciente de papá llenaba mi joven corazón con una sensación de orgullo y realización.

> «El trabajo, no el juego, le da a los hijos una fuerte sensación de amor propio».

La autodisciplina que desarrollé de la estricta autoridad de mis padres, unida al amor propio que vino porque me enseñaran a trabajar duro, fueron influencias poderosas en formarme. Y puesto que tanto Bobbie como yo creíamos que el amor propio y el trabajo duro hacían una gran sociedad, hicimos lo mismo con nuestras hijas. Hojear nuestros álbumes de fotos me mostrará algunos de los momentos maravillosos de trabajar juntos en proyectos familiares.

DI HASTA QUÉ PUNTO

Te sientas con un amigo a desayunar o a tomar una taza de café en tu lugar favorito y la mesera se acerca con una cafetera fresca de humeante café. Ya has ingerido bastante, pero no puedes rechazar el aroma de la bebida. «Tomaré media taza más» le informas a la mesera.

Mientras ella empieza a verter lentamente la frescura oscura en tu taza, te pone a cargo de cuánto café quieres. Declara con una sonrisa: «Dígame hasta dónde».

Una conversación acerca de la disciplina no estaría completa sin mencionar la disciplina de la moderación: «decir hasta dónde» en tu vida y la mía.

Moderación en la comida

No puede haber disciplina más retadora que la relacionada con lo que comemos. Esto es cierto porque, a diferencia de algún vicio que juramos evitar por completo, no tenemos alternativa en esto. *Tenemos* que comer. La moderación en la comida significa que tú y yo ejercemos nuestra autodisciplina cuando se trata de elegir la nutrición que más conviene: consumir cantidades razonables de comida en vez de comer en exceso. Sembrar en tus hijos semillas de dominio propio en el consumo de alimentos cuando son jóvenes, por medio de tu ejemplo, puede evitarles vidas de frustración parados en básculas de baños.

Enséñales a «decir hasta dónde».

Moderación en otras cosas

Tú y yo podemos hablar de cuánto tiempo pasamos en nuestros celulares o sentados frente a pantallas de computación, cuánto bebemos, cómo gastamos dinero, qué lenguaje usamos o cuán rápido manejamos en carretera. *Moderación* es una palabra maravillosa para aplicar a cada uno de estos aspectos. Como adultos podemos sentirnos libres para excedernos. Pero mantener esto bajo control es una expresión importante de autodisciplina. Es una gran oportunidad para decir hasta dónde.

Modestia

Una pariente de la palabra *moderación* es la palabra *modestia*. Debido a que esto era algo favorito en el glosario inductor de culpa de mi abuela, no puedo creer que yo esté a punto de decirlo, pero ella tenía razón. La modestia *es* una expresión crucial de la autodisciplina.

Incluso entre los cristianos, la modestia es una forma de arte en peligro de extinción. Después de ver el modo en que algunos adolescentes se visten, podrías pensar: *¿En qué están pensando sus padres?*

Aunque no estoy sugiriendo que se abandone por completo el estilo, sí sugiero que *pensar* es una idea estupenda cuando se trata de ayudar a tus hijos a elegir y usar la ropa que se ponen. Nuestro amigo, el difunto Zig Ziglar, solía decir que los niños actúan del modo en que visten. Una visita al pasillo de tu colegio local entre clases podría darte una idea de lo que estoy hablando.

> *Pensar* es una idea estupenda cuando se trata de ayudar a tus hijos a elegir y usar la ropa que se ponen.

¿Has oído la expresión «Ponte elegante si quieres ascender»? Es lo primero que se enseña en institutos de comercio a jóvenes que buscan trabajo. Ropa apropiada y atractiva y aspecto pulcro, contribuyen mucho a ir a parar en el trabajo correcto. Los padres sabios no esperan hasta la primera entrevista de trabajo para estimular las opciones de ropa de sus hijos. La gente juzga a los chicos por el modo en que visten y les haces un favor a tus hijos cuando les trasmites una declaración de autoestima.

No temas decir hasta qué punto en cuanto al modo de vestir.

Una buena mirada en el espejo

Tenemos una de esas geniales correas extensibles para perros. La nuestra se extiende hasta cuatro metros. Lo sé porque cuando saco a pasear a mi perrito, así es como está la mayor parte del tiempo: totalmente extendida.

Aunque soy adulto, entiendo la necesidad de mi perro de ver hasta dónde llega la correa antes de sufrir una brusca parada. La expresión *exceder los límites* fue acuñada para personas como yo. Aunque como padre sostengo lo que he dicho acerca de la disciplina, como miembro de la especie humana encuentro cada vez más poderosa la lucha por mantener la disciplina personal.

Esto significa que, en el fondo de mi corazón, hay ocasiones en que más bien preferiría dejar a un lado la autodisciplina. Como adulto con toda la libertad que necesito, tengo la capacidad de engañar en mis impuestos, chismear acerca de «perdedores» y mirar por la Internet la lascivia con que podría agasajar a mis ojos. Además, vivo en una cultura en que la vergüenza ha perdido su… bueno, toda su vergüenza.

Hace poco leí acerca de un hombre de veintiséis años llamado Barry Landis que vive en el condado Lancaster, Pennsylvania, la región de mi propio antepasado conservador. El auto de Barry tiene siete años, pero aún es muy potente. Phillip Matson, policía estatal de Pennsylvania asignado al condado Lancaster, registró que Barry iba a ciento setenta y cinco kilómetros por hora y lo detuvo.

Debido a una multitud de más de cien violaciones de velocidad, el estado decidió publicar en el periódico local los nombres del «club de las cien» infracciones. Me llevas ventaja en esto, ¿verdad?

Por desgracia, la antigua táctica del escuadrón contra el vicio que intenta avergonzar a hombres que visitan prostitutas, publicándoles sus nombres en el periódico, se volvió contra el escuadrón. Los amigos de Barry celebraron presentándolo con el recorte del periódico para el álbum de recortes de él, contando las propias experiencias de ellos con la ley al ir a ultra altas velocidades. «Me convirtieron en una celebridad», admitió Barry.[4]

Según declaré, la vergüenza no es lo que solía ser, así que mi propia tendencia hacia el mal ha perdido mucho de su escozor.

> Sabemos que la ley es espiritual; mas yo soy carnal, vendido al pecado. Porque lo que hago, no lo entiendo; pues no hago lo que quiero, sino lo que aborrezco, eso hago. Y si lo que no quiero, esto hago, apruebo que la ley es buena. De manera que ya no soy yo quien hace aquello, sino el pecado que mora en mí (Romanos 7:14-17).

¿Puedes creer esta sinceridad del apóstol Pablo? Imagino que algunas de las personas en Roma que recibieron estas palabras en el siglo I se sorprendieron ante la franca admisión de su héroe. Pero al igual que tú y yo, Pablo *sabía* lo que debía hacer, incluso concordaba con lo que era correcto, pero *aun así* tenía problemas para hacerlo.

¿Qué debemos hacer Pablo, tú y yo?

Gracias a Dios por Jesucristo

En un hogar cristiano, todos (papá y mamá incluidos) entienden que las fuerzas que nos alejan de la autodisciplina son poderosas. No nos sometemos a la Palabra de Dios y a vivir como corresponde. Como un imán cerca de un montón de virutas de metal, nuestras naturalezas pecadoras nos tiran, empujan y alejan de lo que sabemos que es puro, correcto y bueno. «¿Quién me librará de este cuerpo de muerte? Gracias doy a Dios, por Jesucristo Señor nuestro» (Romanos 7:24-25).

Este es un enigma profundo. Jesucristo nos llama a la disciplina de obedecer, nada menos que la perfección. Él no puede tolerar algo menos. Ninguna excusa valdrá. Entonces, cuando nos encontramos totalmente abrumados por estas exigencias imposibles, Jesucristo mismo proporciona la respuesta.

Su santidad fija la norma inalcanzable. Luego su gracia perdona nuestro pecado y nos da la oportunidad de seguir adelante otra vez.

> A medida que conocemos mejor a Jesús, su divino poder nos ofrece todo lo necesario para vivir de modo piadoso. ¡Él nos ha llamado a recibir su propia gloria y bondad! Y por ese mismo poder nos ha dado todas sus abundantes y maravillosas promesas. Ha prometido que escaparemos de la decadencia que nos rodea causada por los malos deseos y que participaremos de su naturaleza divina. Por tanto, hagamos todo lo posible por aplicar los beneficios de estas promesas a nuestras vidas. Entonces nuestra fe producirá una existencia de excelencia moral. Una existencia moral lleva a conocer mejor a Dios. Conocer a Dios lleva al dominio propio. El dominio propio lleva a soportar con paciencia y soportar con paciencia lleva a la piedad (2 Pedro 1:3-6, paráfrasis del autor).

Lo que me asombra de lo que los apóstoles Pablo y Pedro han dicho en estas últimas páginas es que estos hombres no tenían acceso a televisión por cable ni a la Internet. Nunca concibieron un motor de combustión interna que los propulsara por el aire o por una autopista transitada, pero los diagnósticos que hicieron de los corazones de nuestro siglo XXI es exacto. Y su remedio sigue siendo impecable.

Pero por si necesitas otra dosis de ánimo, escucha esto: «No nos cansemos, pues, de hacer bien; porque a su tiempo segaremos, si no desmayamos» (Gálatas 6:9).

Tal vez quieras escribir esto en una tarjeta y fijarla en la cocina o en el espejo de tu baño. Quizá te ayude en esos días en que te dices: *¿Sabes qué? ¡Estoy harto de esto de la disciplina!*

Cuando todo se ha dicho y hecho, tu hogar cristiano es un lugar donde es fundamental la disciplina interna y externa, donde no hay disculpas por

Conocer a Dios lleva al dominio propio.

rigurosidad y trabajo duro, donde las expectativas para la obediencia son muy elevadas.

Y es un lugar al cual la gente es misteriosamente atraída. ¿Quién *no querría* vivir en un hogar como ese?

REEXAMINEMOS EL VERBO Y EL SUSTANTIVO

Recordarás la comparación del sustantivo *disciplina* y el verbo *disciplinar* al principio de este capítulo... cómo el objetivo del verbo (recibir disciplina) era el sustantivo (tener disciplina). He aquí otro ejemplo poderoso de este principio verbo / sustantivo.

«No os engañéis; Dios no puede ser burlado: pues todo lo que el hombre sembrare, eso también segará» (Gálatas 6:7). Aquí sembrar y segar representan los peligros y las recompensas de la disciplina. Al igual que *disciplina*, *cosecha* también puede ser verbo y sustantivo. Cosechas un cultivo (verbo) y luego te sientas y disfrutas de la deliciosa cosecha (sustantivo).

Sembrar actos de disciplina crea una cosecha de autodisciplina. Las recompensas (cosecha) de la disciplina son tangibles. O como solía decir tu entrenador cuando ordenaba a tu equipo dar otra vuelta a la pista: «Sin dolor no hay ganador».

Es cosa de campeones.

9

SEGURO EN CASA

El refugio que buscas

Cuando tú y yo éramos pequeños, vivíamos con un sano sentido de temor. No nos acercábamos a perros que gruñían ni pasábamos una carretera transitada sin la ayuda de un adulto. La mayor parte del tiempo teníamos una sensación de seguridad: había adultos responsables que podían ayudarnos cuando los llamábamos, policías locales y estatales patrullaban nuestras calles y nuestros militares mantenían bajo control el mundo fuera de nuestras fronteras.

La mañana del 11 de septiembre de 2001, esto cambió para toda persona respetuosa de la ley en el mundo. Desde ese día y probablemente por el resto de nuestras vidas, tres palabras cuelgan de ti y de mí como el brillante borde de la hoja de una guillotina: *no hay seguridad*.

Frente a esta inequívoca ansiedad, un lugar se alza como una fortaleza contra este persistente sentido de temor y espanto. Este lugar es tu hogar.

> Un lugar se alza como una fortaleza contra este persistente sentido de temor y espanto. Este lugar es tu hogar.

ABRÓCHATE EL CINTURÓN DE SEGURIDAD

Me encanta volar. Lo hago todo el tiempo. Pero detesto volar con mal tiempo.

Si vuelas, sabes qué quiero decir. Todo es completamente blanco fuera de las ventanillas. No puedes ver ninguna forma de nube. No ves el cielo azul. No puedes ver la tierra. Es como mirar un banco de nieves vírgenes: no ves imágenes, ni formas ni nada.

Luego vienen las sacudidas. Algunas son ligeras y agitadas, como si el avión estuviera volando sobre un rodapié. Otras son más fuertes. Agarras tu refresco y tratas de impedir que se deslice por los bordes. Entonces hay turbulencia que literalmente te sacude el cuerpo. Sabes que esta viene porque el capitán les pide a las azafatas que «dejen de prestar servicio y vayan a sus asientos».

Los pasajeros enmudecen. Bajan sus libros y doblan sus periódicos. Algunos jadean con desesperación cuando el avión cae unas fracciones de segundo en caída libre. Los motores se quejan y luego rugen mientras el capitán trata con aquello que no puede ver.

Al igual que tú, conozco las cifras: mi viaje al aeropuerto era estadísticamente más peligroso que el vuelo. Pero, por el momento, mi corazón late con fuerza. Echo la cabeza hacia atrás, cierro los ojos y agradezco a Dios por mi familia. A menudo canto en silencio un himno antiguo. Estas cosas ayudan.

En tres palabras puedo resumir exactamente cómo me siento durante esos terribles momentos: *no hay seguridad*. Y como dije, *no* me gusta cómo se siente esto. No soy un gran fanático de que no haya seguridad.

«CALLA, ENMUDECE»

A los discípulos de Jesús tampoco les gustaba la turbulencia. Su nave, por supuesto, era una barca de pesca.

> Se levantó una gran tempestad de viento, y echaba las olas en la barca, de tal manera que ya se anegaba. Y él estaba en la popa, durmiendo sobre un cabezal; y le despertaron, y le dijeron: Maestro, ¿no tienes cuidado que perecemos? Y levantándose, reprendió al viento, y dijo al mar: Calla, enmudece. Y cesó el viento, y se hizo grande bonanza (Marcos 4:37-39).

Toma un momento y reflexiona en cómo debió ser estar en esa barca antes del «Calla, enmudece». Los discípulos (los pasajeros de la nave) habían perdido toda esperanza. En medio de la incesante oscuridad de la tormenta estaban aterrados.

Jesús habló a la lobreguez de sus corazones asustados. «Ahora están seguros».

SEGUROS EN CASA

Piensa en los mundos de tus hijos. Si están en la escuela, sus días están llenos de frenesí: presión académica, competencia por aceptación o posición y granadas verbales de sus compañeros.

Piensa también en tu mundo: ansiedad por el bienestar de tus hijos, tensión financiera, relaciones tensas y presiones laborales.

¿A dónde entonces pueden ir?

Uno de los objetivos al establecer tu hogar cristiano debe ser proporcionar un lugar de seguridad para tu familia. Cuando tú y tus hijos atraviesan el umbral de tu casa y se cierra la puerta, necesitan sentirse seguros. Al igual que niños que tocan la base cuando juegan al escondite, deben llegar a su final de la carrera, la persecución, el escondite y el temor.

En el capítulo 3 hablamos de cómo necesitamos que las personas se sientan bienvenidas cuando atraviesan nuestras puertas principales. Igual que cuando los clientes fieles entran a una tienda, escuchamos un chirrido electrónico que nos avisa que alguien muy importante ha ingresado.

Seguridad en casa es lo que ocurre entre las idas y venidas. Involucra el modo en que nos tratamos y nos honramos unos a otros.

Este tipo de seguridad empieza con la libertad de hablar.

UN LUGAR SEGURO PARA DECIR LA VERDAD

Era mediodía. Hacía calor. Si has estado alguna vez en el Oriente Medio, sabes lo riguroso que es el sol del mediodía. También sabes lo preciosa que puede ser el agua.

Al parecer, Jesús se había separado de sus discípulos, porque las Escrituras nos dicen que se sentó solo junto al pozo de Jacob. Estaba cansado y sediento. Al poco tiempo, una mujer se acercó al pozo con un gran cántaro de barro y Jesús le pidió de beber.

> Seguridad en casa… involucra el modo en que nos tratamos y nos honramos unos a otros.

Debió ser por la estructura del rostro o tal vez debido a un revelador acento galileo, pero la mujer (samaritana) supo que el hombre era judío. «¿Cómo tú, siendo judío, me pides a mí de beber, que soy mujer samaritana? Porque judíos y samaritanos no se tratan entre sí» (Juan 4:9).

En los minutos siguientes, el diálogo entre Jesús y la mujer samaritana reveló algunos hechos íntimos (secretos) acerca de la vida de ella. Jesús le comunicó que sabía que había tenido cinco maridos y que actualmente estaba viviendo con un hombre que no era su esposo. ¿Puedes imaginarte la impresión de oír esta cruel verdad de labios de un extraño total?

Lo más notable de esta conversación fue que, de algún modo, la mujer samaritana fue atraída hacia Jesús. Habría sido previsible que le indignara tal franqueza. Lo increíble es que no fue así. Es más, la samaritana dejó el cántaro de agua y corrió al pueblo para contarles a todos lo que descubrió acerca de su extraordinario encuentro. Exclamó: «Me dijo todo lo que he hecho» (Juan 4:39).

Justo allí, al lado del pozo de Jacob en un caluroso día en Samaria, Jesús creó un lugar seguro para decir la verdad.

Cuando nuestras hijas estaban creciendo, Bobbie y yo hicimos un pacto con ellas. Les dijimos que cuando enfrentaran una posible «situación», no las castigaríamos si decían la verdad… la primera vez. Tenían que tratar con las consecuencias (reemplazar el jarrón roto o disculparse con la hermana), pero no había castigo si la respuesta a «Ey, ¿cómo se rompió esto?» era un inmediato «¡yo lo hice!». (Tampoco había castigo por accidentes o equivocaciones sinceras). Decidimos que nuestro hogar debía ser un lugar seguro para decir la verdad.

«Lo que dijiste hirió mis sentimientos» era algo que cualquiera podía expresar libremente y sin temor a represalias. La verdad daba a los receptores del mensaje una oportunidad de explicar lo que habían dicho o lo que habían querido decir.

El verano posterior a su segundo año de universidad, Julie me reveló en el desayuno que se sentía espiritualmente seca. «No es nada importante —confesó—, pero no estoy tan emocionada en cuanto a mi relación con Jesús como debería estar».

Simultáneamente me llegaron dos pensamientos. En primer lugar, me alegró que mi hija se sintiera segura de revelar sus sentimientos. Ella tenía plena confianza en que yo no sacaría una lección de escuela dominical, por lo que estaba agradecido. Pero, en segundo lugar, ¿qué iba yo a hacer con tal información?

«Realmente no estoy seguro de qué hacer», admití, tomando mi propio turno en decir la verdad.

Entonces algo me llegó a la mente. «Tengo una idea —le dije a Julie—. Reunámonos a las siete y media las mañanas de los martes y jueves este verano. En realidad no sé qué decirte, pero te aseguro que si leemos la Biblia y oramos juntos, Dios nos mostrará lo que debemos hacer».

Esa simple predicción resultó ser correcta. Dos veces por semana nos reunimos en nuestra sala de estar. Nos sentábamos en el suelo y leíamos pasajes bíblicos, analizábamos aspectos de nuestras vidas que eran desalentadores o especialmente retadores y luego nos arrodillábamos a orar en la banqueta frente a una gran silla mullida. Ese verano que pasamos juntos renovó nuestras relaciones con Dios y profundizó nuestro amor mutuo.

Julie había sido sincera respecto a su estancamiento espiritual.

ESTAMOS DE TU PARTE

El béisbol me ha atraído desde que era niño. Cuando estaba en la escuela, e iba en mi bicicleta a recoger los periódicos que me pagaban por entregar, tenía que pasar por un campo de la liga Pony. A menudo, las tardes de fin de semana en primavera y verano jugaban allí. Que yo pasara por ese campo sin detenerme durante una o dos entradas era casi imposible.

Desde esa época he visto muchos juegos de béisbol, incluso de las ligas mayores. También he observado cientos de juegos por televisión.

A diferencia de cualquier otro deporte profesional, el entrenador de un equipo de béisbol tiene acceso al árbitro sin restricciones. No puedes nombrar otro deporte donde pase esto. Claro, has visto a un entrenador de fútbol o hockey charlando con el árbitro desde el margen, o a un entrenador de baloncesto dar un par de pasos dentro de la cancha para expresar su consternación por una decisión. Pero en el béisbol no es poco común ver al entrenador correr desde la caseta y entrar al campo para embestir al árbitro.

Justo antes de ser expulsado del juego y resultar castigado por la liga con una cuantiosa cantidad de dinero, el entrenador se encuentra de vez en cuando tan furioso que patea tierra a los zapatos del árbitro.

Sin contar la posibilidad de que el entrenador se lastime el dedo del pie al salir de la ducha esa mañana, ¿por qué hace algo tan estrafalario? ¿Lo hace porque puede salirse con la suya y convencer al árbitro de que cambie la decisión? No. ¿Por qué entonces?

La respuesta es asombrosamente sencilla. Lo hace para hacerles saber a sus jugadores que está de parte de ellos. Claro, en realidad *está* altercando la decisión en la cancha, pero ¿por qué la teatralidad?

El furioso entrenador está diciéndole al árbitro: «No apruebo tu decisión. Y no te metas con mis jugadores. Siempre los defenderé. Estoy dispuesto a parecer ridículo aquí y ser expulsado del juego para resaltar mi punto».

No estoy defendiendo que tú y yo actuemos de modo tan extremo para decirles algo importante a nuestros hijos, pero cuando se trata de mostrar de qué lado estás, tus hijos nunca deberían tener ninguna duda.

> Disputa, oh Jehová, con los que contra mí contienden;
> Pelea contra los que me combaten (Salmos 35:1).

Imagina que tu hijo de tres años llega corriendo a casa con un golpe en la cabeza. Por supuesto, está llorando. Entre lágrimas trata de explicar lo que sucedió. Averiguas el hecho de que se cayó de la bicicleta… porque estaba tratando de ir sentado detrás del asiento.

Tu «adultez» comienza. Aquí hay una oportunidad de enseñar una lección a tu pequeño. La gente que diseñó esta bicicleta no tomó en consideración las proporciones de los dinámicos cambios de peso que el ciclista debería elegir para montar sentado detrás del asiento. Por tanto, comienzas a explicar a tu lloroso hijo por qué no debería tratar de hacer algo tan atrevido y ridículo.

> Cuando se trata de mostrar de qué lado estás, tus hijos nunca deberían tener ninguna duda.

Mientras tanto, todo eso está martillándole en la *cabeza*. Un sermón sobre la física del ciclismo adecuado no está ayudando con el dolor.

En este mal momento de su día, tu pequeño no necesita un simposio del señor o la señora Ciencia; habrá tiempo para esto más tarde. Ahora él necesita el abrazo incondicional de alguien que esté de su parte.

No estoy abogando porque nos volvamos padres blandengues y llorosos que malcrían a sus hijos cada vez que se enojan. Quienes hacen esto están invitando a sus chicos a volverse blandengues y llorosos, quejándose en toda oportunidad y manipulando a cualquiera que esté a la vista. Lo que *estoy* diciendo aquí tiene que ver con hacer cosas que den a tus hijos la confianza que viene de saber con absoluta certeza que estás de su lado. Tu reacción instintiva no está en oposición a ellos. Eres su abogado, su campeón.

Si fuera tu hijo, esto me haría sentir seguro.

UN LUGAR SEGURO PARA COMETER ERRORES

¿Dónde estaría la ciencia y la tecnología si los investigadores no cometieran errores en el laboratorio? Medicamentos milagrosos, teléfonos celulares y hasta limpiadores de inodoros son resultado de ensayos y errores en ambientes controlados. ¿Puedes imaginarte a científicos supervisores diciéndoles a sus subalternos: «No hagan nada a menos que sea algo perfecto»? Qué ridiculez.

Tu hogar, un laboratorio acerca de la vida, necesita tener un ambiente en que se permita fallar a sus miembros.

En febrero de 1992, mi patrimonio neto cayó a cero. No, en realidad *nuestro* patrimonio neto cayó a cero. La empresa editorial que mi socio comercial y yo habíamos iniciado cinco años antes acababa de fracasar. Puesto que yo había comprometido todos mis (nuestros) activos financieros con la empresa, en ese momento mi (nuestra) situación económica familiar se desmoronó.

Bobbie y yo devolvimos nuestro auto al concesionario y pedimos compasión. Llamamos a nuestra hija en la universidad y le dijimos que no podría estudiar el siguiente semestre. Sin patrimonio para poder comprar una casa, buscamos un lugar para alquilar.

Todo esto se convirtió en un enorme inconveniente y en vergüenza potencial para mi esposa. En cinco años yo había pasado de la presidencia de una empresa muy respetada en nuestro pueblo, viviendo en una casa con cinco chimeneas en un vecindario encantador… a esto.

«¿Cómo *pudiste* hacernos esto? —pudo haberse quejado mi esposa—. ¿Qué vamos a hacer ahora? ¿Por qué no puedes ser como los demás esposos y conseguir un empleo regular?».

Pero no hizo eso. Bobbie se puso de mi lado, tratándome como al niño pequeño con el golpe en la cabeza. No me dio un fundamentado discurso sobre lo que yo había hecho mal y sobre cómo esto iba a enviar a nuestra familia a lo más profundo. Me dijo que seguía creyendo en mí. Me recordó que estábamos juntos en esto y que saldríamos juntos de esto.

Durante los primeros diecisiete años de nuestro matrimonio tuve libertad para triunfar. Luego, después de cinco años de riesgo y audacia, también tuve libertad para fracasar.

Al ser mi animadora más fiel, Bobbie me dio el valor que necesitaba para tratar con mi fracaso, aprender de este y volver a comenzar.

En el capítulo 4 hablamos de que tu hogar cristiano debe estar lleno de gracia. «Nosotros le amamos a él, porque él nos amó primero» (1 Juan 4:19). He aquí otro ejemplo de eso. Dios no esperó a amarnos (incluso murió por nosotros) hasta que tuviéramos éxito. Su amor por nosotros estaba en pleno vigor *mientras* éramos fracasos totales.

> Durante los primeros diecisiete años de nuestro matrimonio tuve libertad para triunfar. Luego, después de cinco años de riesgo y audacia, también tuve libertad para fracasar.

Nuestros hijos necesitan lo mismo que nosotros necesitamos. Cuando olvidan sus diálogos en la obra escolar o los sacan de las ligas menores, sienten la pérdida, tal como me pasó cuando fracasó mi negocio. Necesitan nuestro apoyo sincero («Cariño, estoy orgulloso de ti por intentarlo») y nuestros abrazos y ánimo. Esto no enmendará el error, pero lo hará soportable. También les dará fortaleza para intentarlo de nuevo.

Una mamá que conocemos les dice a sus hijos: «Una equivocación significa que estás intentando algo. Y eso es bueno. Si nunca intentas nada, no cometerás errores. Prefiero ver que intentas».

Hace muchos años, Bobbie observó a Sabrina de doce años competir en el complejo Wide World of Sports de Disney en un encuentro nacional de gimnasia. Bobbie estaba impresionada de cómo el entrenador de Sabrina respondía a las chicas después de cada evento. Todas recibían una sonrisa, un abrazo o una felicitación cada vez que competían. Bobbie comentó a la familia de Sabrina cómo el entrenador afirmaba constantemente a las chicas, sin importar su desempeño. La madre sentada en la fila alcanzó a oír lo que sucedía y estuvo de acuerdo que las chicas tenían un entrenador realmente excelente.

Entonces dijo algo que dejó a Bobbie sin poder recuperarse por un rato. «He visto padres que después de la competencia voltean sus caras disgustados o que nos les hablan a sus hijas si estas hicieron un mal movimiento o si se cayeron de la barra. He visto a un padre salir enojado por la puerta del gimnasio para castigar a su hija por no aterrizar bien».

«Se trata de niñas —me dijo más tarde Bobbie—. Necesitan sentirse seguras».

UN LUGAR SEGURO PARA PREGUNTAR CUALQUIER COSA

Hemos hablado de la importancia de crear un lugar seguro para decir la verdad. Tu hogar cristiano también debe ser un lugar seguro para solicitar la verdad.

Ya que en nuestras casas tenemos electricidad y que esta nos permite tener televisores, radios y computadoras, nuestras familias son bombardeadas con imágenes e ideas excesivamente horribles de contemplar. Desde que tienen edad suficiente para preguntar, nuestros hijos están expuestos a cosas que nuestros abuelos nunca pudieron haber imaginado.

> Tu hogar debe ser un lugar donde sean aceptables preguntas sobre lo impensable.

Tu hogar debe ser un lugar donde sean aceptables preguntas sobre lo impensable, donde las discusiones sean francas y libres.

No recuerdo haber tomado una decisión estratégica al respecto a principios de mi matrimonio con Bobbie. Quizá simplemente nos topamos con esto porque estábamos trabajando con adolescentes cuando nuestras niñas nacieron. Estos adolescentes nos hacían muchas preguntas. Nuestra casa era un lugar de reuniones perpetuas. A menudo, otros adolescentes nos hacían preguntas sobre temas que no se atrevían a hablar con sus propios padres. Este era un privilegio, aunque siempre los animábamos a buscar consejo y sabiduría en sus padres.

Quisimos poner en marcha un foro libre y abierto para nuestras niñas pequeñas, de modo que vinieran a *nosotros* cuando crecieran. Nuestra primera oportunidad seria vino una tarde en que Missy salió de los arbustos. Había estado jugando a las escondidas con el vecinito; Missy tenía cuatro y Jimmy seis. Bobbie detectó un posible problema cuando Missy salió: tenía torcidos los pantalones.

Ella reportó inocentemente: «Jimmy quería ver cómo es el trasero de las niñas».

Al haber sido descubierto, Jimmy se dirigió a toda carrera a su casa, revelando tal vez menos virtud de su parte.

Bobbie permaneció completamente tranquila mientras Missy explicaba que Jimmy le había ofrecido la clásica compensación curiosa de los niños: «Muéstrame el tuyo y yo te mostraré el mío».

Bobbie se dirigió directamente a nuestra biblioteca pública. Después de investigar un poco, encontró un libro adecuado para niños que explicaba las partes corporales y sus funciones. Luego llamó a la madre de Jimmy, Mary, una vecina amiga y le contó lo sucedido. Pidiendo una oportunidad para convertir la situación en un momento de enseñanza, Bobbie le dijo a Mary que había encontrado un libro en la biblioteca y que le gustaría repasar el libro con Missy y Jimmy juntos. Mary le dio su permiso incondicional.

En menos de veinticuatro horas del episodio de los arbustos, Bobbie estaba sentada en la florida silla mullida en nuestra sala con Jimmy en un brazo y Missy en el otro. Leyendo cada página y dando a los niños suficiente tiempo para mirar las ilustraciones, ella les pidió que preguntaran lo que quisieran. Missy tenía muchísimas. Jimmy estaba mucho más tranquilo.

No estamos seguros de cuál fue el efecto a largo plazo de lo que la experiencia significó para Jimmy, pero para nuestra hija fue un precursor de aspectos venideros.

Cuando llegué a casa más tarde ese día, Bobbie me pidió que corriera al supermercado a comprar algunas cosas. Pregunté si Missy podía acompañarme. Hasta que fuera demasiado grande para caber en el asiento de niños en el carrito de compras, montar en la tienda de comestibles era una de nuestras aventuras favoritas a alta velocidad… NASCAR en el supermercado.

Una vez que localizamos nuestros artículos asignados y que yo chequeara dos veces la lista, me puse en una fila que parecía moverse con rapidez. Cuando llegó nuestro turno, fui a la parte delantera del carrito para descargar nuestras compras en la banda transportadora.

A estas alturas, un caballero en traje de oficina, obviamente haciendo un mandado similar para *su* esposa, tomó su lugar en la fila detrás de nuestro carrito donde estaba estacionada mi hija de cuatro años. Missy se quedó mirando fijamente al hombre por un rato, con la mirada a la altura de la hebilla del cinturón.

«Señor —oí que ella preguntaba mientras yo colocaba medio galón de leche al dos por ciento en la cinta móvil de alimentos—, ¿tiene usted pene?».

La pregunta de la niña era tan sincera como si le hubiera preguntado al hombre si le gustaban los pastelitos de chocolate.

Me volví y miré al consternado comprador, quien después de un largo día en la oficina, estaba despiadadamente desprevenido para esa pregunta. Su mirada se fijó en el piso de vinilo verde y negro. Ninguno de nosotros dijo nada.

Cuando Missy y su hermana crecieron, aprendieron que en nuestra casa no había preguntas o temas prohibidos. Al llegar a las edades de pre adolescencia y adolescencia en que sus preguntas se volvieron difíciles, Bobbie y yo hicimos todo lo posible por no hacer juicios en cuanto a *por qué* nuestras hijas preguntaban tales cosas. En sentido literal tratamos con inquietudes acerca de drogas, sexo, alcohol o engaño en la escuela.

Aunque a veces no era fácil, Bobbie y yo hicimos nuestro mejor esfuerzo por no reaccionar exageradamente, sin hacer suposiciones de que *hacer* esas preguntas significara algo. Nuestras hijas a menudo oían decir a sus amigos: «¡No puedo creer que hables con tus padres acerca de *eso*!».

Este tipo de apertura vendrá con la decisión de hacer de tu hogar un lugar seguro para hacer preguntas. Haz la promesa de tratar con respeto cada pregunta sincera, por aterradora que pueda ser.

Las preguntas sinceras también te darán la oportunidad de ser transparente con tus hijos respecto a sus propias inseguridades, temores y debilidades.

PENSAR ES SER

Porque cual es su pensamiento en su corazón, tal es él (Proverbios 23:7).

Consideremos el poder de estas palabras que escribió el rey Salomón hace más de tres mil años. Los rasgos de carácter que adoptas determinan en quién te conviertes. Zig Ziglar resaltó esta idea cuando afirmó que «una persona no puede actuar constantemente en una forma que sea inconsecuente con la manera en que se ve».[1]

Puesto que estas palabras son la verdad, puedes tener esto en cuenta: los miembros de tu familia probablemente llegarán a ser aquello en que crees que se convertirán.

Desde luego, no estoy hablando de que tus hijos lleguen a ser médicos, abogados o ministros solo porque creas que eso es lo que más les conviene. Esa decisión la determinarán ellos y solo ellos.

«Por lo demás, hermanos, todo lo que es verdadero, todo lo honesto, todo lo justo, todo lo puro, todo lo amable, todo lo que es de buen nombre; si hay virtud alguna, si algo digno de alabanza, en esto pensad» (Filipenses 4:8). De esto es de lo que *estoy* hablando: de verdad, honestidad, justicia y pureza.

Si en mi corazón pienso en mi hija como alguien confiable, así es como actuaré hacia ella. Esta es mi presuposición, mi pantalla predeterminada: *Mi hija es un ejemplo de sinceridad.* Cuando me dice algo, no ve cinismo en mi rostro. Confío en lo que me cuenta.

Entonces, en esas raras ocasiones en que no cumple con esta norma, mi reacción es absolutamente previsible. «No me dijiste la verdad. *Así* no eres tú».

Acabo de poner palabras al objetivo que tengo para mi hija. Espero buenas calificaciones con honestidad. Y *sé* que ella puede hacer algo mejor que declaraciones comprometedoras. Mi preconcepción (mi prejuicio) es: *esta chica es una persona sincera.* Lo que hizo fue un desliz momentáneo. Y un ajuste correctivo, junto con mi perdón, la devolverá al buen camino.

> Puedes tener esto en cuenta: los miembros de tu familia probablemente llegarán a ser aquello en que crees que se convertirán.

Incluso si tu hijo está lidiando de veras con mentira crónica, te animo a que sigas fijando en su mente un fuerte carácter de veracidad. Dile una y otra vez: «Así no eres tú». También podrías querer usar el enfoque «no te castigo si me dices la verdad la primera vez».

Esto nos lleva nuevamente a Bill Glass hablándole a los presos, ¿verdad? Lo que tales prisioneros oyeron que sus padres creían respecto a ellos, lo que *pensaban* de ellos. Y muchos se convirtieron en lo que sus padres creían que llegarían a ser.

Un hogar seguro es un lugar en que las personas siempre piensan lo mejor unas de otras. E incluso, cuando un comportamiento inaceptable interrumpe esto, la rebeldía vuelve a la verdad, la honestidad, la justicia y la pureza.

¿QUIÉN HIZO ESTO?

Algo fascinante de nuestra cultura es el estallido al parecer desenfrenado del «juego de la culpa». Para cada matiz negativo en la vida de una persona, alguien tiene la culpa.

Un hogar seguro es un lugar en que las personas siempre piensan lo mejor unas de otras.

Un día, Jesús y sus discípulos iban por el camino cuando pasaron al lado de un hombre, tal vez mendigo, que era ciego.

«Al pasar Jesús, vio a un hombre ciego de nacimiento. Y le preguntaron sus discípulos, diciendo: Rabí, ¿quién pecó, éste o sus padres, para que haya nacido ciego?» (Juan 9:1-2). «¿Quién es el culpable de esto? —le preguntaron a Jesús—. ¿Hizo este hombre algo horrible para merecer esto, o fue culpa de sus padres?». Los discípulos le dieron a Jesús dos alternativas para elegir: (1) el ciego o (2) sus padres. Jesús eligió (3) ninguna de las anteriores.

Esta respuesta pudo haberte confundido. Jesús declaró: «No es que pecó éste, ni sus padres, sino para que las obras de Dios se manifiesten en él» (v. 3). En un hogar cristiano entendemos, o al menos aceptamos, este misterio llamado la soberanía de Dios. Esto no es algo fatalista. No. No levantamos las manos desesperados y expresamos: «Solo somos títeres en una cuerda. ¿Qué sentido tiene?». Al contrario, la providencia de Dios proporciona consuelo y esperanza.

«¿No se venden dos gorriones por una monedita? Sin embargo, ni uno de ellos caerá a tierra sin que lo permita el Padre» (Mateo 10:29, NVI). ¿Lo ves? Al pronunciar esto, Jesús estaba asegurando a sus seguidores que eran más valiosos para Dios que un pajarito. Y si la soberanía de Dios lleva registro de estas criaturitas, imagina con qué cuidado vela por ti y tu familia.

Tu hogar es un lugar seguro, donde suceda lo que suceda, nadie debe dejarse llevar por el pánico. ¿Recuerdas la tormenta? ¿Recuerdas los discípulos aterrados? ¿Recuerdas las palabras de Jesús a la tormenta?

En la historia del ciego, Jesús estaba diciéndoles a los discípulos que habían hecho la pregunta equivocada. No se trataba de quién era el culpable.

La pregunta debió ser: ¿Qué nos está diciendo Dios acerca de por qué *ha* sucedido esto?

¿Es esta experiencia, esta crisis, este accidente o este trauma una oportunidad para que examinemos nuestros corazones y tal vez nos arrepintamos? ¿Es esta una oportunidad de acercarnos a Dios, de confiar en Él en nuevas maneras? ¿Es esta una manera de demostrar a los demás cuán importante es Dios para nosotros y cuán fiel ha sido con nuestra familia?

¿Puedes sentir la calma? Yo también.

> ¿Es esta una oportunidad de acercarnos a Dios, de confiar en Él en nuevas maneras?

UN REFUGIO EN EL VECINDARIO

Por maravillosa que fuera mi familia cuando era niño, no crecimos pensando mucho en el vecindario. No es que fuéramos hostiles. No lo éramos. No es que no arrancáramos las malezas en nuestro patio. Lo hacíamos. Solo que íbamos y veníamos sin pensar mucho en la gente que vivía cerca. Quizá esto lo arrastraron mis padres al criarse ambos en granjas en que sus vecinos más cercanos estaban casi a medio kilómetro de distancia.

En apoyo a mi argumento, una de las historias favoritas de nuestra familia es del día en que un enorme camión de mudanzas se detuvo frente a la casa de nuestro vecino, dos puertas hacia el este. Los Strandquist (a quienes mencioné en el capítulo 1) estaban yéndose del vecindario. Papá vio el camión y decidió ir allí para despedirse. Le pidió a mi hermano que lo acompañara.

Papá alcanzó al señor Strandquist cuando este se dirigía a su auto.

—Sentimos mucho que te vayas de nuestro vecindario, Melvin —dijo papá con auténtica sinceridad.

—Ah, gracias, Bob —contestó el señor Strandquist, igualando el aplomo de mi padre—. Nosotros también te extrañaremos.

Entonces él miró a mi hermano.

—Adiós, Tom —dijo sonriendo y entrecerrando los ojos, lo cual resaltó su autenticidad.

Papá y mi hermano estrecharon la mano del señor Strandquist y regresaron a casa. Unos minutos después, cuando nos sentamos a cenar, nos dieron el informe de su visita. Lo que nos impresionó era que el señor Strandquist se llamaba Larry, y no Melvin; mi papá era Sam, y no Bob; y mi hermano se llamaba Ken, en vez de Tom.

Nuestra familia explotó en carcajadas. La historia todavía me hace sonreír.

Sin embargo, en retrospectiva concluimos que lo que había sucedido realmente no era algo de qué reír. Con el debido respeto a mis padres, esto tuvo menos de chiste y más de una oportunidad perdida.[2]

Por supuesto, disfruté jugando pelota con mis compañeros del vecindario y conocí a muchos de los adultos cuando entregaba periódicos en sus casas o lavaba sus autos,[3] pero esta era prácticamente mi mentalidad… hasta que conocí a Bobbie.

Mi primera visita a su casa en McLean, Virginia, fue en diciembre de 1967. Cuando entré a la cocina, ella estaba dándole los toques finales a un hermoso pastel de cumpleaños. No creí que sus hermanas ni sus padres estuvieran cumpliendo años.

—¿Para quién es el pastel? —pregunté.

—Es para el general Illig —contestó—. Es su cumpleaños cincuenta.

—¿Quién es el general Illig? —quise saber.

—Nuestro vecino —respondió Bobbie.

Aunque no le revelé mi sorpresa total, puedo decirte que quedé sorprendido en varios niveles: primero, que ella supiera el día de cumpleaños de su vecino; segundo, que hiciera algo al respecto; y tercero, que se tomara *ese tipo de molestia*.

Más de cuatro décadas después puedo asegurarte que Bobbie transformó el modo en que yo veía nuestra casa en los vecindarios donde vivíamos. Para su mérito completo, puedo decirte que, con los años, muchos de nuestros vecinos y sus hijos han considerado nuestra casa como un lugar seguro. Puede que hayan o no relacionado esto con que nuestra residencia fuera un hogar cristiano, pero si hicieras una encuesta entre ellos, descubrirías que la mayoría sabía que algo bueno había adentro y se sentían cómodos allí.

Cuando nuestras hijas aún vivían en casa, esta les proporcionaba una gran sensación de seguridad. Su hogar no solo era un lugar donde se sentían seguras sino que sus amigos siempre fueron bienvenidos. Como aterrizar en un espacio seguro en un juego de mesa, nuestras hijas llevaban confiadas a nuestra casa a sus compañeros.

PEQUEÑAS CIUDADES DE REFUGIO

¿Sabías que los «lugares seguros» no son idea nueva? Ya en el Antiguo Testamento, cuando Moisés estaba asignando los territorios de Canaán, Dios le instruyó que apartara ciudades para un propósito especial.

El [hombre] que fuere con su prójimo al monte a cortar leña, y al dar su mano el golpe con el hacha para cortar algún leño, saltare el hierro del cabo, y diere contra su prójimo y éste muriere; aquél huirá a una de estas ciudades, y vivirá; no sea que el vengador de la sangre, enfurecido, persiga al homicida, y le alcance por ser largo el camino, y le hiera de muerte, no debiendo ser condenado a muerte por cuanto no tenía enemistad con su prójimo anteriormente (Deuteronomio 19:5-6).

En un principio hubo tres «ciudades de refugio»; luego, cuando la nación de Israel creció, se añadieron tres más. La ley de la tierra era que quienes fueran culpables de homicidio involuntario, no de asesinato, podían exiliarse allí hasta que se asentaran los ánimos de la crisis y prevaleciera la razón. Incluso sus familias estaban seguras allí. Los tribunales nacionales no tenían jurisdicción en tales ciudades.

A pesar de que tú y tus hijos probablemente no necesiten protección del brazo largo de la ley, sí necesitan un lugar al cual ir donde no haya peligro. Un hogar donde haya seguridad en decir la verdad y hacer cualquier pregunta, donde las personas estén de tu parte, donde puedas equivocarte y seguir siendo amado… un lugar en que haya amor y que sea seguro en tu vecindario.

Los que viven al amparo del Altísimo
encontrarán descanso a la sombra del Todopoderoso.
Declaro lo siguiente acerca del Señor:
Solo él es mi refugio, mi lugar seguro;
él es mi Dios y en él confío (Salmos 91:1-2, NTV).

Tomando la idea de Moisés y trabajando en ella, el salmista anunció que un refugio («lugar seguro») ya no era un asunto de geografía. Un hogar cristiano es un lugar seguro porque Dios está allí. Él convierte tu hogar en un amparo. Tu hogar, dondequiera que esté, puede ser una ciudad de refugio.

Un hogar cristiano es un lugar seguro porque Dios está allí.

RELÁJATE; SOLO ERES EL PADRE AQUÍ

El propósito de recordarte estos aspectos importantes es recalcar tu responsabilidad principal en tu hogar cristiano. Eres el padre. No eres un policía que patrulla la sala de estar, buscando la oportunidad de emitir una citación. No eres un vigilante de pasillo, un instructor de manejo, ni Papá Noel, haciendo una lista y revisándola dos veces. No eres un huésped, que va y viene a voluntad. Tampoco eres un bibliotecario que se asegura que todos estén en fila recta y nadie hable más fuerte que en susurros.

Eres el padre. Y tu trabajo es crear un lugar, un lugar feliz y seguro para tu familia, un ambiente que asegure a todos que están *realmente* en casa.

PAZ EN LA TIERRA

Es probable que nunca hayas oído hablar de Bernie Felstead. Pero el relato de primera mano de su experiencia cerca del pueblo de Laventie en el norte de Francia proporciona una imagen extraordinaria de cómo es un lugar seguro. Se trata de una historia que Bernie recordó a un periodista tan claramente como si hubiera ocurrido el año pasado. Aunque Bernie tenía ciento dos años, el único testigo vivo, sus ojos le centelleaban al recordar una experiencia que había tenido lugar más de ocho décadas antes.

Era una mañana helada, el 25 de diciembre de 1914. Como soldado de veintiún años en la infantería galesa real, Bernie estaba atrincherado junto con cientos de compañeros de armas, jóvenes que anhelaban estar en casa en Navidad. Tropas alemanas hostiles se encontraban a escasos cien metros de distancia.

La noche anterior, víspera de Navidad, los disparos habían comenzado a amainar. Justo antes del amanecer, el silencio cayó como una gran niebla sobre el campo de batalla. Un soldado alemán comenzó a cantar la canción galesa de cuna: «Durante la noche entera». La suave voz de tenor perforó la oscuridad mientras cantaba en perfecto inglés.

Duerme mi niño y paz te cobije
Durante la noche entera.
Ángeles guardianes Dios enviará
Durante la noche entera.
Las dulces horas de sueño avanzan
Por valles y colinas en profundo sueño.
Dios te cuida en tierna vigilia
Durante la noche entera.

Bernie Felstead y sus compañeros escuchaban sorprendidos. Una canción que sus madres tiernamente les cantaran cuando eran pequeños, había reemplazado por un momento a diez meses de incesantes disparos. Profunda emoción inundó los corazones de estos hombres.

«Los alemanes salieron de sus trincheras y se acercaron a nosotros —recordó Bernie—. Nadie decidió por nosotros, simplemente trepamos nuestras barricadas y fuimos hacia ellos. No estábamos asustados».

Bernie recordaba cuán fatídicos parecían los alemanes con sus extraños cascos con picos. Muy pocos soldados británicos conocían a algún alemán y difícilmente un alemán hablaba una sola palabra de inglés. «Sin embargo —declaró Bernie, sin que su maltratado rostro insinuara un solo rastro de la emoción que debió haberle inundado el corazón esa mañana—, sin ninguna orden hablada todos acordamos no pelear ese día».

Los soldados intercambiaron saludos y se dieron la mano, deseándose mutuamente una «Feliz Navidad». Durante unas horas, ejércitos de ángeles revolotearon sobre el campo de batalla. «Paz en la tierra» se impuso. Y Bernie Felstead vivió para contar la historia.[4]

Aunque estas tropas volvieron a la guerra, esa noche proporcionó un respiro a los soldados agotados por la batalla. Esta podría ser una imagen de tu hogar: un oasis de las implacables luchas de la vida. No hay temor, discusiones incesantes, interrupciones desconsideradas, desorden general, ni guardias armados preparados. Este es un lugar seguro para vivir. Y esto es algo que puedes hacer.

Jesús lo declaró de este modo: «En cualquier casa donde entréis, primeramente decid: Paz sea a esta casa. Y si hubiere allí algún hijo de paz, vuestra paz reposará sobre él» (Lucas 10:5-6). Exactamente como hiciera esa noche en el mar de Galilea, Jesús extiende sus manos sobre tu corazón y tu hogar. Y expresa: «Calla, enmudece».

Respira profundo. Aspira una gran ráfaga de aire y suéltala.

Relájate. Estás en casa. *Este* es el refugio que buscabas.

10

PADRES COMO SACERDOTES: PÚLPITOS OPCIONALES

Papá y mamá, ¿por qué las túnicas?

No maldigas la oscuridad; enciende una vela.
—Proverbio chino

No tengo yo mayor gozo que este, el oír que
mis hijos andan en la verdad.
—3 Juan 1:4

Un grupo de cristianos chinos se reúne en una de sus modestas casas para adorar. Juntos cantan en voz baja himnos y coros sencillos. Y aunque sus corazones rebozan de alabanzas a su Padre celestial, sus voces apenas se oyen. Uno de ellos guía en oración colectiva y luego presenta un estudio de la Palabra de Dios. Algunos tienen biblias, pero la mayoría lee páginas sin encuadernar de las Escrituras.

Lo que hacen es ilegal.

Estos valerosos creyentes saben el precio que pagarían si fuerzas gubernamentales los descubrieran: prisión segura y tal vez muerte. Desde la revolución en 1949, la cantidad de ejecutados por tener cultos en sus casas se calcula en cientos de miles.

Esta persecución no ha frenado el movimiento de iglesias en casas en China. Cuando los comunistas se apoderaron del país hace más de seis décadas, había menos de un millón de cristianos. Hoy día se calcula que el número de creyentes es más de cincuenta millones.[1]

Estos santos valientes saben que cada vez que se reúnen, su mundo no recibe bien lo que ellos creen. La cultura en que viven es hostil al amor eterno que tienen por Jesucristo. China es una nación donde los niños son educados en un sistema al que se ha despojado de todo lo que hable de Dios o que insinúe religión.

¿Resulta conocido?

No te preocupes, no voy a treparme a una tribuna improvisada. Este no es el momento ni el lugar. Sin embargo, basta con decir que tú y yo sabemos que nuestra cultura no acepta aquellas cosas que, como creyentes en Dios y su Palabra, consideramos preciosas: verdad, honor, justicia y pureza. Al salir de nuestras casas nos bombardean mensajes hostiles a lo que sabemos que es verdadero y precioso.

Sin embargo, no debemos perder la calma.

Ayuda obtener un poco de perspectiva. En los Estados Unidos hay cerca de ciento veinte millones de hogares, originalmente establecidos por abuelos o padres nacidos en la posguerra. En una encuesta reciente de individuos nacidos en la posguerra, un tercio de ellos se describe como cristianos nacidos de nuevo. ¡Eso significa que solo en esta nación existe la posibilidad de cuarenta millones de iglesias en casas![2] ¡Lo cual significa que, en esta sola nación, hay la posibilidad de casi cincuenta millones de iglesias en casas!

IGLESIAS POR TODAS PARTES

El avión en que me hallaba rugía en el cielo directamente al sur del aeropuerto de Nashville. Nos dirigíamos a la costa oeste, por lo que cuando la nave se inclinó bruscamente hacia la derecha, tuve un vislumbre de la zona de la ciudad en que vivíamos, al suroeste del centro.

Puesto que era temprano en la mañana, la luz del sol desde el oriente iluminaba las copas de enormes robles abajo. Fue un panorama impresionante de nuestra ciudad. En una forma que nunca antes había visto, los rayos también captaban todo campanario de iglesia en el condado Williamson, realzándolos contra los vecindarios sombreados que los rodeaban.

El hombre a mi lado se inclinó para ver bien. «Vaya, mira todas esas iglesias —exclamó—. Están por todas partes».

Bobbie y yo habíamos vivido en Nashville durante más de doce años, pero nunca habíamos notado tantas iglesias, varias de ellas agrupadas a lo largo del camino que recorríamos cuando íbamos a nuestra propia iglesia. A algunas yo nunca les había puesto atención antes de esa mañana desde el cielo.

Nuestro avión entró entonces a un grupo de nubes bajas, oscureciendo la vista abajo. Eché la cabeza hacia atrás y empecé a pensar en lo que acababa de ver. En nuestra clase de escuela dominical había estado enseñando acerca del hogar cristiano. Justo la semana anterior hablé a nuestros alumnos de la importancia de que los padres asumieran el papel de sacerdotes en sus familias. De repente tuve una visión renovada de la cantidad de iglesias en el condado Williamson.

No había docenas de iglesias allá abajo sino cientos de ellas. Quizá miles solo en nuestro condado. Pensé: *El hombre a mi lado no sabe ni la mitad del asunto.* Esto me hizo sonreír.

Vivas donde vivas, tu hogar cristiano (la *iglesia* más importante de la tierra) es una de esas iglesias.

NO SE NECESITA COMITÉ DE BÚSQUEDA

En el invierno de 2004, nuestra iglesia en Orlando seleccionó un grupo o comité de nominación de pastor (CNP), para encontrar un nuevo ministro principal. Me pidieron que lo dirigiera. Siete de nosotros comenzamos una búsqueda a nivel nacional de la persona correcta para que fuera nuestro pastor. Fue una ardua tarea, sin duda.

Sin embargo, no se necesita un CNP para encontrar el líder espiritual correcto de tu iglesia en casa. ¿Por qué? *Tú* lo eres.

Así es: Dios te ha otorgado la responsabilidad de ser el sacerdote de tu familia, tal como Job, un sacerdote familiar en el Antiguo Testamento que a veces pasamos por alto.

> Acontecía que habiendo pasado en turno los días del convite, Job enviaba y los santificaba, y se levantaba de mañana y ofrecía holocaustos conforme al número de todos ellos. Porque decía Job: Quizá habrán pecado mis hijos, y habrán blasfemado contra Dios en sus corazones. De esta manera hacía todos los días (Job 1:5).

Aunque el libro de Job aparece en tu Biblia después de los libros históricos, la mayoría de eruditos cree que fue escrito en un período anterior, antes que a los sacerdotes de la familia judía de Leví se les asignara el deber de liderar en adoración al pueblo de Dios.[3] Por tanto Job, «un hombre muy bueno y honrado» (Job 1:1, TLA), tenía la responsabilidad de ser el «sacerdote» de su propia iglesia en casa. Antes que hubiera profesionales para cumplir este deber, allí estaba el padre de familia.

Además de Job, estuvo el gran sacerdote constructor de barcos:

> Edificó Noé un altar a Jehová, y tomó de todo animal limpio y de toda ave limpia, y ofreció holocausto en el altar. Y percibió Jehová olor grato; y dijo Jehová en su corazón: No volveré más a maldecir la tierra por causa del hombre; porque el intento del corazón del hombre es malo desde su juventud (Génesis 8:20-21).

Noé también fue sacerdote de su familia, un padre común y corriente con un amor extraordinario por Dios y un corazón obediente. «Noé, varón justo, era perfecto en sus generaciones; con Dios caminó Noé» (Génesis 6:9). Al igual que Job, Noé probablemente llevó su familia al altar con propósitos de arrepentimiento y adoración. La suya era una iglesia en casa y Noé era el líder espiritual.

Durante siglos, hasta que Moisés recibiera los Diez Mandamientos en el monte Sinaí después que Dios liberara de Egipto a los israelitas, los padres eran los sacerdotes en sus casas. Es más, la primera celebración de Pascua que salvó a los hijos de Israel de la décima plaga, la muerte de los primogénitos, se llevó a cabo *en todo hogar*. Este fue el comienzo *oficial* de las iglesias en casa a gran escala y continúa hasta hoy en tu hogar y en el mío.

En el Nuevo Testamento, Jesucristo, el Hijo perfecto de Dios, vino a la tierra como nuestro Sacerdote.

> Teniendo un gran sumo sacerdote que traspasó los cielos, Jesús el Hijo de Dios, retengamos nuestra profesión. Porque no tenemos un sumo sacerdote que no pueda compadecerse de nuestras debilidades, sino uno que fue tentado en todo según nuestra semejanza, pero sin pecado. Acerquémonos, pues, confiadamente al trono de la gracia, para alcanzar misericordia y hallar gracia para el oportuno socorro (Hebreos 4:14-16).

Después de su muerte y resurrección, Jesús encargó una gran tarea a sus seguidores, que nos incluyen a ti y a mí: «Recibiréis poder, cuando haya venido sobre vosotros el Espíritu Santo, y me seréis testigos en Jerusalén, en toda Judea, en Samaria, y hasta lo último de la tierra» (Hechos 1:8).

Por supuesto, tú y yo vivimos en libertad, así que tenemos muchas iglesias regulares en nuestras ciudades y podemos ir y venir como queramos. Pero como afirmé en el capítulo 1, no podemos asignar a alguien más el adiestramiento espiritual de nuestros hijos. Por inteligentes y encantadores que puedan ser los especialistas de jóvenes en nuestro personal de iglesia, nuestro *hogar* es donde se decide la vida espiritual de nuestros hijos. No es en nuestras iglesias.

Según observamos en los hogares de Job y Noé, antes que Dios asignara sacerdotes para el deber oficial, las cabezas de familia eran los sacerdotes en sus hogares. Luego, mediante la tribu de Leví y la familia de Aarón, Dios autorizó a los sacerdotes oficiales para que llevaran a la nación de Israel delante del trono de Dios. Después vino Jesucristo como nuestro gran Sumo Sacerdote y al final de su ministerio volvió a transmitirnos la responsabilidad del sacerdocio en aquello a lo cual nos referimos como la Gran Comisión.

Poco después de esto, el apóstol Pedro puso este asunto del sacerdocio en palabras: «Vosotros sois linaje escogido, real sacerdocio, nación santa, pueblo adquirido por Dios» (1 Pedro 2:9). El apóstol no estaba dictando clases en el seminario de Jerusalén cuando escribió estas palabras; hablaba ante personas comunes como tú y yo. Edificadores de hogares. Y tenía razón.

Somos los propietarios del lugar más importante del mundo. Somos los especialistas. Nadie más puede hacer esto mejor que nosotros. Nadie está más calificado.

Hace más de cuarenta años, Dios nos bendijo con bebés a Bobbie y a mí. Como si fuera la semana pasada, recuerdo una sensación abrumadora y ansiosa cuando trajimos envueltas del hospital a nuestras recién nacidas, una en 1971 y otra en 1974. Vez tras vez me preguntaba: *¿Qué voy a hacer ahora?* Bobbie y yo éramos padres; sin embargo, ¿qué significaba realmente eso?

Afortunadamente, debido a lo que habíamos visto en nuestros padres y a lo que habíamos aprendido en otros, sabíamos que acabábamos de establecer una iglesia en casa, un pequeño santuario en nuestro vecindario.

Y lo mismo es cierto cuando traes tu primer bebé a casa. Realmente no pones un letrero en tu patio del frente, pero si lo hicieras, diría:

Hogar cristiano
Papá y mamá, sacerdotes
Cultos diarios de adoración

ACCESO INSTANTÁNEO

El papel del sacerdote en el Antiguo Testamento era vincular gente pecadora con un Dios santo. Una vez que Jesús hubo cumplido su propósito, la necesidad de un mediador humano se detuvo bruscamente.

Hay un solo Dios, y un solo mediador entre Dios y los hombres, Jesucristo hombre (1 Timoteo 2:5).

Debido a lo que Jesús hizo, tú y yo tenemos acceso (acceso instantáneo) a Dios, nuestro Padre celestial. Esto significa que, como sacerdotes, tú y yo podemos acercarnos al trono de Dios tal como somos. Y también podemos llevar a nuestros hijos directamente a su presencia.

Por tanto, he aquí la situación. Aunque algunos de mis amigos más doctrinales podrían presionar un poco, creo que nuestros hogares son santuarios autónomos y nosotros, los sacerdotes. A pesar de que en realidad no levantamos campanarios sobre nuestras casas, podríamos hacerlo. Estas son templos en miniatura. Cada una. (¿Te imaginas qué divertido sería volar sobre nuestros vecindarios y ver cada hogar cristiano completo con una torre blanca y una cruz en lo alto?).

Estamos listos para llevar la adoración dentro de nuestras iglesias en casa justo allí en nuestros barrios. Hemos recibido este derecho y privilegio, además de la autoridad, de llevar a nuestras familias ante el santo trono de Dios, con confesión de pecados, enseñanza, oración y cánticos.

UN SACERDOTE... ¿DE VERAS?

Ya que esta podría ser la primera vez que oigas hablar de esta responsabilidad, tal vez estés interesado en saber lo que se supone que deben hacer los sacerdotes. ¿Cuál es la descripción del oficio? Quédate aquí conmigo; es muy importante entender esto.

La responsabilidad principal del sacerdote en el Antiguo Testamento era *dirigir la adoración y ser el vínculo de unión entre el pueblo y su Dios*. Hacía esto por medio de sacrificios. El pueblo llevaba al sacerdote cosas valiosas; por lo general, un animal especial de sus rebaños y el sacerdote mataba los animales como símbolo de la contrición del pueblo por su pecado. Este era un recordatorio de la seriedad con que Dios trata el pecado. La muerte era el pago definitivo por el pecado.

El sacerdote ofrecía oraciones de confesión, arrepentimiento y acción de gracias por sí mismo y por los que habían venido al lugar del sacrificio. Sostenía en sus manos la cabeza del animal mientras confesaba las malas acciones, palabras y pensamientos de todo el pueblo. Las familias observaban cómo se sacrificaba su animal especial, entonces el sacerdote metía la mano en la sangre y la rociaba sobre el altar. Luego el sacerdote declaraba al pueblo que sus pecados estaban perdonados.

Pero la muerte y resurrección de Jesucristo, nuestro Sumo Sacerdote, eliminó para siempre la necesidad de más sacrificios de sangre animal. El inocente Cordero de Dios fue el sacrificio definitivo.

> No por sangre de machos cabríos ni de becerros, sino por su propia sangre, entró una vez para siempre en el Lugar Santísimo, habiendo obtenido eterna redención... Así que, por eso es mediador de un nuevo pacto, para que interviniendo muerte para la remisión de las transgresiones que había bajo el primer pacto, los llamados reciban la promesa de la herencia eterna (Hebreos 9:12, 15).

A lo largo de este libro he mencionado algunas descripciones de tu oficio como sacerdote familiar. Dios te ha encargado la edificación de un hogar donde Él viva, un lugar en que festejes la vida de cada individuo, un lugar donde trates las palabras con cuidado, un lugar seguro y un lugar lleno de gozo.

DESCRIPCIÓN DE TU TRABAJO SACERDOTAL

¿Recuerdas la descripción bíblica de la casa del sacerdote Job, «un hombre muy bueno y honrado»? ¿Y que Noé era «varón justo... perfecto en sus generaciones»?

Estos epítetos nos dan una pista de lo que tú y yo debemos hacer como sacerdotes en nuestras casas. Es más, no tenemos que especular para nada. A través de Moisés, Dios fue muy específico acerca de lo que supone que los sacerdotes debían hacer. Lee esto con atención; establece las bases para tus tareas importantes.

> Cuando ofreciereis *sacrificio de acción de gracias* a Jehová, lo sacrificaréis *de manera que sea aceptable... Guardad, pues, mis mandamientos*, y cumplidlos. Yo Jehová. Y *no profanéis mi santo nombre*, para que *yo sea santificado* en medio de los hijos de Israel. Yo Jehová que os santifico (Levítico 22:29, 31-32).

Sacrificio

Recuerda que, bajo el antiguo pacto, los sacerdotes ofrecían sacrificios como símbolo de la confesión que el pueblo hacía de sus pecados. Ahora que eres sacerdote se requiere de ti que lleves *tu propio pecado* al Padre. David, el rey de Israel y hombre pecador, entendió esto muy bien:

> Los sacrificios de Dios son el espíritu quebrantado;
> *Al corazón contrito y humillado* no despreciarás tú, oh Dios
>   (Salmos 51:17).

Uno de mis primeros recuerdos de papá es la forma en que oraba. Cada mañana iba al sótano de nuestra casa y se arrodillaba ante una silla. Aunque mis hermanos y yo no podíamos oír sus verdaderas palabras, el timbre profundo de su voz enviaba una fina vibración por toda la casa. Papá entraba en humildad al trono de Dios (¿recuerdas el acceso instantáneo?) y confesaba su pecado. Hacía esto como sacerdote de nuestra familia. Era parte de su oficio.

El Día de la Expiación (*Yom Kippur*), el sumo sacerdote entraba al lugar santísimo del templo para realizar a solas el sacrificio. Todos los demás días usaba las vestimentas coloridas con joyas incrustadas que lo diferenciaban del pueblo como su líder espiritual. Pero ese día usaba simple lino blanco limpio; en la presencia perfecta de Dios era un pecador común y corriente.[4]

Al ser hijo de papá, soy mediador de mi propia familia. Y cuando entro de rodillas a la presencia de Dios, regularmente estoy abrumado por mi pecado y por mi indignidad de ser el sacerdote de mi casa. Le hablo de mi corazón: egoísmo, orgullo, impaciencia, palabras desconsideradas, lujuria. Y como hacía papá, le agradezco a Dios por Jesús y su regalo de perdón.

Esto nos prepara a ti y a mí para guiar en oración a nuestras familias. En el capítulo 2 analizamos algunas de las oportunidades de hacerlo, como horas de acostarse, horas de comer y recorridos familiares en auto.

Al ser sacerdote de tu familia, este es el «sacrificio» que también debes ofrecer.

El letrero en el frente dice «Cultos diarios de adoración».

Acción de gracias

Por *acción de gracias* no me refiero a pavo y aderezo ni al viaje del *Mayflower*, al desembarco de los peregrinos o a los indios wampanoag que los ayudaron a sobrevivir en el nuevo mundo. De lo que estoy hablando es de un espíritu de gratitud que es fundamental para todos los sacerdotes.

Hace muchos años, en nuestra clase de escuela dominical, hablé de la necesidad de ser agradecidos. Miré los rostros brillantes de los allí reunidos y declaré: «No hay nada que tengan que no se les haya dado como un regalo».

Luego leí de la primera carta de Pablo a los creyentes en Corinto: «No sois vuestros. Porque habéis sido comprados por precio» (1 Corintios 6:19-20).

Dado el hecho de que muchas de estas personas eran exitosas y maravillosamente formadas con sus propios esfuerzos, recibieron esta verdad con una sensación de sorpresa. Pero es cierto. A pesar de que podrías considerar que te «has hecho por tu propio esfuerzo», en realidad estás en deuda con muchas personas que han cuidado de ti.

Al ser sacerdote de tu familia, comprendes que, desde el día en que naciste, Dios te ha dado todo lo que tienes. Ya mencioné antes la importancia de la gratitud, pero esta tiene importancia especial para ti como líder espiritual de tu familia.

Si lo piensas, la acción de gracias es realmente asunto de tener buena memoria. Recordar la protección y la bendición de Dios debería llenarte el corazón de humildad y asombro… además de agradecimiento.

«Yo soy el Dios de Israel, que los sacó de Egipto para convertirlos en un pueblo diferente de los demás» (Levítico 22:32-33, TLA). Dios está recordando aquí a los hebreos que una vez fueron esclavos, bienes comunes en la mano del faraón. Luego fueron liberados. Vez tras vez, Dios le dijo a su pueblo que recordara los pactos y las promesas y que celebrara la bondad del Señor. Puedes encontrar el verbo recordar decenas de veces en las Escrituras.

Desde luego, la acción de gracias sacerdotal incluye gratitud por tus hijos. Su nacimiento es una bendición de Dios… un milagro indescriptible. Y tu respuesta a este milagro debe ser celebrar los talentos y dones exclusivos que tienen, incluso si son diferentes a los tuyos. Sé agradecido por el tesoro que representan tus hijos.

Le he dicho a mi familia que el epitafio que quiero escrito en mi lápida es: «Tuvo un corazón agradecido». Si al final de mi vida solo tengo cuatro palabras, esas son las que deseo.

Quiero ser un sacerdote agradecido.

Gratitud es algo que también debes tener.

El letrero en el frente dice: «Cultos diarios de adoración».

Generosidad

La generosidad es prima hermana de la acción de gracias. También es un prerrequisito para el sacerdote de tu hogar. «Cada uno dé como propuso en su corazón: no con tristeza, ni por necesidad, porque Dios ama al dador alegre» (2 Corintios 9:7).

Las instrucciones para los sacerdotes incluyen ofrecer al Señor sacrificio «de manera que sea aceptable», es decir, por voluntad propia. Según expresó el apóstol Pablo, no tomes este papel importante como alguna clase de deber impuesto contra tu voluntad. Ser el sacerdote de tu familia es un privilegio, no una obligación que te disguste. Cuando lo ves de este modo, puedes ser generoso, incluso sentirte feliz con la tarea.

Vengo de una larga línea de gente generosa, empezando con mis padres. Sin importar cuánto o cuán poco dinero, comida, ropa o tiempo tuvieran, daban con generosidad a otros. Como misioneros con muchos amigos en ministerios cristianos, sus recursos siempre estaban disponibles. Al final del mes donaban la mayor parte del exceso de su saldo bancario. Desde luego, aprendieron generosidad de personas con corazones agradecidos: sus padres.

Los padres de mis padres vivían en una granja en Mount Joy, Pennsylvania. Durante su juventud viajaron mucho a congresos cristianos o en tareas misioneras. Cuando salían de casa para viajar, *no cerraban las puertas*. Su explicación era sumamente simple: «Si alguien llega y necesita un lugar para pasar la noche, o algo para comer, es bienvenido a entrar y servirse». Generosidad pura.

Además de su norma de «casa abierta» cuando estaban fuera de la ciudad, estos abuelos también daban de sus recursos estando en casa. Mi papá fue hijo único y, cuando era joven, sus padres eran famosos por acoger «vagabundos», jóvenes sin hogar. Y nunca consideraron una obligación tal bondad.

Por parte de mi madre, la generosidad y frugalidad de sus padres era legendaria. A veces visitantes nocturnos llamaban al abuelo y la abuela Dourte y entonces iban a casa creyendo que ellos no estaban. Una casa totalmente a oscuras era su clave. Pero el abuelo y la abuela *estaban* en casa. Preferían ahorrar dinero para misiones en lugar de gastar electricidad cuando no la necesitaban. Así que andaban por su casa en oscuridad casi completa.

En su funeral, el padre de mi madre dejó un testamento escrito que uno de sus hijos leyó: «Dejo a mis hijos, nietos, bisnietos y tataranietos algo que puedo participarles en su totalidad; no es necesario dividirlo. Les dejo mi amor por Jesucristo y mi deseo de servirlo. Quiero que todos lo tengan en abundancia».

No asombra que mis padres aprendieran el fino arte de la generosidad.

Por supuesto, la generosidad no es solo cuestión de dinero. Incluye otros recursos como tiempo. Los sacerdotes toman todo lo que tienen (sus tesoros, su tiempo y sus familias) con una mano abierta. Como lo harías si tomaras prestado el auto nuevo de tu vecino, los sacerdotes cuidamos bien estas cosas porque no nos pertenecen; son regalos de Jesús, el gran Sumo Sacerdote. El Nuevo Testamento llama a esto *mayordomía*.

Los sacerdotes dan por voluntad propia. Su naturaleza siempre se inclina en dirección de la generosidad.

Ya que eres el sacerdote de tu familia, la generosidad es algo que también debes practicar.

El letrero en el frente dice: «Cultos diarios de adoración».

Obediencia a los mandatos

Aunque no te hubieras criado en un hogar cristiano y la Biblia fuera algo nuevo para ti, es probable que hayas oído este versículo: «Hijos, obedeced en el Señor a vuestros padres, porque esto es justo» (Efesios 6:1). ¿Te gusta este versículo? A mí también. Al darnos instrucciones sobre cómo se supone que deben funcionar las familias, el apóstol Pablo no se anduvo con rodeos con relación a la obediencia. Así les dijo a nuestros hijos: «Simplemente háganlo, porque es lo que deben hacer». Qué flecha tremenda tenemos en nuestras aljabas paternales.

Debido a que a Bobbie y a mí nos encanta este versículo y creemos que es cierto, la obediencia no era negociable en nuestra casa. A principios de nuestra paternidad decidimos que era ridículo debatir sobre si obedecer o no. Pero espera. Aunque a menudo los padres tratan a la obediencia como específica a la edad, algo para niños, no lo es en absoluto. La obediencia también es para adultos. Incluso para los sacerdotes.

Las instrucciones que el Señor dio a los sacerdotes y que acabamos de leer, no dejan lugar para la discusión: «Guardad, pues, mis mandamientos, y cumplidlos» (Levítico 22:31). La obediencia es para todos.

Pregunta: ¿Qué edad tenías cuando diste tus primeros pasos? Tanto mis hijas como mis nietos se acercaban a su primer cumpleaños. Eso es normal. Ahora he aquí una aleccionadora verdad que fue cierta respecto a ti y a mí, y que lo es acerca de nuestros hijos: desde el momento que dieron sus primeros pasos tambaleantes, de forma lenta pero segura, los niños se dirigen hacia la puerta.

Con el tiempo, estos primeros pasos se convirtieron en su primera gran rueda, que luego se volvieron sus primeros días en la escuela, que después se convirtieron en sus primeros pasos en el pedal de la gasolina en el auto familiar, los que llegaron a ser sus primeros pasos a través de la plataforma en sus grados de secundaria, que se convirtieron en sus primeros pasos dentro del campus universitario (o cualquier cosa que hagan después del liceo), los cuales llegaron a ser sus pasos hacia el altar de la iglesia para sus votos matrimoniales, lo cual es el final de la línea para nosotros como padres.

Lo obedientes que tus hijos sean contigo sigue el mismo tipo de proceso. Cuando son pequeños, en realidad no tienen alternativa. Pero a medida que crecen y mientras más expertos se vuelven en negociar, la obediencia se convierte más en una lucha.

Tu objetivo debe ser transferir gradualmente la obediencia que tus hijos te tienen como su padre terrenal, a Dios como su Padre celestial. ¿Y cómo aprenderán el secreto de obedecer a Dios? Del sacerdote de la familia que «guarda los mandamientos de Dios y los cumple».

Los sacerdotes son obedientes a la voz de Dios.

Al ser sacerdote de tu familia, la obediencia es algo que también debes hacer.

El letrero en el frente dice: «Cultos diarios de adoración».

Honra el nombre de Dios

Tal como hemos visto, las instrucciones del Antiguo Testamento para los sacerdotes incluyen el siguiente mandamiento: «No deshonres mi santo nombre, porque demostraré mi santidad entre el pueblo de Israel. Yo soy el SEÑOR quien te hace santo» (Levítico 22:32, NTV).

Cuando oyes «no deshonres», es posible que pienses en palabras desagradables que podrías escuchar a borrachos gritándose entre sí en un bar. Sin duda, los sacerdotes deben alejarse de estas palabras. Pero la clase de deshonra que Dios ordenó evitar a los sacerdotes es mucho más malintencionada.

Déjame hacerte una pregunta: ¿Qué personajes históricos, sin contar hombres y mujeres bíblicos, son tus héroes? Los míos incluirían personas como Martín Lutero, Abraham Lincoln y C. S. Lewis. ¿Qué nombres incluirías?

Ahora finjamos que mañana por la tarde vas a pasar toda una hora con una de estas personas. Sesenta minutos, uno a uno, sin interrupciones, con Marie Curie, Winston Churchill o Susan B. Anthony. ¿Te quita el aliento la idea? ¿Dormirías bien esta noche sabiendo lo que vas a hacer mañana? No muy bien. Sin duda la expectativa llenaría tus arterias con adrenalina pura.

Al llegar la tarde del día de mañana, imagínate cómo se aceleraría tu corazón al entrar al salón donde esta persona estuviera esperándote. Imagina lo respetuosas que serían tus palabras y cuán impecable sería tu comportamiento.

El oficio del sacerdote era guiar este rebaño en este viaje fabuloso. Tenía el privilegio de llevar literalmente a sus parientes a la presencia de un Dios santo, el Creador y Sustentador del universo, el Eterno, «el que era, el que es, y el que ha de venir» (Apocalipsis 4:8).

La «deshonra» que los sacerdotes debían evitar a toda costa era negarse a escoltar al pueblo hasta la presencia sagrada de Dios. O peor aún, debían evitar el sacrilegio de dar este viaje en forma casual y no de manera respetuosa; haciéndolo de buena gana y de modo voluntario.

«Todo varón de toda vuestra descendencia en vuestras generaciones, que se acercare a las cosas sagradas que los hijos de Israel consagran a Jehová, teniendo inmundicia sobre sí, será cortado de mi presencia. Yo Jehová» (Levítico 22:3). Una vez creí que mi labor como padre era asegurarme de que el carácter de mis hijas fuera limpio y su conducta ejemplar. Pero pronto supe que esta *no* era mi labor más importante. Se me ordenaba ser puro. Conformar los corazones de nuestros hijos es trabajo de Dios, y lo logra cuando los llevamos delante de Él.

Nuestra tarea principal como sacerdote familiar es mostrar a nuestros hijos lo que significa estar en la presencia de un Dios santo. Pensar en esto debería acelerar nuestros corazones.

El letrero en el frente dice: «Cultos diarios de adoración».

Honra y reverencia el nombre de Dios

Cuando Bobbie y yo orábamos por nuestras hijas, ellas oían: «Te amamos, Padre celestial», «Alabamos tu nombre santo» y «Te adoramos». Nos oían confesar nuestra pecaminosidad y nos escuchaban suplicar la gracia y la misericordia de Dios para ellas.

«Gracias por amar a Missy con un amor perfecto. Gracias por morir en la cruz y perdonarle su pecado. Gracias por protegerla como tu preciosa hija».

«Gracias por amar a Julie con un amor perfecto. Dale sabiduría hoy, por favor. Te pedimos que la llenes con tu Espíritu Santo. Ve delante de ella hoy. Hazle sentir tu presencia».

No necesitábamos hablar largo y tendido de cómo ser reverentes en la presencia de Dios. Era inevitable que nuestras hijas captaran lo que había en nuestros espíritus y lo oían en nuestras voces. Veían a su papá y su mamá «caminar» en la presencia de Dios. Presenciaban el efecto que esto tenía en nosotros y en nuestro comportamiento. Experimentaban el asombro y la reverencia que como sus padres mostrábamos ante Dios y esto tenía el mismo efecto en ellas.

Honrar y venerar a Dios cuando llevas a tus hijos a su presencia tendrá un efecto profundo en ellos y en su comportamiento. Como sacerdote de tu familia, mostrar profundo respeto hacia Dios en presencia de tus hijos es algo que también debes hacer.

El letrero en el frente dice: «Cultos diarios de adoración».

Música

Aunque no se enumera en la descripción de Levítico 22, la música era y sigue siendo parte muy importante de la adoración en la iglesia en tu hogar.

Presentar himnos y música cristiana en tu familia es parte esencial de tu labor como el sacerdote de tu familia. Si has estudiado religiones del mundo, sabes que nuestra fe judeo-cristiana es la única que celebra adoración con hermosas melodías y armonías. Durante siglos, grandes maestros compusieron, interpretaron y dirigieron música para la gloria de Dios: Handel, Mendelssohn, Bach, Liszt, Beethoven y otros grandes compositores.

Más recientemente, compositores inspirados de himnos introdujeron una sólida doctrina cristiana en las letras de su obra imperecedera. Y las melodías han sellado por siempre estas verdades en nuestras memorias.

> *Sublime gracia del Señor*
> *Que a un infeliz salvó*
> *Fui ciego mas hoy miro yo,*
> *Perdido y Él me halló.*[5]

> *Oh tierno Salvador, de este mundo creador,*
> *Supremo eres y santo Dios,*
> *A ti te honraré y siempre te amaré*
> *Tú eres mi gozo y mi canción.*[6]

Dios toma en serio la música. En el centro de nuestras Biblias encontramos un himnario completo: los Salmos. Y el rey David fue su principal compositor: «Dijo David a los principales de los levitas, que designasen de sus hermanos a cantores con instrumentos de música, con salterios y arpas y címbalos, que resonasen y alzasen la voz con alegría» (1 Crónicas 15:16).

A mis abuelos les gustaba la música; la voz de tenor del abuelo Dourte era legendaria. Mi madre era cantante, igual que Bobbie, por lo que la música ha sido parte de nuestra vida familiar desde el principio. La música ha proporcionado un hermoso fondo para nuestro sacerdocio. Cuando nuestras hijas crecían, cantábamos durante todos nuestros viajes en auto y así transmitimos a nuestros nietos amor por la música.

Cuando cada uno de los nietos visitaba nuestra casa, aprender un nuevo himno era parte de la diversión… Bobbie lo llamaba «El grupo de la abuela». En las festividades, ella programaba con cuidado el aprendizaje de las palabras de «¡Santo! ¡Santo! ¡Santo!», «El mundo es de mi Dios» y «Cuán firme cimiento».

Dos años antes que muriera, visitamos a mi abuela de ciento tres años de edad.[7] Cantar himnos era la única forma en que podíamos comunicarnos. Debido a su avanzada edad, no articulaba frases, pero *podía* cantar. Y lo hacía, recordando toda palabra atesorada mientras cantábamos con ella.

Toca un himno o una canción de alabanza en disco compacto en el auto en tu camino a la escuela en la mañana y canta. Otro momento fantástico para la música es cuando tus hijos se acuestan.[8]

No naciste con una voz como la de Pavarotti. Yo tampoco. Pero no importa. Las Escrituras no especifican *cómo* debemos cantar, solo dice que *cantemos*.

> Cantad alegres a Dios, habitantes de toda la tierra.
> Servid a Jehová con alegría;
> Venid ante su presencia con regocijo (Salmos 100:1-2).

La música que hacemos al cantar podría asemejarse más a «ruido alegre» que a música hermosa. Eso es perfectamente aceptable. Como sacerdote, tu responsabilidad es llevar buena música a tu hogar.

El letrero en el frente dice: «Cultos diarios de adoración».

EL SACERDOTE COMO CONTRATISTA GENERAL

Si alguna vez construiste una casa, conoces la secuencia de la construcción. Los subcontratistas que han de ejecutar sus especialidades (estructuración, calefacción y aire acondicionado, plomería, electricidad, etc.) deben llegar a la obra en un orden específico. Es más, el trabajo del contratista general es básicamente asegurar que ciertos subcontratistas lleguen a su debido tiempo, no demasiado temprano ni demasiado tarde. Vas a tener problemas si las personas que instalan los paneles aparecen antes que el plomero y el electricista hayan terminado.

No debería sorprenderte que toda la creación tenga una secuencia. El rey David lo describió así. Este es el entrenamiento básico para los sacerdotes.

> Cuando veo tus cielos, obra de tus dedos,
> La luna y las estrellas que tú formaste,
> Digo: ¿Qué es el hombre, para que tengas de él memoria,
> Y el hijo del hombre, para que lo visites?

Le has hecho poco menor que los ángeles
Y lo coronaste de gloria y de honra.
Le hiciste señorear sobre las obras de tus manos;
Todo lo pusiste debajo de sus pies (Salmos 8:3-6).

¿Captaste el orden jerárquico? Primero Dios, luego los ángeles, después nosotros (la humanidad) y, por último, los animales y la tierra misma.[9]

De igual modo, hay una secuencia importante, un organigrama, en la manera en que los sacerdotes organizan sus iglesias en casa, es decir, sus hogares cristianos. Primero está Dios, siguen los padres y luego los hijos. Examinar por completo esto llevaría más espacio del que mi editor me permitiría aquí, pero resumámoslo de esta manera.

Primero Dios

Como padre o madre (el sacerdote), tu lealtad principal es al Señor. No hay forma en que puedas satisfacer con éxito cada una de las necesidades de los demás. Ese es trabajo de Dios. Solo Él puede hacerlo, así que debes amarlo más. Algunos han llamado a esto «tercio transcendental». Cuando lo amas primero, Él los atrae mutuamente a ti.

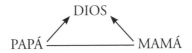

Después tu cónyuge

A continuación, el amor entre esposos tiene prioridad sobre el amor por los hijos. Uno de los textos bíblicos más básicos al respecto aparece en la carta de Pablo a los efesios. La primera amonestación es que esposo y esposa se amen (Efesios 5:22-28). *Luego* detalla instrucciones para la relación de los padres con sus hijos (Efesios 6:1-4).

A algunos padres y madres les cuesta entender esto, pero los hijos que reciben la prioridad máxima en sus familias viven con una profunda sensación de inseguridad. Y los niños a quienes ponen en esta posición, sienten inconscientemente que son responsables de la felicidad o la armonía en el hogar, peso este que ningún niño debería cargar. El amor fuerte entre papá y mamá crea confianza y autoestima en sus hijos.

Bobbie y yo animamos a padres jóvenes a invertir con regularidad en niñeras. Una Navidad obsequiamos a nuestras hijas y sus esposos una excursión de tres días con todos los gastos pagados. Este regalo se completó con visitas de Bobbie (niñera) para cubrir todos los deberes en casa mientras los padres de nuestros nietos estaban fuera. Lo mejor que podemos dar a nuestros nietos es padres que se amen. Y eso sucede cuando toman tiempo para enfocarse únicamente uno en el otro.

Para no dejar lugar a malentendidos, el apóstol Pablo lo bosquejó de este modo. Primero invitó a esposos y esposas a vivir en sometimiento mutuo (Efesios 5:21). Después nos dijo exactamente cómo hacerlo: las esposas deben someterse a sus esposos y los esposos deben amar a sus esposas y estar dispuestos a morir por ellas.

Cuando las mujeres ven que sus esposos están dispuestos a hacer de lado el orgullo, las ambiciones y las pasiones (mueren) por sus esposas, felizmente se someten, lo cual hace a los esposos *más* dispuestos a morir, lo que a su vez hace a las esposas *más* deseosas de someterse y esto hace a los esposos aún *más* dispuestos a sacrificarse, etcétera.

Humanamente hablando, *nada* es más importante en tu hogar cristiano que una relación sumisa y amorosa entre tú y tu cónyuge.

Después que Bobbie y yo dijimos «sí» en 1970, vivimos en cuatro estados diferentes. Cada una de esas mudanzas fue consecuencia de una nueva oportunidad profesional para mí. ¿Tuve el «derecho» de anunciar a mi esposa que nos mudábamos a Texas o Tennessee? Sí, supongo que pude haberle leído en voz alta: «Las casadas estén sujetas a sus propios maridos» y la discusión habría terminado.

Pero no lo hice. ¿Por qué? Mi esposa era una mujer muy inteligente y su opinión para discernir mis decisiones era muy importante. Además, debía proteger su seguridad y felicidad. Si se me ordena amarla, e incluso estar dispuesto a morir por ella, entonces empujarla por toda la nación contra su voluntad habría sido un acto de desobediencia.

Pero más que cualquiera de estas razones, estaba el hecho de cómo yo la veía. Mi esposa era un recurso espiritual para mí. No habría pensado en *no* usar una de mis reservas más valiosas.

Así que le presenté estas oportunidades. Le dije cuáles eran mis deseos, pero me aseguré también de tomar en consideración *sus* deseos. Si estoy dispuesto a «morir» por ella, creo que podría haber incluido la realidad de no tomar alguno de estos grandes prospectos profesionales. En cada caso, ella me oyó, organizó las opciones y luego concordó en que la oportunidad parecía ser la decisión correcta para nuestra familia. Así que, cada vez que nos mudamos, ella fue parte vital de la decisión.

Y este tipo de amor funciona en ambos sentidos.

En 1975, un productor discográfico se acercó a Bobbie con una oportunidad de lanzarla a una carrera de cantante. Teníamos en casa una nena de cuatro años y una bebita. Bobbie y yo hablamos de lo que esto significaría para nuestra familia: viajes constantes y días, tal vez semanas, de separación. Desde luego, algunos podrían sostener de manera incorrecta que debido a que a mi esposa se le ordena «someterse a mí», yo pude haber decidido que la idea era mala y simplemente decirle que se olvidara de esa posibilidad.

Pero mi trabajo como cosacerdote de la familia significaba estar dispuesto a amarla como Cristo nos amó y se entregó por nosotros (ver Efesios 5:25). Así que hablamos mucho de lo que podría significar esta oportunidad. Le dije que era una decisión que tomaríamos juntos, que si esto era lo que ella realmente quería hacer y que si después de orar juntos y a solas al respecto estábamos de acuerdo, yo haría lo que fuera por ayudarla… y me sentaría en primera fila y la animaría con locura.

En última instancia, Bobbie decidió que primero quería ser esposa y madre. Ya que ella parecía en paz con su decisión, la celebré con ella.

Volvamos a nuestra analogía de la construcción: este es el cimiento de tu hogar cristiano. Si tú y tu cónyuge están dispuestos a amarse mutuamente y a vivir en sumisión total (la esposa se somete en amor y el esposo sirve en amor) tu casa estará segura.

Cuando nuestra Julie nació con un pie paralizado, todas nuestras energías se enfocaron instantáneamente en la niña. Pero justo en medio de nuestra lucha recibí una nota de un amigo muy sabio que decía: «No olvides que lo más importante que puedes hacer por ser el papá que Julie necesitará es que ames a su madre».

Tenía razón.

Al ser sacerdotes familiares, marido y mujer deberán someterse mutuamente y también compartir los recursos en el orden apropiado.

El letrero en el frente dice: «Cultos diarios de adoración».

Luego los hijos

Según afirmé, los hijos vienen a continuación. Recuerda que este es el orden de construcción: Nuestras relaciones con Dios, nuestras relaciones con nuestros cónyuges y después nuestras relaciones con nuestros hijos.

Una vez que tenemos en orden lo de la sumisión mutua con nuestro cónyuge, el apóstol Pablo dijo a nuestros hijos que obedezcan a sus padres. Sin comentarios. Entonces añadió un recordatorio interesante: «Padres, no provoquéis a ira a vuestros hijos, sino criadlos en disciplina y amonestación del Señor» (Efesios 6:4).

Otra vez, ya que la Biblia ordena a nuestros hijos que nos obedezcan, podríamos imponernos y obligarlos a someterse… recuerdos del capitán Von Trapp. Pero si pones atención a ese versículo, verás una palabra muy importante. En realidad es el término clave en el texto. ¿Lo viste?

La expresión es *criadlos*.

Como ya mencioné, tú y yo no *ordenamos* a nuestros hijos que se disciplinen o se instruyan. Ni siquiera los *enviamos*. *Los criamos* junto a nosotros. Esto significa que *vienen con nosotros* al mundo de la disciplina y la instrucción. Nosotros vamos primero.

Cuando Dios daba instrucciones a los sacerdotes (padres) para la celebración de la Pascua en las primeras iglesias judías en casa, les declaró: «Durante esos siete días… ustedes les dirán a sus hijos: "Esto lo hacemos por lo que hizo el Señor por nosotros cuando salimos de Egipto"» (Éxodo 13:7-8, nvi).

¿Lo ves: «lo que hizo el Señor por nosotros»? Los padres no dijeron a sus hijos: «Muy bien, escuchen. Dios tiene algunas palabras bien escogidas para ustedes. Esto es lo que se supone que hagamos. Ahora háganlo». No. Los padres se incluyeron. Les recordaron a sus hijos lo que Dios había hecho *por* ellos. Entonces *llevaron consigo* a sus hijos.

El modo de no provocar a ira a tus hijos es *ser* la representación de la disciplina y el aprendizaje. En otras palabras, los sacerdotes familiares no piden (no exigen) que sus hijos vayan a donde ellos mismos no están dispuestos a ir. Una vez que hemos hecho este duro trabajo, entonces tenemos el derecho de esperar obediencia de parte de nuestros hijos.

IR PRIMERO

Pasé mis primeros años de universidad en el ministerio de jóvenes en educación secundaria. Nuestro «campo misionero» era la costa norte, los suburbios directamente al norte de Chicago. Con el idealismo de un joven ansioso, hice todo lo posible por entender a esos chicos… por vincularme exitosamente con sus necesidades.

Tras algunos meses de reuniones y consejería individual, se me ocurrió idear una encuesta escrita. La primera pregunta fue: «En orden de importancia, enumera lo que más necesitas de tus padres». Luego organicé un taller para los padres de estos adolescentes a fin de informarles mis descubrimientos.

¿Imaginas lo que la mayoría de estos chicos puso como número uno? Quizá adivinaste. Los adolescentes enumeraron primero «necesito que mis padres me amen». Incluso chicos que vivían en la opulencia en esa parte del condado me dijeron por medio de la encuesta que primero necesitaban la seguridad del amor de sus padres.

¿Quieres adivinar qué le disputó el primer puesto al amor? Hice estas encuestas hace más de cuatro décadas y todavía recuerdo cuán sorprendido quedé por lo que dijeron a continuación. Nunca se me habría ocurrido.

«Necesito que mis padres sean consecuentes con lo que hablan», escribieron.

En los meses siguientes elaboré nuevas preguntas para esos jóvenes con relación a esa respuesta. Y lo que recibí de ellos me ayudó a dar forma a mi ministerio y sentar las bases para mi propia paternidad. «No queremos que nuestros padres nos pidan que hagamos algo, sin que estén dispuestos a hacerlo —escribieron esos jóvenes brillantes—. Si esperan que tenga mi habitación limpia, espero que ellos tengan limpio el garaje… la cocina, o sus propios espacios. No es justo que me digan que no jure y luego ellos utilizan ese mismo lenguaje».

Los padres (sacerdotes) deben estar dispuestos a vivir lo que hablan y hacer lo que predican. Los sacerdotes no exigen nada de sus hijos que no estén dispuestos a hacer ellos mismos. Los padres van primero.

Mi madre se crio con siete hermanos. Era la número tres, tenía dos hermanas mayores. Allon, el primer varón, era el cuarto. Como resultó, Allon se volvió el osado de la familia. Quizá experimentó por primera vez la emoción de arriesgarse cuando su madre lo agarró por detrás mientras se arrastraba sobre una simple tabla a través de una zanja recién abierta cuando tenía dieciocho meses de edad.

Sin importar cómo empezó esto, mi tío Allon no conocía el miedo. Siendo más joven, sus hermanas lo desafiaron a pararse de cabeza en lo alto del techo del granero, a quince metros de una muerte segura. Allon lo hizo con mucho gusto, riendo al arriesgarse. Incluso ante las propuestas más peligrosas siempre estaba deseoso de ir primero. Y su valor puro no solo provocaba gran entretenimiento, la osadía de Allon daba a su familia una sensación de confianza. *Si Allon puede ser valiente, yo también puedo serlo.*

Debo haber tenido diez o doce años cuando un día mi tío me mostró una cicatriz en medio de su pecho por haber sido corneado mientras «peleaba con un toro». Soltó una gran carcajada cuando me estremecí al ver la cicatriz.

Mi tío, el Reverendo Allon Dourte, murió en 1998 después de varios años de batallar con el cáncer. Todos sus hermanos le sobrevivieron y recopilaron recuerdos escritos de su hermano y los leyeron durante el sepelio.

Mi madre escribió que era como si Allon mostrara a su familia que la muerte no era algo para temer. Como cristiano, Allon no permitió que el temor final de su propia mortalidad le impidiera ir primero… tal como lo había hecho desde el principio. Su amor por la vida y su sonrisa ante la muerte nos hicieron experimentar valor.

Ya sea el ejemplo que muestres por el modo en que hablas o la manera en que cuidas tus cosas, tu disposición de llevar a tus hijos a la iglesia o la forma en que enfrentas *tu* telón final, como padre cristiano deberías estar dispuesto a decir a tus hijos: «Les mostraré la manera de hacer esto». «Sigan mi ejemplo». «Iré primero».

Siendo el sacerdote de tu familia, ir primero es algo que también debes hacer.

UN MENSAJE FINAL RESPECTO A TU HOGAR CRISTIANO

¿Recuerdas mi visión de iglesias en casa desde el avión? Si yo volara sobre tu ciudad y mirara tu vecindario, tu casa sería una de ellas.

La tuya es una iglesia en casa, un hogar cristiano: El lugar más importante de la tierra. Y tú eres el sacerdote.

Ahora sabes qué hacer.

Estás listo para ir.

EPÍLOGO

En la introducción de este libro te animé a tratar la experiencia de leerlo como una visita a una cafetería: recoger y elegir aquellas ideas que parecían especialmente sabrosas, sabiendo que otro día puedes regresar y elegir algo más.

Confío en que hayas podido hacer eso. Y espero que lo que ya pusiste en la bandeja te haya sido útil.

La salud y la preservación de la familia cristiana, *tu* familia cristiana, es un tema muy serio, aunque parezca satisfecha acerca de esta experiencia. *Sabes* que en todas partes la familia está bajo increíble ataque. Ahora también sabes que la mejor manera de enfrentar este ataque es volver a comprometerte con tu propia familia, haciendo lo correcto con tus hijos día tras día tras día.

Tu hogar *es* el lugar más importante de la tierra.

En su libro, *I, Isaac, Take Thee, Rebekah* [Yo, Isaac, te tomo a ti, Rebeca], el doctor Ravi Zacharias resalta esta realidad:

> El hogar fue instituido antes que fuera creada la Iglesia… Dios quiso que el hogar fuera la semilla desde la cual florezca la cultura y se desarrolle la historia.[1]

Mientras terminaba el manuscrito original de este libro en el 2003, Bobbie encontró una carta que me había escrito en agosto de 1969. Estábamos comprometidos para casarnos en marzo siguiente y ella se preparaba a salir de Estados Unidos en gira por Europa y el Oriente Medio como parte de un grupo de cantantes… un conjunto de adolescentes, patrocinado por Youth for Christ International.

Nos separaba medio país. Ella estaba con su familia en Washington, DC y yo me hallaba en Chicago, trabajando en mi primer empleo como ministro de jóvenes. Especialmente desde nuestro compromiso en el pasado mes de mayo, habíamos hablado muchas veces de nuestro matrimonio, de nuestro futuro y de los hijos que esperábamos que Dios nos enviara.

En su carta, después de saludarme en su manera acostumbrada,[2] escribió:

> Acabo de leer el capítulo 11 de Romanos... el primer versículo que
> resalté fue el 16: *Dado que Abraham y los otros patriarcas fueron santos,*
> *sus descendientes también serán santos... Pues, si las raíces del árbol son*
> *santas, las ramas también lo serán* [NTV]. Me hizo pensar en cómo
> queremos algún día que nuestros descendientes sean verdaderos hijos
> de Dios... si nuestras raíces son profundas en Él... nuestros hijos cre-
> cerán. No hay nada tan emocionante como pensar en que algún día,
> si el Señor nos permite, procrearemos vida, amaremos y apreciaremos
> esa vida y querremos devolvérsela a Dios.

Bobbie escribió esto en 1969. Dios nos bendijo con hijas y nietos. A
través de estos años recordamos nuestra necesidad como padres de caminar
obedientemente delante de Dios. Esta fue una experiencia diaria de fracaso y
triunfo. Se nos retó a enseñar a nuestras hijas, recordándoles la gracia de Dios
en nuestras vidas y llevándolas por el camino de la fe. Ha sido emocionante
verlas haciendo lo mismo con sus propios hijos.

Ella me escribió su carta antes de casarnos. Pero lo que ni ella ni yo pudi-
mos alguna vez prever fue que su vida terrenal terminaría justo antes de su
cumpleaños sesenta y cinco. Sí, Bobbie pudo celebrar el nacimiento de nuestras dos hijas, sus bodas y los gloriosos nacimientos de cinco nietos. No obstante, todos los diez nos despedimos de esta extraordinaria mujer que todavía
se hallaba en la flor de la vida.

Su carta hizo referencia a Romanos 11:16. Supongo que Bobbie no se
limitó a ese capítulo sino que continuó con el 12. Como seguidores de Jesús,
el versículo uno de ese capítulo nos reta a presentarnos como «sacrificio vivo».
Esto es exactamente lo que ella hizo. Mi esposa vivió y murió. Su funeral
terminó con un versículo publicado en las grandes pantallas frente a la iglesia:

> Si el grano de trigo no cae en la tierra y muere, queda solo; pero si
> muere, lleva mucho fruto (Juan 12:24).

Cualquiera que sea tu pasado, dondequiera que estés en tu experiencia personal de la gracia de Dios y por viejos que sean tus hijos, anímate, por favor.
Escucha con atención lo que sigue de parte de nuestro amigo, el apóstol Pablo:

> Hermanos, no pienso que yo mismo lo haya logrado ya. Más bien,
> una cosa hago: olvidando lo que queda atrás y esforzándome por

alcanzar lo que está delante, sigo avanzando hacia la meta para ganar el premio que Dios ofrece mediante su llamamiento celestial en Cristo Jesús (Filipenses 3:13-14, NVI).

Mi oración es que Dios te conceda, como sacerdote de tu hogar, gran confianza y sabiduría, que te bendiga en esta maravillosa aventura.

RECONOCIMIENTOS

Nunca había prestado atención a los reconocimientos hasta mi primer trabajo en la publicación de libros en enero de 1979. A decir verdad, cuando leía un libro siempre disfrutaba llegar a los reconocimientos porque me daban la oportunidad de pasar una o dos páginas, metiéndome de lleno en el tema, sin siquiera hacer una pausa para ver a quién o a qué estaba «reconociendo» el autor.

Ahora, como autor, aunque sigo entendiendo por qué la mayoría de personas se salta estas páginas, sé por qué están aquí. Aunque solo aparece un nombre en la portada de un libro, el proceso de escribir es claramente un esfuerzo de equipo.

Cuando me reuní por primera vez con la gente de Thomas Nelson en relación con el original de este libro en inglés, seriamente pensé en añadir a mi finada esposa Bobbie a la portada como coautora. Si supieras cómo nuestro matrimonio ha sido un esfuerzo común desde nuestro «sí» en 1970, entenderías. Aunque se tomó la decisión de dejar fuera de la portada el nombre de ella, verás que su amor por Cristo, su amor por mí, su amor por nuestras hijas y su creatividad como esposa y madre llena estas páginas. Hoy día, desde su muerte en el 2014, recuerdo la influencia que Bobbie tuvo en mí y en mi paternidad, por lo cual le estoy muy agradecido.

Mis padres, Samuel y Grace Wolgemuth, me dieron una imagen de lo que es un hogar cristiano. Esta maravillosa imagen quedó indeleblemente grabada en mi corazón. Mis padres ya están en el cielo y hasta su muerte en el 2010, mi encantadora madre fue un gran estímulo para mí. Mi amor y mi gratitud van especialmente para ella, la mujer cuyo nombre y vida es Grace (Gracia).

He dedicado el libro a mis sobrinos y sobrinas, y para los que estén casados al momento de escribirlo, también a sus cónyuges. Estoy profundamente agradecido a los padres de estos sobrinos y sobrinas, mis hermanos y hermanas (Ruth, Sam, Ken, Debbie y Dan) quienes no solo invirtieron en mí durante nuestros años de crianza sino que hoy día son mis amigos. Debido a que este libro contiene algunas de las historias de nuestras vidas como hermanos, les pedí que leyeran el manuscrito y me dieran sus opiniones e ideas. Lo hicieron. Les estoy muy agradecido por esto.

También agradezco tanto a mi sobrina Kristin Fitzgerald como a mi sobrino Andrew Wolgemuth y a su esposa Chrissy por revisar el manuscrito y hacer algunas grandes «capturas».

Después de pasar casi toda mi carrera en el mundo de la edición de libros, podría decir que pocos escritores comprenden el papel importante que un editor realiza en la vida de un libro mejor que este autor. Mi ex socio comercial y uno de mis amigos más cercanos en la tierra, Mike Hyatt, fue el primero en invitarme a escribir un libro que anime a las familias cristianas. Mi agradecimiento a él.

Reconozco (por su trabajo en el original de este libro en inglés) la categoría de primera clase de la editorial y los equipos de mercadeo de HarperCollins Publishing. Agradezco especialmente a Matt Baugher, Joel Kneedler y Paula Major. Además, tener a un gran agente en este negocio es como contar con una sólida póliza de seguro de salud. Ann Spangler es todo eso y más. Estoy muy agradecido por cada uno de estos amigos y profesionales consagrados.

Durante los meses en que estuve trabajando en el manuscrito fui parte de un pequeño grupo de amigos que también era el comité de nominación del pastor principal para nuestra iglesia, la Primera Iglesia Presbiteriana de Orlando. Un agradecimiento especial a Scott Anderton, Dianna Morgan, John Rife, Lisa Schultz, Jim Stowers y Julie Washburn por su ánimo y sus oraciones.

En el 2015 volví a casarme. Nancy Leigh DeMoss era una buena amiga de Bobbie y justo antes de irse al cielo Bobbie les dijo a dos de sus confidentes cercanas que deseaba que me casara con Nancy. Ellas no me dijeron esto hasta dos meses después que Nancy y yo comenzamos a salir en el 2015. Según Nancy menciona en el prólogo, poco después que iniciáramos nuestra relación encontró un ejemplar de la edición original de este libro en inglés y lo leyó a fin de tener una idea de quién era yo. Irónicamente, obtuve un ejemplar del libro de Nancy, *Mentiras que las mujeres creen*, y también me enteré de muchas cosas respecto a ella.

Nancy me dijo lo mucho que valoró este libro y cuando le comenté que mi editor iba a actualizarlo y volver a publicarlo, preguntó si podía escribir un prólogo. Acepté.

Casarme con esta mujer especial ha sido un verdadero gozo. Ella es un tesoro. Un regalo de la gracia de Dios; la dulce provisión que Él ha hecho para mí. Estoy agradecido de agregar a Nancy DeMoss Wolgemuth a esta lista de amigos y familiares que me han animado a escribir y volver a escribir esta obra.

Por último, agradezco a mi Padre celestial, quien me ha extendido su gracia en innumerables maneras y te agradezco ti por permitirme pasar algunas horas contigo.

APÉNDICE A

Cómo llevar tu hijo a Cristo

Jesús llamó a los niños y dijo: «Dejen que los niños vengan a mí, y no se lo impidan, porque el reino de Dios es de quienes son como ellos.
—Lucas 18:16, nvi

La escena es conocida. Jesús enseñaba a un grupo de adultos cuando algunos niños comenzaron a hacer alboroto. Los discípulos, sin duda avergonzados porque el discurso del Maestro fuera interrumpido, hicieron todo lo posible por alejar a los niños para que Jesús pudiera continuar.

Jesús interrumpe la interrupción. Pide a los discípulos, convertidos en guardianes, que retrocedan. No solo que no le importa el ruido extra de los chiquillos, sino que da vuelta a la situación e invita a los niños a acercarse. Él toma la iniciativa.

Pero esta no es la primera vez.

Nosotros le amamos a él, porque él nos amó primero (1 Juan 4:19).

Desde el principio del tiempo, mucho antes que nuestros tatarabuelos fueran concebidos, Dios nos conocía, nos amaba y quería acercarnos a Él. Esto es cierto para ti y para mí. Y leemos en la historia anterior que también es cierto para nuestros hijos.

No hay *nada* más importante para los padres cristianos que estar seguros de que sus hijos han hecho profesión de fe en Jesucristo. Los papás y las mamás no pueden circundar sus propias experiencias de salvación alrededor de sus hijos como un suéter en un día helado. Dios no tiene *nietos*. Todo hijo debe hacer la transacción por su cuenta.

Aunque voy a resaltar los puntos clave para ayudar a tu hijo a entender la necesidad de la salvación y cómo hacer su propia profesión de fe, la maravillosa verdad es que en un hogar cristiano esta transacción también es un proceso. En muchos sentidos, la manera en que un niño recibe el regalo de la gracia de

Dios es algo *real*, que se establece en un *momento*, se confirma por la *experiencia diaria* y se extiende a lo largo de *toda la vida* entre los padres y sus hijos.

¿QUIÉN ES DIOS?

Primero tu hijo tiene la experiencia de maravillarse de un Dios impresionante.

El sentimiento de asombro absoluto cuando tú y yo miramos por primera vez a nuestros bebés, ya sea por nacimiento natural o por adopción, es algo que nunca olvidaremos. Esto fue una bendición de Dios y lo sabíamos. Fuimos espectadores de un milagro.

A partir de ese momento, en la presencia de nuestro hijo, esa misma sensación de asombro tiene que llenar nuestros corazones siempre que recordamos la creación de Dios, sus regalos y su amor. En el capítulo 2 leíste de que cuando ves un atardecer u observas hormigas marchando en fila india a través de la acera frente a tu casa pudiste haber preguntado a tus hijos: «¿No es Dios extraordinario?».

> Los cielos cuentan la gloria de Dios,
> Y el firmamento anuncia la obra de sus manos (Salmos 19:1).

Lo más importante que puedes hacer en el proceso de llevar a tu hijo a tener una relación personal con Cristo, es hacerle sentir tu propia reverencia por Dios. *El Señor* es la persona más importante en el mundo para ti. A medida que tus hijos crecen y descubren la verdad del amor de Dios y la provisión de gracia que Él les tiene, lo conocerán por cómo has obedecido y adorado a tu Padre celestial.

Según mencioné en el capítulo 10: «Nuestra tarea principal como sacerdote familiar es demostrar a nuestros hijos lo que significa estar en la presencia de un Dios santo». Esto es algo que tú y yo podemos hacer todos los días.

PECADO

Aunque el pecado es un concepto inquietante para debatir con nuestros hijos, ellos están más conscientes de sus propias limitaciones y actitudes erróneas de lo que podríamos creer. Y les podemos enseñar que eso desagrada a su Padre celestial.

La Biblia deja muy en claro que los seres humanos somos pecadores desde el momento de nuestro nacimiento.

> Todos pecaron y por eso no pueden participar de la gloria de Dios (Romanos 3:23, PDT).[1]

La perversidad aparece cada día en nuestras familias (codicia, estallidos de ira, desobediencia, egoísmo). Esto revela nuestra naturaleza pecadora, esa parte de nosotros que el mismo Satanás posee y opera.

El apóstol Pablo lo explicó de este modo:

> Ya no soy yo quien hace aquello, sino el pecado que mora en mí (Romanos 7:17).

La hija pequeña de unos amigos nuestros estaba teniendo un día particularmente malo. A media tarde, en total frustración, mamá se sentó con Vickie y le explicó que nuestras vidas están en un forcejeo entre Dios, quien quiere que seamos amables y obedientes, y Satanás, quien quiere que no lo seamos. Con detalles cuidadosos, la madre de Vickie le dijo que debía ser obediente a Dios, quien desea que sea una niña buena.

El resto del día, Vickie estuvo tan cerca de la perfección como puede estar una niña de seis años. Sus palabras eran amables, obedecía la primera vez e incluso le prestó sus juguetes a su hermanito.

Pero el día siguiente fue otra historia. Desde el momento que Vickie despertó, parecía como si hubiera olvidado por completo la resolución del día anterior. Poco después del desayuno la madre de Vickie se sentó con ella para pedirle cuentas por su conducta lamentable.

Mirando a su madre, Vickie anunció: «He decidido irme con el otro tipo».

La historia nos hace sonreír, pero la realidad del poder del pecado sobre nuestros hijos no es cómica. Diles a tus hijos cómo Satanás quiere dañarlos y lograr que hagan cosas malas. Diles cómo Satanás quiere alejarlos del amor de Dios. Luego diles que el poder de Jesús es más fuerte.

LA CRUZ Y LA TUMBA VACÍA

Cristo me ama, bien lo sé, su Palabra me hace ver.
Que los niños son de Aquel;
Quien es nuestro amigo fiel.

Es común que los niños cuenten con las fuerzas de otros para reforzar su propia confianza. «Mi papá puede golpear al tuyo».

La letra de la primera canción cristiana que la mayoría de niños aprende es profunda. «Él es nuestro amigo fiel» no es una declaración de que Dios esté físicamente a nuestro lado, es una verdad *espiritual*. Significa que la muerte y la resurrección de Jesús conquistaron a Satanás y al pecado que pregona y que por eso Dios puede estar a nuestro lado para protegernos.

> La paga del pecado es muerte, mas la dádiva de Dios es vida eterna en Cristo Jesús Señor nuestro (Romanos 6:23).

Sí, Jesús nos saca de la actividad pecadora. Eso es bueno. El poder de Jesús también nos salva de la maldad de aquel que nos acosa incesantemente y trata de desviar nuestros corazones. Eso es algo muy bueno. Pero la muerte de Jesús y su resurrección de la tumba, sellan para siempre nuestra relación con Dios, nuestro Padre celestial. Eso es fantástico.

EL REGALO DE LA SALVACIÓN

Semejante a paquetes bien envueltos que abrimos en nuestros cumpleaños, la salvación que Jesús ofrece es un regalo que debe recibirse.

En el siglo I el apóstol Pablo y su amigo Silas fueron encarcelados porque predicaban las buenas nuevas de Jesús: la cruz y la resurrección. Una noche un gran terremoto sacudió el suelo, abriendo las puertas de la prisión y aflojando los grilletes que ellos tenían en pies y manos. Cuando el carcelero se dio cuenta de lo sucedido, sacó su espada y se dispuso a matarse. Pablo y Silas lo detuvieron, asegurándole que no habían escapado. El carcelero quedó abrumado por el testimonio de estos grandes hombres. Se puso de rodillas y preguntó que debía hacer para ser salvo.

> [Pablo y Silas] le dijeron [al carcelero]: Cree en el Señor Jesucristo y serás salvo, tú y tu casa (Hechos 16:31).

¿Captaste la promesa de recibir el regalo? Para el carcelero y después para su familia.

Por eso es que Pablo retó a los padres a «llevar» a sus hijos a la fe. Los padres que van primero tienen el privilegio de invitar a sus hijos a que les sigan los pasos.

¿CUÁNDO DEBEN MIS HIJOS RECIBIR A JESÚS COMO SU SALVADOR?

Debido a que eres padre, sabes que el estado de conciencia moral y responsabilidad espiritual viene a los hijos en edades diferentes. Ciertamente el egoísmo y la desobediencia están conectados a su ADN desde muy temprano: los pequeños no quieren prestar sus juguetes al vecinito o se niegan a obedecerte. Este comportamiento puede atribuirse a una naturaleza pecaminosa que se concibe en cada ser humano.

El asunto aquí es el tiempo y el lugar en que tus hijos «entienden» su propia pecaminosidad.

Descubres esto cuando ves que tu hijo tiene la capacidad de tomar una decisión entre obediencia y desobediencia, entre bondad y codicia, entre impetuosidad y dominio propio. También puedes reconocer una disposición cuando observas que tu hijo tiene una sensación de tristeza y vergüenza después de ser castigado por hacer cosas malas.

Sé que mis hijas y nietos han llegado a este lugar de madurez en momentos distintos, desde los cuatro hasta los siete años de edad.

Quizá la mejor manera de comenzar la discusión acerca de la necesidad de tu niño de recibir el regalo de la gracia de Dios es hablarle de tu propio viaje de fe. Luego recuerda a tus hijos:

- Cuán grande y bueno es su Padre celestial… cuánto los ama;
- Que ellos necesitan que Dios los perdone por las cosas que hacen que le desagradan;
- Que la muerte de Jesús en la cruz y la resurrección de la tumba pagan por los pecados de tus hijos y los salva del poder de Satanás, llevándolos a una nueva amistad de por vida con Dios; y
- Que Dios los ama tanto que quiere vivir en sus corazones y llevarlos al cielo cuando mueran.

Algunos padres llevan a sus hijos por estos pasos orando con ellos. Mi madre hizo esto conmigo cuando recibí a Cristo como mi Salvador cuando era pequeño. Hizo una oración en mi nombre, una frase a la vez, que yo repetí después de ella. Fue algo como esto:

Amado Padre celestial: gracias por amarme. Sé que soy un niño pecador y necesito que me salves. Gracias por morir en la cruz y resucitar de los muertos. Recibo tu regalo del perdón. Gracias por venir a morar en mi corazón por el resto de mi vida. Y gracias por la promesa del cielo cuando yo muera. Amén.

Sea que les ayudes con las palabras de su oración o que les des suficiente información para que pueden llegar a Cristo por su cuenta, lo importante es que ellos mismos se oigan pronunciando palabras de adoración, arrepentimiento, reconocimiento de la gracia de Dios y afirmación.

Por si alguien cuestionó alguna vez que decir estas palabras, una persona a la vez, sea parte importante de la transacción entre la naturaleza pecadora y un Dios santo, el apóstol Pablo no deja lugar para la duda.

> Si confesares con tu boca que Jesús es el Señor, y creyeres en tu corazón que Dios le levantó de los muertos, serás salvo. Porque con el corazón se cree para justicia, pero con la boca se confiesa para salvación (Romanos 10:9-10).

SOLO EL PRINCIPIO

Aunque esta negociación es el desenlace de la aceptación de tu hijo del regalo divino de la salvación, es el principio de algo más: una vida de discipulado. Muchas de las ideas que has leído en este libro tienen la intención de guiarte y guiar a tus hijos en esa dirección, incluso en lectura bíblica, oración, confesión de pecado y asistencia a la iglesia.

Tus hijos también necesitan seguridad de su lugar en el reino de Dios. Aunque la transacción esté completa, habrá ocasiones en que se preguntarán si tienen que volver a hacerla. Igual que tus votos matrimoniales, el asunto se resolvió cuando se pronunciaron las palabras. Tu hijo debe saber que Dios nunca lo abandonará.

He aquí lo que Jesús declaró:

> Mis ovejas oyen mi voz, y yo las conozco, y me siguen, y yo les doy vida eterna; y no perecerán jamás, ni nadie las arrebatará de mi mano. Mi Padre que me las dio, es mayor que todos, y nadie las puede arrebatar de la mano de mi Padre (Juan 10:27-29).

Estas palabras te aseguran que la adopción de tu hijo en la familia de Dios está eternamente segura. Por supuesto, tal como pasó contigo, tu hijo estará en un proceso continuo de crecimiento espiritual mediante la confesión de pecado y la renovación de su deseo de seguir a Cristo.

Debido a la lucha que sabemos que enfrentarán a partir de este momento, es importante seguir orando por nuestros hijos durante el resto de nuestras vidas.

Pocos meses antes que papá muriera, me senté con él en su casa. Padecía una rara enfermedad neurológica que lo volvía silencioso y retraído. Le costaba mucho hablar o escuchar. La vista le fallaba tanto que no podía leer el periódico ni ver a los Cachorros o los Toros por televisión.

—Papá —le pregunté—, ¿cómo te hace sentir todo esto?

—Inútil —contestó mirándome directo a los ojos.

—Papá —finalmente volví a decir después de unos minutos—, ¿recuerdas cómo orabas por nosotros?

—Aún lo hago —respondió con una débil sonrisa.

—¿Sabes cómo influye eso en nuestras vidas? ¿Sabes cuán agradecidos estamos?

Papá asintió con la cabeza.

—Aunque físicamente fueras capaz y fuerte —continué—, no hay nada más importante y más útil que podrías hacer que seguir orando.

—Tienes razón. Gracias hijo —concordó él.

—No, gracias a *ti* —corregí acercándome a su silla.

Entonces me coloqué de rodillas frente a papá, puse los brazos a su alrededor y lo abracé.

—Gracias —repetí, besándolo en la mejilla.

Lo mantuve así por algunos minutos más y volví a besarlo.

> Estoy convencido de esto: el que comenzó tan buena obra en ustedes
> la irá perfeccionando hasta el día de Cristo Jesús (Filipenses 1:6, NVI).

Finalmente...

Llevar a tus hijos a Jesús es parte natural de lo que debe suceder en tu hogar cristiano. Orar por ellos es algo que harás hoy y mañana... y al día siguiente. Y crecer en tu propia relación con Cristo es una aventura de toda la vida.

Recuerda que este lugar al que llamas hogar también es una «iglesia en casa». Este es el lugar adecuado para que ocurran cosas comunes y santas.

APÉNDICE B

Los veintiséis versículos bíblicos
de Grace Wolgemuth

En el capítulo 2 conté la historia de mi madre Grace Wolgemuth ense-ñando a nuestras hijas veintiséis versículos bíblicos. Con los años ella ha enseñado estos versículos a muchos niños, incluso la mayoría de sus veinte nietos y muchos de sus dieciocho bisnietos.

Aquí están los versículos*, por si quisieras enseñárselos a tus hijos:

A Andad en el Espíritu, y no satisfagáis los deseos de la carne (Gálatas 5:16).

B Buscad primeramente el reino de Dios y su justicia (Mateo 6:33).

C Clama a mí, y yo te responderé (Jeremías 33:3).

D Dios es nuestro amparo y fortaleza, nuestro pronto auxilio en las tribulaciones (Salmos 46:1).

E Encomienda a Jehová tu camino, y confía en él; y él hará (Salmos 37:5).

F Fíate de Jehová de todo tu corazón, y no te apoyes en tu propia prudencia (Proverbios 3:5).

G Gracias doy a Dios, por Jesucristo Señor nuestro (Romanos 7:25).

H Hay un solo Dios, y un solo mediador entre Dios y los hombres, Jesucristo hombre (1 Timoteo 2:5).

I Inclina, oh Jehová, tu oído, y escúchame (Salmos 86:1).

J Jesús dijo: Dejad a los niños venir a mí (Mateo 19:14).

---

* Nota del traductor: La lista que ofrecemos ha sido adaptado al español con el permiso del autor. No todos los versículos coinciden con los que aparecen en el libro original en inglés.

K Kibrot-hataava... allí sepultaron al pueblo codicioso (Números 11:34).

L Lámpara es a mis pies tu palabra, y lumbrera a mi camino (Salmos 119:105).

M Mis ovejas oyen mi voz, y yo las conozco, y me siguen (Juan 10:27).

N No he visto justo desamparado, ni su descendencia que mendigue pan (Salmos 37:25).

O Os es necesario nacer de nuevo (Juan 3:7).

P Panal de miel son los dichos suaves (Proverbios 16:24).

Q ¿Quién es éste, que aun a los vientos y a las aguas manda, y le obedecen? (Lucas 8:25).

R Riquezas, honra y vida son la remuneración de la humildad y del temor de Jehová. (Proverbios 22:4).

S Si confesares con tu boca que Jesús es el Señor, y creyeres en tu corazón que Dios le levantó de los muertos, serás salvo (Romanos 10:9).

T Toda buena dádiva y todo don perfecto desciende de lo alto (Santiago 1:17).

U Un mandamiento nuevo os doy: Que os améis unos a otros (Juan 13:34).

V Venid a mí todos los que estáis trabajados y cargados, y yo os haré descansar (Mateo 11:28).

W Vive Jehová, que no ha de caer un cabello de su cabeza en tierra (1 Samuel 14:45).

X Extranjeros y advenedizos somos delante de ti (1 Crónicas 29:15).

Y Yo soy el pan de vida (Juan 6:35).

Z Zaqueo, date prisa, desciende, porque hoy es necesario que pose yo en tu casa (Lucas 19:5).

NOTAS

Introducción

1. Algunos puristas sostendrían que las 4 y 30 no puede considerarse como «noche».

2. Nada comestible puede venir de algo que, antes de cocinarlo, se vea como guardabarros de un Packard.

3. Alan Wolfe, *The Transformation of American Religion: How We Actually Live Our Faith* (Nueva York: Simon and Schuster, Inc., 2003), p. 2.

4. Mi abuelo materno comía con un matamoscas al lado de su tenedor. Él podía aplastar una de esas criaturas en el aire. No siempre se puede contar con la fiabilidad del papel matamoscas.

Capítulo 1: ¿Por qué un hogar cristiano?

1. Disneylandia en el sur de California fue el primer «Lugar más feliz del mundo». Cuando Walt Disney World se construyó en el centro de Florida, recibió este mismo nombre. Y ahora los Walt Disney World en todo el planeta hacen lo mismo. Los puristas lingüistas argumentarán en contra de que haya varios «más feliz». Pero a Disney no le preocupa esto. Estos puristas están muy por debajo en ingeniería y no tienen nada que aportar a la comercialización.

2. Walt Disney, A Detailed Biography, JustDisney.com., http://www.justdisney. com/walt_disney/biography/long_bio.html (ingresado 8 febrero 2016).

3. «Orlando se convierte en el primer destino al sobrepasar los sesenta millones de visitantes y establece nuevo récord para el turismo estadounidense», Visit Orlando, 9 abril 2015, http://media.visitorlando.com/pressrelease/index. cfm/2015/4/9/Orlando-Becomes-First-Destination-To-Surpass-60-Million -Visitors-Sets-New-Record-For-US-Tourism.

4. Walt Disney, Walt Disney Quotes, JustDisney.com, http://www.justdisney. com/walt_disney/quotes (ingresado 8 febrero 2016).

5. C. S. Lewis, *Mere Christianity* (Nueva York: The Macmillan Company, 1943), p. 174. (Mero cristianismo, publicado por Ediciones Rialp, 1995).

6. Tácito, *The Histories*, trad. Alfred John Church y William Jackson Brodribb, http://classics.mit.edu/Tacitus/histories.html.

7. *Ibíd.*

8. «Diez realidades acerca de Estados Unidos sin iglesia», Barna Group Research, https://www.barna.com/research/10-facts-about-americas-churchless (accedido 26 febrero 2016).

9. «Nuevas estadísticas publicadas sobre nuevo matrimonio y divorcio», Barna Group Research, https://www.barna.org/barna-update/family-kids/42-new -marriage-and-divorce-statistics-released (accedido 26 febrero 2016); «Mezcla de compasión y comportamientos autorientado en estilos de vida estadou-nidenses», Barna Group Research, https://www.barna.org/barna-update/ donors-cause/110-american-lifestyles-mix-compassionand-self-oriented -behavior (accedido 26 febrero 2016).

10. Young Life es una organización juvenil internacional. Mediante reuniones semanales en hogares de chicos, campamentos y ministerios en barrios céntricos pobres, Young Life ha sido una fuerza poderosa en amar a adolescentes y llevarlos a Jesucristo. En 1941, Jim Rayburn, fundador de Young Life, declaró: «Es pecado aburrir a un chico con la Biblia» y nació Young Life, actualmente con más de mil ochocientos representantes en todo el mundo.

11. Mark DeVries, *Family-Based Youth Ministry* (Downers Grove, IL: Intervarsity Press, 1994).

12. George Barna, «Progreso espiritual difícil de hallar en 2003», 22 diciembre 2003, https://www.barna.org/component/content/article/5-barna-update/45 -barna-update-sp-657/132-spiritual-progresshard-to-find-in-2003 (accedido 8 febrero 2016).

13. Estos tres capítulos bíblicos, Mateo 5, 6 y 7, los recitaba de memoria mi madre cada mañana, entre el momento en que despertaba y ponía los pies en el suelo. No asombra por qué el Señor contestó su oración «Por favor, para la lluvia».

Capítulo 2: Un lugar de Dios

1. Después que mi abuelo vendiera la granja, comenzó a interesarle la pintura y el papel tapiz. No había una sola superficie en su casa que no tuviera una capa de lo uno o lo otro.

2. Un verano, nuestro jardinero colocó bolas de naftalina alrededor de las begonias frente a nuestra casa para evitar que los insectos se las comieran. Después de aspirar la primera vez, quedé tentado a instalar una puerta mosquitera con un gran resorte que la hiciera chirriar al abrirla y que golpeara al soltarla, solo para completar la experiencia.

3. A menudo, el incienso se hace de la resina seca de un árbol de olíbano. ¿Recuerdas que este fue uno de los regalos que los magos llevaron a Cristo niño? De regreso a Moisés (Éxodo 30:22-25), el Señor dio instrucciones a su pueblo de usar aceites aromáticos e incienso en la adoración (Levítico 4:7). María derramó costoso y aromático perfume en los pies de Jesús (Juan 12:1-8) como símbolo de su amor sacrificial por Él. Cuando Isaías entró al templo y fue impresionado sobremanera por la presencia del Dios santo, el lugar «se llenó de humo» (Isaías 6:4).

4. Muchas iglesias, especialmente las más grandes, tienen opciones de «adoración dominical», que incluyen sábado en la noche, domingo en la tarde o domingo en la noche. ¡Estas cuentan!

5. «Una franja a través de Florida Central, desde Tampa hasta Titusville, se considera la capital de los relámpagos en Estados Unidos y se le conoce como "Callejón de los rayos". En esa zona resplandecen al menos cincuenta y ocho relámpagos por kilómetro cuadrado anualmente y más de diez de ellos golpean la tierra». Joe Callahan, «Florida es la zona de los relámpagos», Ocala.com, 18 junio 2014, http://www.ocala.com/article/20140618/ARTICLES/140619732 ?p=2&tc=pg.

6. El doctor Henry Blackaby es coautor de *Mi experiencia con Dios: Cómo vivir la gran aventura de conocer y hacer la voluntad de Dios* (El Paso, Texas: Casa Bautista de Publicaciones, 1996), el curso de estudio que ha sido utilizado por millones de personas en todo el mundo y se ha traducido a más de cincuenta idiomas.

7. Richard, Tom, Melvin y Norman Blackaby tienen todos doctorados en diferentes disciplinas bíblicas. Richard es presidente de Blackaby Ministries International; Tom pastorea una iglesia en Vancouver, Columbia Británica; Mel pastorea una iglesia en Jonesboro, Georgia; y Norman es profesor en la Universidad Bautista de Dallas; Carrie Blackaby Webb tiene su maestría en educación cristiana y es, junto con su esposo, misionera de carrera en Alemania.

8. Hay algunos materiales devocionales familiares buenos disponibles en tu librería cristiana local. El mejor que alguna vez vimos fue una experiencia multimedia llamada *Family 15,* Thomas Nelson Publishers, 2004.

9. Martín Lutero, «El catecismo mayor», (1530), en *Triglot Concordia: The Symbolical Books of the Evangelical Lutheran Church*, trad. F. Bente y W. H. T. Dau (St. Louis: Concordia Publishing House, 1921), pp. 565-773.

Capítulo 3: Las personas más importantes en el lugar más importante

1. La criadora de canes a quien Bobbie compró nuestra Yorkie, una alemana con fuerte acento, le dijo en lenguaje torpe: «A Yoaquis gustán bequeños bebéis».

2. Jacques Charles, Channing Pollock, Albert Lucien Willemetz, Maurice Yvain, «My Man». Derechos de autor 1965, EMI Music Publishing.

3. Gracias a la llegada del identificador de llamadas puedes saber exactamente quién está llamando. No estoy sugiriendo que trates a los caprichosos vendedores telefónicos con el mismo tipo de mimo.

4. Si ambos trabajan durante el día, hagan todo lo posible por darse a sus hijos al atardecer y los fines de semana. Digan no a lo que los aleje durante estos momentos. Pasen con sus hijos tanto tiempo como puedan sin poner en peligro sus empleos.

5. Marcella Hazan como se lo contó a Janis Frawley-Holler, «La sagrada mesa», *Family Circle*, 8 octubre 2002, p. 210.

6. Antes que nuestras niñas aprendieran a leer, Bobbie trató de decirles lo que este versículo expresaba realmente: «Sean bondadosas, con la madre».

Capítulo 4: Sublime Gracia

1. Irving Berlin, del musical *Annie Get Your Gun*.

2. De «Los ciegos y el elefante», del poeta estadounidense John Godfrey Saxe (1816–87). Lo irónico es que la moral del poema era teológica. Saxe creía que aunque los seres humanos discutían acerca de Dios, en definitiva todos eran ciegos: «¡Ninguno de ellos ha visto!». Desde luego, los cristianos discrepan con esta premisa. En Jesús, el tema de la teología, se volvió perfectamente visible.

3. Ken era tan buen chico la mayor parte del tiempo que, cuando mis padres ancianos dejaron de hacer la limpieza, él obtuvo de manera permanente la cuchara nueva.

4. Dwight Stones ganó medallas olímpicas de bronce en 1972 y 1976.

5. A pesar de que no lo menciona en el Evangelio que lleva su nombre, Lucas, el escritor del libro de Hechos, atribuye a Jesús haber dicho esto.

Capítulo 5: El poder de las palabras, primera parte

1. También hablo de esto en *The Most Important Year in a Man's Life* (Grand Rapids: Zondervan, 2003). Establecido en 1859, este acuerdo proporcionaba la neutralidad de los hospitales militares, la protección de personas que ayudaban a los heridos en batalla y el retorno de prisioneros a sus países. También adoptó

el uso de banderas blancas con una cruz roja en hospitales, ambulancias y centros de evacuación cuya neutralidad sería reconocida por este símbolo. Aunque la Convención de Ginebra ha tenido varias revisiones en los últimos ciento cincuenta años, incluso la denuncia de armas químicas en batalla se ha mantenido como un centinela en cientos de batallas. Y decenas de miles de soldados se han salvado a causa de esta protección.

2. Esta identificación con nuestro padre terrenal también tiene profundas secuelas espirituales.

3. Nuestras hijas solían prepararse cuando yo empezaba una frase con estas palabras. Lo que era casi seguro es que venía alguna historia acerca de ir caminando a la escuela con nieve hasta la cintura y mis pies atados con trapos, o alguna otra desgarradora narración.

4. Bobbie Wolgemuth y Joni Eareckson Tada, *Hymns for a Kid's Heart*, vols. 1 y 2, Crossway Books / Enfoque a la Familia, 2003, 2004.

5. En Tennessee llamaban «enganches» a estos viajes a la escuela con varios niños, pero no se referían a aquello en que los niños colgaban sus abrigos como «transporte colectivo».

6. Al haber vivido en el sur, sabemos que cuando dices «que Dios lo bendiga», estás en libertad de decir todo lo que quieras acerca de la persona y salirte con la tuya. Se han citado maestros de escuela diciendo: «Pero Benedict Arnold, que Dios lo bendiga, era un traidor».

Capítulo 6: El poder de las palabras, segunda parte

1. Ya que solo soy anciano ordenado en la Iglesia Presbiteriana y no ministro auténtico ordenado, no puedo celebrar bodas sin un verdadero clérigo a mi lado. En este caso fue el Reverendo Richard Freeman, nuestro pastor.

2. Llegar a Orlando no es nada extraordinario. En 2003, más de cuarenta y cinco millones de personas hicieron lo mismo. Con el tiempo, *todo el mundo viene a Florida Central* (cálculo en el 2003 de Global Insight Research, Inc., 1000 Winter Street, Boston, MA 02451).

3. No dije «amor a los Cachorros» porque, en lo que a mí respecta, este *es* un uso legítimo de la palabra *amor*.

4. Gary Smalley y John Trent, *El amor es una decisión* (Nashville, TN: Grupo Nelson, 1992).

5. Imagínate lo frustrante que sería decirle a alguien que necesitas que te reciba en casa y te diga que ese simplemente no es un buen momento.

6. Alguien ha descrito los deportes por televisión como «hombres y mujeres en la cancha o en el campo con desesperada necesidad de descanso, siendo observados por millones de personas con desesperada necesidad de hacer ejercicio».

7. Cecilia Beuchat y Mabel Condemarín, *La gallinita roja y el grano de trigo* (Andrés Bello: Chile, 1998).

8. No tengo idea qué es hidroclorotiazida. Creo que es una medicación de soporte vital en emergencias cardíacas. O tal vez sea algo que la gente pone en sus piscinas para controlar las algas.

Capítulo 7: Hay que divertirse

1. Una vez papá se fue durante *tres* meses en una asignación misionera.

2. Lo sé. Has oído hablar de Lou Brock, uno de los más grandes robadores de bases en la historia del béisbol, pero nunca has oído hablar de Ernie Broglio. Exactamente mi punto.

3. Ninguna referencia bíblica se ha encontrado que apoye este chiste.

4. Su segundo nombre también era Graybill. Pero si crees que alguna vez nos atrevimos a bromear con él acerca de tener doble nombre (como: «¿Tartamudeaba tu madre?»), no estás entendiendo cómo era él.

5. Mamá tenía casi cuarenta años cuando nacieron los mellizos.

6. El mismo no fue el destino del Ratoncito Pérez, el que de alguna manera encajaba en la declaración doctrinal de la familia y dejaba una moneda debajo de nuestra almohada por cada diente extraído. Nos decían incluso que si despertábamos cuando el ratoncito estuviera haciendo su entrega de la moneda, este perecería al instante. Gracias por no notar aquí la incongruencia Papá Noel -Ratoncito Pérez.

7. Henri de Tourville, citado en Hannah Ward y Jennifer Wild, *The Doubleday Christian Quotation Collection* (Nueva York: Doubleday, 1998), p. 196.

8. Si te casaste con alguien cínico, muéstrale este capítulo y dile cómo una actitud venenosa puede llegar a arruinar tu familia. Ruega porque tu cónyuge cínico empiece a trabajar en esto.

9. «USDA disminuye el cálculo de cultivos de naranja en Florida», Florida Citrus Mutual, http://flcitrusmutual.com/news/pr_estimate_120915.aspx.

10. Desde que se descubrió el primer árbol infectado en Miami en 1965 se han talado más de 640 000 árboles en propiedad privada. Associated Press, *The Orlando Sentinel*, 12 febrero 2004, p. 6 (cursivas añadidas).

11. *Ibíd* (cursivas añadidas).

Capítulo 8: Disciplina no es una mala palabra

1. Como resultado de 118 000 participantes de una encuesta en 2004 por www .familyeducation.com, el 59 por ciento dijo «sí» a los azotes y el 22 por ciento adicional estuvo de acuerdo pero afirmó que deberían usarse rara vez. Solo el 16 por ciento dijo «no».

2. Los expertos discrepan en sí debería usarse un instrumento neutral: un cepillo para el pelo, una vara u otro. Bobbie y yo usamos nuestras manos. Lo hacíamos así para controlar el verdadero dolor infligido.

3. Esto principalmente significa que las personas que no han estado en la escuela dominical empiezan inmediatamente a disculparse cuando las veo en el supermercado. También, cuando encuentran humor en la Internet con alguna referencia religiosa (San Pedro en las puertas del cielo o chistes tipo «Un rabino, un sacerdote y un ministro estaban jugando golf»), me los envían por correo electrónico. No aprecio esto, no debido a los temas religiosos sino por el hecho de que estos chistes nunca son buenos.

4. Rick Hampson y Paul Overberg, «Infractores de velocidad superan nuevos límites», *USA Today*, 23 febrero 2004.

Capítulo 9: Seguro en casa

1. El mismo Zig afirma que supo esto de la doctora Joyce Brothers. A John Maxwell también se la ha atribuido. Pero la mayoría de las fuentes da el mérito a Zig. No importa *quién* lo dijo primero. La verdad tiene una manera de encontrar una voz.

2. Más tarde en su vida, papá se convirtió en Señor Vecindario. Tal vez el encuentro con el señor Strandquist captó su atención.

3. Un dólar por lavar el auto, veinticinco centavos extra si tenía bandas blancas.

4. Conté por primera vez esta historia en la introducción del libro *O Come, All Ye Faithful: Hymns of Adoration and Joy to Celebrate His Birth* (escrito conjuntamente con John MacArthur, Joni Eareckson Tada y Bobbie Wolgemuth), de la serie *Great Hymns of Our Faith* (Wheaton, IL: Crossway Books, 2001). Vuelvo a contarla aquí con el permiso del editor.

Capítulo 10: Padres como sacerdotes: Púlpitos opcionales

1. El número calculado de cristianos chinos viene de la Comunidad Cristiana Xenos, Columbus, Ohio, 2004.

2. «Según el investigador y escritor de la universidad de California-Santa Bárbara Wade Clark Roof, un tercio [*sic*] setenta y siete millones de *baby boomers*

estadounidenses se identifican como nacidos de nuevo». Citado de «Nacer de nuevo no significa lo que significaba», ilustración de texto participada por SermonCentral, enero 2006, http://www.sermoncentral.com/illustrations/sermon-illustration-statistics-basicsofchristianity-23966.asp.

3. Los libros históricos del Antiguo Testamento incluyen Josué, Jueces, 1 y 2 Samuel, 1 y 2 Reyes y 1 y 2 Crónicas. Estos registran el regreso de los israelitas a la tierra prometida y el establecimiento del reino.

4. «En la mañana [del Día de Expiación], [el sumo sacerdote] se ponía las ropas sacerdotales y se ocupaba del culto matutino diario, que incluía el sacrificio de la mañana, la iluminación del candelabro y la quema de incienso. Luego se lavaba las manos y los pies en una palangana dorada. Después se bañaba, un ritual que repetía a lo largo del día. Entonces el sumo sacerdote se ponía una túnica sencilla hecha de lino blanco, se acercaba a un toro joven y recitaba por sí mismo y por su familia la primera de tres oraciones confesionales. Tres veces durante la oración pronunciaba el *Shem Hameforash* (nombre por el cual D-s se identificó a Moisés en la zarza ardiente y que hasta el día de hoy permanece impronunciable), en lugar del acostumbrado "Adonai", que significa Señor». Amy J. Kramer, Everything Israel, «Yom Kippur 101», http://www.everythingisrael.com/yom-kippur-101/ (accedido 9 febrero 2016).

5. John Newton, «Sublime Gracia». Dominio público.

6. Anónimo, «Fairest Lord Jesus». Dominio público.

7. Sí, leíste correctamente. ¡Ella murió un mes antes de su cumpleaños número 106! Tuvimos al cuerpo de bomberos sobre aviso en caso de que las velas provocaran un incendio.

8. En tu librería cristiana hay himnos maravillosos o música de alabanza para niños en discos compactos. Nuestro favorito es *Hymns for a Kid's Heart*, vols. 1, 2 y 3, de Bobbie Wolgemuth y Joni Eareckson Tada (Crossway Books).

9. La gente que tiene calcomanías de parachoques con la frase «La tierra es tu madre» no conoce Salmos 8.

Epílogo

1. Ravi Zacharias, *I, Isaac, Take Thee Rebekah,* (Nashville: W Publishing Group, 2004), p. 17.

2. No la incluiré aquí.

Apéndice A: Cómo llevar tu hijo a Cristo

1. Otras referencias bíblicas que hablan de la universalidad del pecado incluyen Eclesiastés 7:20: «Ciertamente no hay hombre justo en la tierra, que haga el bien y nunca peque»; Job 25:4: «¿Cómo, pues, se justificará el hombre para con Dios? ¿Y cómo será limpio el que nace de mujer?»; y Salmos 51:5: «He aquí, en maldad he sido formado, y en pecado me concibió mi madre». Este material formó la base para un libro que Bobbie y yo escribimos con el mismo título *Cómo llevar tu hijo a Cristo*, publicado en el 2005 por Enfoque a la Familia.

PREGUNTAS PARA ANÁLISIS
Y APLICACIÓN

El subtítulo de este libro anuncia: «Cómo es y cómo se edifica un hogar cristiano». Pero con el simple hecho de leer los planos de un arquitecto no se logra construir una casa, ¿no es así? ¡Así que manos a la obra!

Las preguntas para cada capítulo te ayudarán a…

Familiarizarte con los planos de un hogar cristiano. Habla de lo que has leído, debate los principios que han funcionado para nuestra familia y para muchas otras y lidia con la verdad de las Escrituras. Ese es un ejercicio que vale la pena a la luz de la promesa de Dios de que su Palabra no volverá a Él vacía sino que hará lo que Él quiere (Isaías 55:11).

Construir un hogar cristiano. En el camino se te animará a responder y actuar sobre lo que has leído; a ser hacedor de la Palabra, no solo oidor (Santiago 1:22). Serás retado a tomar las herramientas que necesitas para construir un hogar cristiano y a usarlas confiando en el poder del Espíritu Santo. La herramienta clave es la oración (oración por sabiduría, por gracia, por un espíritu dócil, porque el Espíritu transformador de Dios obre en la vida de cada miembro de la familia) y a veces las oraciones de confesión. La importancia de la oración no puede exagerarse. Después de todo, «si Jehová no edificare la casa, en vano trabajan los que la edifican» (Salmos 127:1).

Tenerte al tanto de los proyectos de mantenimiento del hogar. Hacer de nuestra casa un hogar cristiano requiere que los padres sean vigilantes, conscientes y enérgicos. Al fin y al cabo, siempre hay algo que debe hacerse en casa y los proyectos van desde arreglar cosas dañadas hasta alegrar habitaciones con una capa fresca de pintura, e incluso derribar paredes para hacer el lugar más habitable. Pero afortunadamente ninguna de tales tareas son proyectos tipo «hazlo tú mismo». El Señor siempre está contigo (Mateo 28:20) mientras intentas criar a tus hijos para que lo conozcan, lo amen y le sirvan (Deuteronomio 6:4-9).

Recuerda escoger y elegir las ideas tanto del texto como de las preguntas siguientes que sean más significativas y relevantes con relación a dónde está hoy tu familia, y archiva cuidadosamente tales ideas para cuando les llegue el momento. Además, cada vez que quieras aplicar una de estas ideas, asegúrate de pedirle ayuda a Dios.

1

¿POR QUÉ UN HOGAR CRISTIANO?

Diferente es algo muy bueno

1. ¿Es normal tu familia? ¿Es diferente? ¿Es interesante? Explica primero por qué contestaste de la manera que lo hiciste y luego comenta el significado de que tu familia sea normal, diferente, interesante *o* no normal, no diferente y no interesante. Ahora mira el mismo asunto desde otro ángulo: ¿En qué maneras específicas tu hogar es demasiado «amigable con la cultura» y qué crees que Dios podría querer que hagas respecto a esa similitud?

2. ¿Por qué «el lugar más importante de la tierra» es una buena descripción de tu hogar? Enumera algunas de las interacciones, de los comentarios y de los acontecimientos, tanto buenos como malos, que pueden ocurrir allí.

3. Solo tienes una oportunidad en cuanto a construir un hogar y el tiempo no está de tu parte, pero mi mensaje no es de culpa y vergüenza. Más bien es de urgencia, enfoque, propósito, intencionalidad y cuidado. ¿Por qué es fácil perder este sentido de urgencia y enfoque acentuado con relación a la importancia de nuestros esfuerzos por construir un hogar? ¿Qué podemos hacer para evitar que la situación se salga de lo esencial?

4. La crianza es un tema incesante y hay ocasiones (sea que estemos tratando con el cambio constante de pañales de los pequeños, los fuertes berrinches y las crueles pruebas de límites, además de las actitudes molestas de los adolescentes) en que tendremos deseos de darnos por vencidos. ¿Por qué los padres llegamos a ese punto? ¿Qué podemos hacer para no llegar allí o quizá de manera más realista, para recuperarnos cuando nos encontremos allí? ¿En qué nos beneficiaría retirarnos y renunciar a la crianza apropiada de nuestros hijos? ¿Qué mal vendría si nos damos por vencidos?

5. El ingrediente que en buen sentido hace especial y diferente un hogar cristiano es la gracia y esta significa salvación, perdón, esperanza,

felicidad auténtica, propósito y poder. ¿Qué evidencia de la gracia ves en tu hogar? Pide respuestas específicas a quienes viven allí.

6. Papá o mamá, ¿creciste en un hogar cristiano? ¿Tiene tu familia un modelo de vida real de un hogar cristiano en tu familia extendida, en la iglesia, en el vecindario o en alguno otro lugar? De ser así, ¿qué lecciones aprendiste cuando eras más joven o qué ejemplos específicos de hoy día están ayudándote a construir un hogar cristiano? Si contestaste «no» a las dos primeras preguntas, al no haberte criado en un hogar cristiano o no poder ver uno en acción, ¿qué has aprendido respecto a la clase de hogar que deseas?

7. ¿Recuerdas la máquina de hacer envases plásticos que vi en la fábrica de aderezos para ensaladas? ¿En qué maneras específicas está tu familia siendo arrastrada, si no remodelada, por el mundo inmoral? ¿Y qué puedes hacer (qué harás) para desafiar esa atracción?

8. Termina tu tiempo con oración. Lee Romanos 12:1-2 y deja que este pasaje sea el punto de inicio para un tiempo de oración por tu familia. Además, pide a Dios que te conceda conocimiento, sabiduría, paciencia, entendimiento espiritual, gozo y la capacidad de llevar una vida que le agrade en tu papel de padre.

2

UN LUGAR DE DIOS

Dios vive en tu hogar. ¿Qué significa eso?

1. A excepción de la cocina y el baño, todo espacio en casa de mis abuelos olía a naftalina y la mayoría de las casas tiene un aroma distintivo. ¿Cómo crees que huele tu casa? ¿Huele a desacuerdo, caos, crítica y tensión, o a calma, afecto y felicidad?

2. Llenar tu casa con el aroma de Dios es al menos en parte un asunto de seguir instrucciones sencillas. Cuando lo haces, el olor es automático. ¿Qué casa huele a Dios? ¿A qué atribuyes ese dulce aroma? Sé específico. Tu casa tendrá el aroma de Dios cuando Él sea invitado a ser parte

de las vidas de quienes viven en ella. Entonces Dios podrá actuar en el corazón de cada persona y añadir su amor y gracia a tu familia.

3. Puedes hacer que Dios participe más en tu vida familiar (que esté más presente en tu hogar) cuando:

   a) Van a la iglesia. Congregarse es idea de Dios y es esencial para la salud cristiana y el crecimiento de individuos y familias (Hebreos 10:25).

   b) Cada miembro de la familia tiene una Biblia. ¿Por qué alguien estaría sin su propia linterna en este mundo nuestro en oscuridad?

   c) Los miembros de la familia leen la Biblia y memorizan pasajes. Solamente la Biblia proporciona el único antídoto para el problema más grande que nuestros hijos enfrentarán alguna vez: el veneno del pecado (Salmos 119:11).

   d) Tu hogar es bilingüe y uno de los dos idiomas es hablar de Dios. Declaraciones como «¿No es maravilloso Dios?»; «Gracias por estos alimentos»; «Si el Señor quiere»; «¿Qué te dijo Dios hoy?» son parte de la conversación diaria.

   e) Tengan devocionales familiares (estudien un libro de la Biblia, memoricen pasajes bíblicos, aprendan todas las estrofas de un himno clásico), ¡y nunca permitan que estas devociones familiares sean algo diferente a una gran diversión!

   f) Oren juntos. Al fin y al cabo, la oración es el aglutinante que fija tu corazón a tu Padre celestial. Por tanto, oren al acostarse. Elijan algunos senderos de oración (ver páginas 36-38). Identifiquen algunos ganchos de oración (ver páginas 38-40). Colosenses 1:9-12 es un buen punto de inicio para orar por tus hijos.

4. Recuerda que estas solo son sugerencias. No son una fórmula mágica, un puntaje o una lista de «si no se hace todo, no cuenta». Son simples maneras de permitir que tu relación con Dios influya en tu vida familiar.

   a) ¿Cuáles de estos hábitos deliberados ya son parte de tu vida familiar? ¿Qué beneficios disfrutan como resultado?

   b) ¿Qué harás esta semana para revivir o energizar de nuevo uno de los hábitos que ya es parte de tu hogar o que alguna vez lo fue? Juntos aporten ideas. Sean específicos… y solicita a cada miembro que te pida cuentas.

c) ¿Cuáles de estos hábitos, si los hay, eres más reacio a tratar de establecer? ¿Por qué?

d) Es posible que hayas oído decir que la fe auténtica se capta, no se enseña. Por eso, ¿qué harás para vencer tu renuencia, nerviosismo o miedo?

e) ¿Cuáles de estos hábitos parecería mejor ponerlos en práctica en una época diferente de la vida de tu familia? Explica.

f) ¿Qué hábito te esforzarás por añadir a tu hogar esta semana? ¿Qué pasos específicos darás? Asegúrate de allanar el camino con oración.

5. Cuando te comprometas con una iglesia, habla de Dios y ora sin cesar (1 Tesalonicenses 5:17); al permitir que tu relación con Dios esté más presente en las actividades cotidianas de tu familia, Dios se encargará del aroma.

6. Termina tu tiempo en oración, esta vez deja que Colosenses 1:9-12 guíe tus oraciones por tus hijos, por tu cónyuge y por ti mismo.

3

LAS PERSONAS MÁS IMPORTANTES EN EL LUGAR MÁS IMPORTANTE

¿Qué sientes al entrar a tu casa?

1. Piensa en un lugar donde te sientas especial, importante y quizá incluso honrado. ¿Qué es lo que produce esa sensación cuando cruzas el umbral? Sé lo más específico y meticuloso posible, centrándote especialmente en la gente en ese lugar… y tal vez mencionando a las mascotas.

2. ¿Qué puedes hacer para que cada miembro de la familia que entre a tu casa crea que su llegada es el mejor momento de tu día? Considera palabras («estoy feliz de verte aquí»), afecto (un gran abrazo de oso) o atención enfocada (mira a la persona a los ojos). ¿Y por qué no preguntar a cada uno qué funcionaría mejor a fin de que la próxima celebración de llegada a casa sea una buena opción para ellos?

3. Los fundamentos de un hogar cristiano son bastante sencillos (respetar a papá, amar a mamá y educar a los niños), pero tal vez hayas descubierto que no siempre es fácil implementarlos.

   a) Mamá, ¿qué te impide que puedas respetar a tu esposo y qué vas a hacer al respecto?

   b) Papá, ¿qué te impide que puedas sustentar y apreciar a tu esposa? ¿Qué cambios podrías hacer lo más pronto posible?

   c) Padres, ¿qué les impide educar debidamente a sus hijos (amarlos, disciplinarlos, afirmarlos, corregirlos y proveerles ternura)? Recuerden que cuando se trata de actitudes, comportamiento o instrucción de cada tipo, tú vas primero. Además, tu objetivo como padre no es perfección sino transparencia.

4. Revisa «Los dos sillones azules» (ver páginas 52-54). ¿Cuáles son los sillones azules en tu vida? ¿Qué propósito o prioridad tiene relegar a tus hijos poniéndolos más abajo en la lista de lo que probablemente deberían estar?

5. Lo que cuenta para un niño es la presencia de los padres. Piensa en todas las oportunidades que has tenido de estar con tus hijos. Cuando físicamente estás presente, ¿qué interfiere para que mental y emocionalmente estés presente por completo? ¿Qué puedes hacer y qué harás para reducir, o más bien eliminar, dicha interferencia?

6. ¿Qué artículos de la casa de los que se enumeran abajo necesitan algo de mantenimiento? Describe tu plan para hacer mejoras específicas del hogar… estas o tus propias ideas:

7. Tener cenas familiares sin interrupción televisiva un mínimo de _____ (llena el espacio en blanco) veces por semana.

8. Recibir de manera verbal y física a cada miembro de la familia que atraviese la puerta.

9. Hablar por teléfono con entusiasmo y apoyándose mutuamente.

10. Pasar un tiempo orando por la directriz para ser «benignos unos con otros» (Efesios 4:31-32) a medida que trabajas en remodelar un poco tu lugar más importante del mundo.

4

SUBLIME GRACIA

Es lo que distingue tu hogar

1. ¿Qué estás haciendo conscientemente para dar a tus hijos, cualesquiera que sean sus edades, vislumbres de gracia y qué acciones específicas podrías añadir a tu repertorio?

2. ¿Qué pueden hacer los padres para ayudar a que su hogar sea un lugar donde unos a otros se den auténtico arrepentimiento y perdón de todo corazón? Podrían empezar haciendo que todos practiquen diciendo en voz alta: «Lo siento. Me equivoqué. ¿Podrías perdonarme, por favor?». Cuando los miembros de la familia luchen por decir esas palabras (¡y nos pasa a todos!), hablen juntos de por qué es tan difícil hacer esa declaración y esa petición. Intercambien ideas ahora en tu grupo pequeño, pero también más tarde con tu familia, sobre cómo llegar a tener más confianza en pronunciar tales palabras.

3. ¿Qué pecado en tu hijo o tus hijos no estás corrigiendo porque tú mismo lo cometes y no quieres ser acusado de hipócrita?

4. La actitud mágica de agradecer puede ser rociada a través de tu hogar de muchas maneras. Añade a la siguiente lista algunas ideas específicas:

   a) ¡Simplemente dilo!
   b) Símbolos de gratitud expresados al azar.
   c) Notas escritas dando gracias.
   d) Una sensación de asombro.

5. En tu grupo pequeño y tal vez más adelante con tu familia, analiza por qué Dios considera que no ser agradecido es pecado (1 Tesalonicenses 5:16-18).

6. La ternura tiene que ser planeada con anticipación y deliberada, así que pasa ahora algún tiempo diciéndole a tu grupo una o dos cosas buenas respecto a cada miembro de tu familia. Mientras identificas rasgos positivos en cada uno, disfruta la sensación de ser atraído hacia

aquellas personas que Dios puso en tu seno familiar. Sabes que no fue por accidente. ¡Tu familia es diseño divino!

7. A fin de alentar un espíritu de generosidad en tu lugar más importante, ¿qué pueden hacer como familia para recordarse que «es más divertido dar que tener»?

8. Cultiva un corazón agradecido pasando mucho tiempo en oración, agradeciendo a Dios por todas sus bendiciones, tangibles e intangibles (Salmos 100:4). Luego agradécele su ayuda en llenar tu hogar cristiano con arrepentimiento y perdón, ternura y generosidad, así como con gratitud.

5

EL PODER DE LAS PALABRAS, PRIMERA PARTE

Balas de verdad en casa

1. ¿Qué palabras que has pronunciado o te han dicho llegan a tu mente cuando lees «Las palabras nunca son cartuchos de fogueo. Son balas de verdad y su efecto es absoluto. Todas las veces»? (Ver páginas 83 y 84).

2. ¿Por qué palabras que hayas dicho a un hijo o a tu cónyuge tienes que disculparte? Pide en tu grupo pequeño que oren por ti y porque te responsabilices en pedir perdón.

3. ¿Recuerdas al papá de Bobbie y su visita clandestina a la pista de patinaje cuando era adolescente? ¿Qué experiencia te enseñó el valor de decir la verdad y solo la verdad? ¿Qué oportunidad has tenido, tal como la abuela de Bobbie, de enseñar a tus hijos la importancia de ser sinceros y no mentir?

4. ¿Cuándo el poder positivo de las palabras te ha ayudado o ha ayudado a uno de tus hijos a estar más erguidos? ¿Qué palabras positivas de ánimo (y sinceras y francas) puedes decir hoy día a cada uno de tus hijos?

5. A continuación hay una lista de sugerencias. ¿Cuáles de estas posibles normas familiares presentarás durante la cena? ¿Qué enfoque creativo ayudará a que la generación más joven las acepte? ¿Y cuál «consejo de padre» te esforzarás conscientemente para probarlo esta semana?

   a) A nadie se le permite terminar la expresión «Eres» con una palabra o frase despectiva.

   b) Los niños deben referirse a sus hermanos por nombre, no por los pronombres *él* o *ella*.

   c) Di cosas buenas de tus hijos a otras personas.

   d) Aprueba ante tus hijos las actitudes y conductas de otros niños, pero nunca ratifiques las cualidades de otro niño en aspectos que tu hijo no logrará tener, como cualidades físicas.

6. Crea ciertas «tradiciones» con expresiones señaladas: algunas palabras que pronuncias cada vez que surgen ciertas situaciones. He aquí una lista de preguntas que te ayudarán:

   a) ¿Qué epíteto alegre puedes dar a cada uno de tus hijos?

   b) ¿En qué momentos de tu rutina regular puedes recordar a tus hijos que son [pon aquí tu apellido]?

   c) «Que el Señor te acompañe» es una manera maravillosa de despedirse en una llamada telefónica o en el patio de la escuela. ¿Cuándo más podrías usar esta expresión en tu familia? ¿Y qué otros modos de despedirte usas o podrías usar a fin de dar aliento y apoyo?

   d) ¿Qué miembro de tu familia es el próximo en cumplir años? ¿Qué regalos de palabras podrías darle a esa persona cuando describas «lo que me gusta de ti»?

   e) ¿Qué «pensamientos alegres» son las últimas palabras que dejas con tus hijos cuando te despides? (Y padres, para ser sinceros totalmente: ¿Por qué puede ser tan difícil pasar con nuestros chicos esos momentos valiosos y tranquilos «justo antes de dormir»? ¿Qué podemos hacer para resistir la tentación del periódico, la lista de tareas, el proyecto para entregar la mañana siguiente o nuestras propias almohadas que parecen estar pronunciando nuestros nombres?).

¿Qué efecto pueden tener estos pasos en una persona? ¿Cuáles implementarás en tu hogar esta semana?

1. Los aparatos electrónicos pueden ser muy peligrosos para la salud de tu familia. Cuando no estamos hablando realmente unos con otros, no nos conectamos ni actuamos como familia. ¿Qué distracciones electrónicas tienes bajo tu techo y en tu auto? (Sí, los teléfonos celulares cuentan). ¿Qué reglas familiares tienes, o podrías instituir, para asegurar que tanto tú *como* tus hijos usen estas maravillas tecnológicas solo con moderación? A veces decir «sí» a ellas es decir «no» a nuestros hijos; y dejar que ellos tengan tiempo ilimitado con sus «amigos electrónicos» podría significar decir «no» a la familia y a otras actividades que valen la pena. Por tanto, ten mucha precaución al utilizar equipos electrónicos.

2. Al terminar en oración, considera el poder tanto maravilloso como aterrador de las palabras. A la luz de Santiago 3:5-7, pide perdón por cualquier fuego que hayas iniciado con tu lengua. Además, pide que el Espíritu de Dios te conceda el don del dominio propio para que puedas elegir con mayor cuidado tus palabras.

6

EL PODER DE LAS PALABRAS, SEGUNDA PARTE

Vitaminas familiares

1. La vitamina familiar #1 es «Te amo» y en realidad quiere decir «te amo a pesar de... de todos modos... y siempre». ¿Cuántas dosis de vitamina #1 reciben tus hijos en un día normal? Identifica algunos momentos en que podrías agregar otra dosis, ¡o incluso dos o tres más! Además, ¿oyen tus hijos sus nombres después de estas dos palabras mágicas? ¿Por qué es tan importante esa tercera palabra? (Piensa en tu propia experiencia).

2. «Necesito tu amor» es la vitamina #2 y tiene que ver con poner en palabras expectativas no satisfechas. Significa atreverse a decir a tus seres queridos cómo pueden hacerte saber de mejor manera que te aman. ¿Qué puedes decir para hacer saber a tus hijos que hacer esto no solo está bien sino que es muy importante? ¡Sé creativo!

3. La vitamina #3 es: «Lo siento, me equivoqué. ¿Podrías perdonarme, por favor?» y al igual que las otras cuatro vitaminas, esta debe pronunciarse en su totalidad. Revisa por qué es necesario cada uno de los tres componentes de la vitamina #3. Practica explicándola, a fin de que tus hijos comprendan al momento de presentarles esta nueva manera familiar de hacer las cosas. Y antes que continúes, ¿a qué miembro de tu familia tienes que decirle estas palabras y cuándo lo harás?

4. «¿Puedo ayudarte?» es la vitamina #4 y es una admisión de que tener una familia exitosa puede conllevar mucho trabajo. ¿Qué podrías hacer para animar a tus hijos tanto a que hagan esta pregunta como a ser consecuentes cuando la persona dé una respuesta específica? Sí, servir de ejemplo es una idea excelente, como lo es empezar inmediatamente a ser ejemplo de esta actitud en tu hogar. ¿Algo más? Sé creativo.

5. «Gracias» (vitamina #5) no es algo opcional. La gratitud nos recuerda que somos receptores de bendiciones en vez de demandadores de derechos. Gracias también permite que los demás sepan que notamos sus esfuerzos. ¿Quién necesita oír (o leer) que le digas «gracias»? Haz una lista de esas personas… ¡y ponte a trabajar! Además, ¿qué harás para ayudar a tus hijos a desarrollar el hábito sincero de agradecer, tanto en palabras como por escrito? Intercambien algunas ideas.

6. Las vitaminas familiares pueden ayudar a las familias sanas a mantenerse sanas, pero también pueden ser una cura milagrosa para clanes traumatizados. Es más, estas vitaminas pueden salvar la vida de una familia. Caigas donde caigas en ese espectro que va desde la buena salud hasta disfuncionalidades como para llamar al 911, ¿qué harás para recordar que cada día debes ingerir estas vitaminas? ¿Qué harás para animar a que tus hijos las tomen?

7. Lee lo que pasajes como Proverbios 12:25; 15:1 y 16:24 dicen acerca de las palabras y permite que estos versículos guíen tu oración por ti, por tus hijos y por estas necesarias vitaminas familiares. Además, ya que amar a alguien es algo que cada uno de nosotros decide hacer

y siempre requiere esfuerzo, pidamos ayuda a Dios para amar a los miembros de nuestras familias con la clase de amor divino que es incondicional, perdonador y firme.

7

HAY QUE DIVERTIRSE

La risa, remedio infalible

1. Una pieza vital del rompecabezas del hogar cristiano es el asunto serio de reír. ¿Por qué crees que el humor es importante en una familia? ¿Qué pueden hacer los padres cristianos para asegurarse que la risa sea un residente permanente en su hogar?

2. En la familia en que creciste, ¿se oían risas raras veces o con frecuencia? ¿Por qué fue así y qué efecto crees que esto tuvo en tu personalidad? ¿Tenía el humor algún efecto en el modo en que actuaba tu familia?

3. Hoy día en tu familia, ¿se oyen risas raras veces o con frecuencia y por qué ocurre así?

4. Aunque hacerlo puede parecer incómodo, planificar risas podría ser precisamente lo que tienes que hacer y he aquí algunos consejos:

    a) Ríete de ti mismo y debes saber que la tensión y el orgullo te impedirán hacerlo. De acuerdo, confesé (con vergüenza) mi torpeza en el ensayo de la boda de Missy y Jon. ¿Por qué simplemente no tomé la situación menos en serio y disfruté de la inesperada diversión? ¿Qué historia sea del pasado reciente o lejano puedes contar sobre ti mismo para provocar algunas risas en tu casa?

    b) La risa casera es más divertida que algo comprado o televisado. ¿Vive en tu casa el monstruo que besa? ¿Debes contar regularmente las costillas de tus hijos para asegurarte que no falta ninguna? ¿Qué juegos imaginativos («¿pudín de barro, abuelo?») disfruta tu familia? ¿Cuándo fue la última vez que jugaste a las escondidas con los chicos o peleaste con ellos en el piso de la sala? ¿Qué película sana y divertida pueden ver como familia una noche de cine? ¿Puedes localizar un video o una grabación de Stan Freberg? Con el correcto estímulo de un refrigerio, ¿puedes reunir a tus adolescentes para una «noche familiar de video» y verlos crecer otra vez justo delante de tus ojos? Intercambien ideas en tu grupo para tener risas caseras.

c) Ríe con tus hijos, nunca de ellos. ¿Qué podrías hacer, por ejemplo, para ayudar a tu hijo a crear un momento de «reír con», como aquel que disfrutaba nuestra nieta Harper? ¿Qué puedes hacer para reforzar esta regla (reír con, no de) entre hermanos?

d) «Jaimito, si en esta mano tengo ocho naranjas y en esta otra seis naranjas —pregunta la maestra—. ¿Qué tengo?». «Unas manos enormes, señorita —contesta el niño». «Había una vez un hombre tan pequeño que se subió encima de una canica y dijo: "¡El mundo es mío!"». Encuentra un chiste favorito para contarlo durante la cena.

5. «El corazón alegre hermosea el rostro» (Proverbios 15:13), así que pasa algún tiempo pidiendo a Dios que te conceda un corazón contento que sea contagioso. Pídele que no permita que en tu casa haya cinismo, sarcasmo o burlas. Pídele ayuda en agregar a tu familia grandes cantidades de tiempo de risas caseras.

8

DISCIPLINA NO ES UNA MALA PALABRA

Es cosa de campeones

1. Tenía diecisiete años. Estaba «enamorado». Violé mi toque de queda. Luego rompí las reglas elementales (consecuencias por la violación #1) y salí en la noche a visitar a mi enamorada (violación #2). El dolor de la palmada que recibí fue real, pero incluso más doloroso fue el aplastante peso de mi propia rebeldía. Había desilusionado a alguien que confiaba en mí y eso hizo que mi rebelión fuera insoportable. ¿Qué escena de tu infancia te enseñó mucho acerca de la disciplina? ¿Qué aprendiste y por qué fue tan memorable esa experiencia?

2. Es responsabilidad de los padres preparar a los hijos para la vida. «Disciplinar» (verbo) es algo que haces. «Disciplina» (sustantivo) es algo en que te has convertido. La disciplina como sustantivo es la más grande recompensa del verbo disciplinar. Sin embargo, la disciplina correcta puede ser una tarea muy difícil y retadora, ¿no es así? Considera añadir a tu hogar, si ya no están presentes, las siguientes disciplinas no negociables:

a) **La disciplina debe ser directa.** ¿Por qué es importante y hasta útil ser directos respecto a cuál es el problema? ¿Tiendes a ser directo? Si no es así, ¿por qué?

b) **La disciplina debe doler,** pero no todo el mundo está de acuerdo en cuanto al valor o la conveniencia de las nalgadas. ¿Qué piensas acerca de dar nalgadas en respuesta a bravatas, desobediencia y acciones y palabras dañinas? ¿Qué valoras respecto al enfoque descrito en las páginas 143-145: dar nalgadas nunca debe hacerse en público y es necesario describir el comportamiento que se está tratando antes de castigar; las nalgadas no deben ser violentas sino repetitivas; y cuando se ha terminado de castigar a los chicos, debes volverlos hacia ti, abrazarlos y decirles que los amas? ¿Qué alternativas dolorosas hay para las nalgadas? Considera especialmente cuáles son algunas de las opciones para cuando los hijos hayan crecido.

c) **La disciplina debe ser rápida.** A una explicación simple y completa de las reglas y de tus expectativas de que tus hijos las sigan, debe seguir obediencia; de lo contrario, disciplina. ¿Qué reglas familiares entienden claramente tus hijos? (¡Pregúntales!). ¿Qué has hecho, o qué harás, para clarificar que esperas que ellos sigan las reglas la primera vez? ¿Sobre qué problemas estás apilando bloques en lugar de tratar esas irregularidades? Ten cuidado de que esos problemas sean emocionalmente volátiles la próxima vez que surjan.

d) **La disciplina debe ser participativa.** El enfoque del megáfono de director de cine puede ser más fácil, pero ¿por qué no es muy eficaz? Da un ejemplo de cuándo pudiste agregar tu participación a tus instrucciones habladas y comenta la eficacia de tal combinación. ¿Qué cambios en tu enfoque de la disciplina podría provocar esta idea de participar y no solo de hablar? (Ver páginas 147-149).

3. Piensa en un momento reciente en que tuviste que disciplinar a tu hijo. ¿Qué pudiste haber dicho para identificar y validarle sus sentimientos?

¿Qué pudiste haber hecho para mostrar tu disponibilidad y alentarlo? Anticipa ahora un momento probable en que pudiste aplicar «el secreto feliz» (identificar, validar, participar) y planificar tus palabras y acciones.

4. ¿Disciplinar a tus hijos no ha sido tu punto fuerte? ¿Puedes cambiar esa situación? ¿Cuál podría ser el primero... el segundo... y el tercer paso que debes dar para dar a conocer la disciplina en el hogar? Y sí, eso dependerá de las edades de tus hijos. ¿A quién o a qué recurso podrías pedir ayuda? Una palabra de ánimo: con Dios nada es imposible. Él puede redimir y redime nuestros errores en cada ámbito de la vida, incluso los que cometemos con nuestros hijos. Por tanto, da valientemente los pasos que creas que Dios está dirigiéndote; puedes confiar en que Él te ayudará.

5. ¿Qué palabras, acciones e incluso actitudes en las vidas de algunos padres indican que están tan ansiosos por ser los mejores amigos de sus hijos que temen ser sus *padres*? ¿Qué cosas estimulan el deseo de un padre de ser amigo de su hijo? ¿Qué evidencia en tu vida manifiesta que tu prioridad es ser padre o madre, no el mejor amigo de tus hijos?

6. Realizar autodisciplina lleva al placer puro de tener autodisciplina y la autodisciplina unida al respeto propio es una combinación fantástica para la vida. Por eso, ¿qué día de esta semana jugarás en tu casa una ronda de «el no juego»? Además, ¿qué tareas específicas y regulares pueden hacer tus hijos en casa (si ya no están haciendo algunas) para ganarse un sentido de respeto propio?

7. Una conversación sobre disciplina no estaría completa sin mencionar «decir hasta qué punto» de la vida o disciplina de la moderación. ¿Qué pasos específicos puedes dar para enseñar autodisciplina en las esferas siguientes? Propongan juntos algunas ideas.

   a) Moderación en la comida.
   b) Moderación en otras cosas (televisión, gastar dinero, manera de hablar y otras).
   c) Modestia.

Hablen de cómo abordar un debate familiar sobre Romanos 7:14-17, 24-25 y 2 Pedro 1:3-7. Los niños deben saber y también es necesario recordar a los padres que todos lidiamos con el dominio propio y que podemos pedir a Jesús que nos ayude.

8. Pasa un tiempo agradeciendo a tu Padre celestial porque disciplina a los que ama (Hebreos 12:6) y porque puede brindarte sabiduría, paciencia y fortaleza para disciplinar a los hijos que tú amas. Pídele que te conceda la gracia y la humildad que te permitirán confiar en su ayuda.

9

SEGURO EN CASA

El refugio que buscas

1. Te presenté a Bernie Felstead y su experiencia en el norte de Francia la mañana del 25 de diciembre de 1914. Los combates de la Primera Guerra Mundial se detuvieron por algunas horas; los soldados agotados por la batalla disfrutaron un respiro de la lucha. ¿Qué batallas incesantes están lidiando los miembros de tu familia (¡incluidos los padres!)? Identificarlas podría ayudarte a saber mejor qué hacer para convertir tu hogar en un oasis, en un lugar de reposo y paz, para los guerreros que allí viven.

2. La seguridad en el hogar implica el modo en que nos tratamos y nos honramos. Esta clase de seguridad empieza con la libertad de hablar. ¿Es seguro en tu hogar decir la verdad, confesar «Yo rompí el jarrón», «Lo que dijiste lastimó mis sentimientos» o «No estoy tan emocionado acerca de mi relación con Jesús como debería estarlo»? Si crees que es seguro decir todo esto, señala alguna evidencia específica. Habla de lo que puedes hacer para que tu hogar sea un lugar más seguro.

3. ¿Qué podemos hacer los padres para asegurar que nuestros hijos sepan y nunca duden que estás de su parte? Hagan juntos una lista, empezando con «Sáltate el sermón sobre física y en su lugar ofrece un abrazo cuando tu hijo se estrella en su bicicleta o abolla el guardafangos de tu auto nuevo».

4. ¿Qué puedes hacer para convertir tu hogar, un laboratorio para la vida, en un lugar más seguro para cometer errores? ¿Qué haces para comunicar a tus hijos que se les permite cometer errores? Antes de responder esa pregunta, piensa en cómo reaccionas cuando olvidan sus diálogos en la obra escolar, cuando los expulsan de las ligas menores, cuando no aterrizan bien en gimnasia, cuando reprueban sus exámenes de ingreso, cuando incumplen el plazo del registro de clases o cuando se encuentran en el lugar equivocado en el momento equivocado con las personas equivocadas.

5. Tu hogar cristiano debe ser un lugar seguro tanto para preguntar la verdad como para decir la verdad. ¿Qué clase de respuestas paternas hacen del hogar un paraíso? Considera cómo deseas responder a preguntas sobre drogas, sexo, alcohol o engaños en la escuela.

6. Un hogar seguro es un lugar donde sus miembros piensan lo mejor de ti. Y eso es importante porque los miembros de la familia tal vez lleguen a ser aquello en que creas que se convertirán. (Por eso también es sabio usar la frase «Así no eres tú» cuando corriges la mala conducta de tu hijo). Por tanto, ¿qué hay en tu opinión predeterminada con relación a tus hijos? ¿Piensas automáticamente lo mejor de ellos? ¿Qué puedes hacer en primera instancia para asegurarte que piensas en lo que es verdadero, honorable, recto y puro; y en segundo lugar para comprobar que tus hijos saben que piensas que son veraces y honorables, chicos que luchan por lo que es correcto y jóvenes que quieren vivir en pureza? Sé específico.

7. Un hogar seguro es un lugar donde las personas no juegan a culparse unas a otras. Al contrario, aprenden a aceptar y confiar en el misterio de la soberanía de Dios. En lugar de preguntar: «¿Quién tiene la culpa?», las personas en un hogar seguro preguntan: «¿Qué me está diciendo o qué nos está diciendo Dios en esta situación?». Analiza el valor de este enfoque sobre el juego de culpar y en qué situación actual tu familia podría hacer esta pregunta. Tal vez recuerdes una situación pasada que en ese tiempo no entendías y analiza el punto de vista actual de lo que en ese entonces Dios estaba diciendo o enseñando.

8. Un hogar seguro es un sitio donde las personas expresan aprecio, donde son tratadas con ternura y donde practican arrepentimiento y perdón. Un hogar seguro es un lugar de gracia y gracia significa no

llevar registros. ¿Cómo se verían en tu hogar cada uno de estos rasgos: aprecio, ternura, arrepentimiento, perdón y gracia? Describe situaciones específicas y cómo estos rasgos podrían manifestarse en tu familia.

9. ¿Qué estás haciendo, o podrías estar haciendo, para hacer de tu hogar un lugar de refugio para tus vecinos?

10. Agradece a Dios por su poder para traer paz en medio de aguas tormentosas, tanto en forma literal (Lucas 8:22-24) como metafórica y pídele que te ayude a hacer de tu hogar un sitio de paz y seguridad para tu familia, tus amigos y tus vecinos. Pídele que te conceda dominio propio y compasión cuando reaccionas ante las equivocaciones de tus hijos, paz y aplomo cuando reaccionas a sus preguntas, y confianza y fe (tanto en Dios como en tus hijos) al mostrarles que estás de su parte y los miras en un espejo que refleja las expectativas que tienes para ellos.

10

PADRES COMO SACERDOTES: PÚLPITOS OPCIONALES

Papá y mamá, ¿por qué las túnicas?

1. A los padres cristianos se las ha dado el derecho, el privilegio y la responsabilidad de adorar en casa con sus hijos y esa adoración comprende confesión de pecados, enseñanza, oración y cánticos. La responsabilidad del sacerdote del Antiguo Testamento era dirigir la adoración y ser el vínculo de conexión entre el pueblo y su Dios. ¿Cuáles fueron tus sentimientos iniciales cuando leíste esta descripción de Job? ¿Qué podrías hacer para cumplir con esta responsabilidad?

2. Hablando por medio de Moisés, Dios fue muy específico acerca de lo que se suponía que los sacerdotes debían hacer (Levítico 22:29, 31-32) y sus instrucciones delinean algunos puntos clave para nosotros hoy día como padres-sacerdotes:

a) **Sacrificio.** Como sacerdote, se requiere que en confesión lleves el propio pecado de tu hijo ante Dios y eso implica un sacrificio de tiempo y orgullo.

b) **Acción de gracias.** Un espíritu de gratitud (reconocer que Dios te ha dado todo lo que tienes) es fundamental para todos los sacerdotes.

c) **Generosidad.** Sirve a Dios y a tu familia de manera voluntaria y entusiasta. Además, conserva con manos abiertas todo lo que tienes (tus tesoros, tu tiempo, tu familia).

d) **Obediencia.** Tu objetivo es transferir gradualmente la obediencia de tus hijos de ti, su padre terrenal, a Dios, su Padre celestial. Ellos aprenderán la importancia de obedecer a Dios cuando vean que tú, el sacerdote familiar, «guardas los mandamientos de Dios y los sigues».

e) **Respeto por el santo nombre de Dios.** Enseña a tus hijos acerca de la santidad y el carácter de Dios. Al hacerlo, Él puede moldear el corazón de tus hijos.

f) **Santifica el nombre de Dios.** Muestra a tus hijos profundo respeto hacia Dios.

g) **Música.** Presenta himnos y música cristiana a tu familia.

¿Cuáles de estas dimensiones de tu sacerdocio ya existen? ¿Cuáles de las restantes son más desalentadoras? Deja que otros miembros del grupo te animen (tanto con ideas como en oración) en esas partes de tu importante papel.

3. Ahora consideremos el organigrama de nuestras iglesias en casa:

a) **Primero Dios.** ¿Qué estás haciendo para amar a Dios por sobre todo lo demás, más que a tu cónyuge y que a tus hijos? ¿Qué evidencia en tu vida (en tu agenda diaria o en el registro de tu talonario de cheques, por ejemplo) apoya el hecho de que tu lealtad principal es al Señor?

b) **A continuación tu cónyuge.** El amor entre tú y tu cónyuge prima sobre el amor por los hijos. Dios ordena a los cónyuges vivir en sumisión mutua, a las esposas que se sometan a sus esposos y a los esposos que amen a sus esposas y estén dispuestos a morir por ellas (Efesios 5:21-33). Da un ejemplo o dos de esta sumisión mutua que ocurre en tu vida matrimonial (¿recuerdas cómo Bobbie y yo

tomábamos nuestras decisiones profesionales?), o consideren sinceramente lo que los dos podrían hacer mejor para someterse uno al
otro y servirse por amor.

c) **Después los hijos.** Efesios 6:4 nos pide que criemos a nuestros hijos
«en disciplina y amonestación del Señor», no ordenarles o mandar-
les lo que deben hacer. Nuestros hijos deben ir junto a nosotros al
mundo de «disciplina y amonestación». ¿Qué estás haciendo para
ser una imagen de disciplina y aprendizaje para tus hijos?

4. ¿Y si tus prioridades no han estado en orden? En primer lugar, debes
saber que no estás solo. Todos luchamos por vivir según las prioridades
que sabemos indiscutibles. En segundo lugar, según mencioné, con
Dios nada es imposible. Él puede redimir y redime, nuestras equivocaciones en cada ámbito de la vida, incluso nuestros errores con nuestros
hijos. Así que habla con Él. Dile dónde has fracasado… agradécele por
el perdón que te ofrece… y pídele que saque bondad y fortaleza de lo
que ves como lo malo y débil del pasado. Pídele también que te ayude
a vivir según las prioridades que tiene para ti, a fin de que puedas ser
el padre que deseas ser.

5. Siendo los sacerdotes en el hogar, los padres deben estar dispuestos a
vivir lo que dicen y hacer lo que predican. ¿Qué estás pidiendo a tus
hijos que hagan que tú mismo no estás haciendo? Si no estás seguro
(¡o si no se te ocurre nada!), pregúntale a tu cónyuge o incluso a tus
hijos. ¡Ellos lo saben! Luego da pasos para ser el primero en la familia
en limpiar tus acciones.

6. Criar hijos no es para débiles. Requiere morir a uno mismo y servir
a otros. Afortunadamente, Dios ha ido delante de nosotros en este
sendero de sacrificio y servicio, y Él está disponible para ayudarnos en
nuestro viaje. Pasa algún tiempo en oración, agradeciéndole a Dios por
el privilegio de criar hijos, por su ayuda constante y por la esperanza
que encuentras en el hecho de que Él ama a tus hijos incluso más de lo
que tú los amas.

EPÍLOGO

1. En la introducción del libro se te animó a tratar de leer esta obra como una visita al restaurante de autoservicio: escoger y elegir aquellas ideas que parecían especialmente sabrosas. ¿Qué ideas has colocado en tu bandeja y has encontrado útiles? Enuméralas.

_____

_____

_____

_____

2. ¿Qué ideas quieres comenzar a implementar que aún no has tomado en cuenta? Escríbelas aquí. Marca con un círculo la que emprenderás primero y describe tu plan para hacerla parte de la vida de tu familia.

_____

_____

_____

_____

3. ¿Qué ideas guardarás para más tarde y qué harás para recordarlas cuando llegue ese «más tarde»? ¿Por qué no escribirlas aquí?

_____

_____

_____

_____

4. ¿En qué formas está bajo ataque increíble la familia en todas partes? Haz a un lado la parte típica de tal verdad e identifica tus enemigos

específicos para que puedas orar contra dichos adversarios y tener una posición más firme en tu hogar.

_____

_____

_____

_____

5. ¿Qué estímulo para la crianza de tus hijos encuentras en Filipenses 3:13-14? Permite que este sea el punto de partida para un tiempo de oración por tu familia y por ti mismo como su sacerdote.

_____

_____

_____

_____

ACERCA DEL AUTOR

El doctor Robert Wolgemuth ha pasado la mayor parte de su carrera en el sector editorial. Sus logros incluyen posiciones ejecutivas en mercadeo y administración en la industria de revistas y libros en Illinois y Texas y la presidencia de una gran editorial de libros en Nashville. Además, es cofundador de una empresa editorial y agencia literaria.

Tras vender su negocio editorial en 1992, Robert y su socio comercial Michael Hyatt fundaron una agencia de representación literaria, para la cual sirvió como presidente. En 1998 adquirió la parte de Michael. Wolgemuth & Associates guía la obra literaria de más de cien escritores.

En agosto de 1996, Robert publicó su primer libro, *She Calls Me Daddy: Seven Things Every Man Needs to Know About Building a Complete Daughter*. El libro se volvió un éxito de ventas noventa días después. En el 2014, con más de trescientos mil ejemplares del original impresos, el libro fue actualizado.

Robert también es autor de muchos libros más, como *Siete cosas que debes tener claras antes que las tormentas azoten tu vida* y la continuación de su primer libro, *She Still Calls Me Daddy: Building a New Relationship with Your Daughter After You Walk Her Down the Aisle*. Su último libro es *Como el Buen Pastor: Lidera tu matrimonio con amor y gracia*. También es coautor de *What Every Groom Needs to Know: The Most Important Year in a Man's Life*, *What's in the Bible: A Tour of Scripture from the Dust of Creation to the Glory of Revelation* y *Couples of the Bible: A One-Year Devotional Study to Draw You Closer to God and Each Other*.

Sus asignaciones de conferencista lo han llevado a través de los Estados Unidos y a varios países extranjeros.

Robert Wolgemuth ha servido durante dos períodos como presidente de la Asociación Evangélica de Editoriales Cristianas (ECPA por sus siglas en inglés). Como laico ha enseñado en clases para adultos en la escuela dominical desde 1969 en Texas, Tennessee y Florida.

Robert se graduó en 1969 de la Universidad Taylor y recibió un doctorado honorífico en el 2005. El doctor Wolgemuth es padre de dos hijas casadas y abuelo de cinco nietos. Robert y su esposa Nancy DeMoss Wolgemuth viven en Michigan.

COMO EL
BUEN PASTOR

LIDERA TU
MATRIMONIO CON
AMOR Y GRACIA

ROBERT WOLGEMUTH
PRÓLOGO POR NANCY DeMOSS WOLGEMUTH

Un esposo es muchas cosas para su esposa. ¿Pero un pastor?

Este libro guía a los hombres sobre cómo adoptar el papel de pastor, aprovechando la sabiduría de la Biblia para dar a los hombres consejos prácticos y poderosos sobre cómo asumir la responsabilidad de sus relaciones y cumplir el ideal cristiano de un matrimonio feliz y saludable.

**EDITORIAL
PORTAVOZ**

NUESTRA VISIÓN

Maximizar el efecto de recursos cristianos de calidad que transforman vidas.

NUESTRA MISIÓN

Desarrollar y distribuir productos de calidad —con integridad y excelencia—, desde una perspectiva bíblica y confiable, que animen a las personas a conocer y servir a Jesucristo.

NUESTROS VALORES

Nuestros valores se encuentran fundamentados en la Biblia, fuente de toda verdad para hoy y para siempre. Nosotros ponemos en práctica estas verdades bíblicas como fundamento para las decisiones, normas y productos de nuestra compañía.

Valoramos la excelencia y la calidad.
Valoramos la integridad y la confianza.
Valoramos el mérito y la dignidad de los individuos y las relaciones.
Valoramos el servicio.
Valoramos la administración de los recursos.

Para más información acerca de nuestra editorial y los productos que publicamos visite nuestra página en la red: www.portavoz.com.